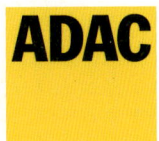 Reiseführer

Paris

**Museen · Architektur · Märkte · Plätze · Parks
Aussichtspunkte · Nachtleben · Hotels · Restaurants**

Die **Top Tipps** führen Sie zu den Highlights

von Gabriele Christine Schenk

☐ Intro

Paris Impressionen 6
Stadt der Verführungen

8 Tipps für cleveres Reisen 12
Grüne Fee, schwarzer Tee und die Mona Lisa

8 Tipps für die ganze Familie 14
Haie, Drachen, Illusionen

☐ Unterwegs

1. bis 4. Arrondissement – im Herzen der Stadt 18

1 Notre-Dame 20
2 Crypte Archéologique du Parvis Notre-Dame 22
3 Palais de Justice 23
4 Conciergerie 24
5 Sainte-Chapelle 24
6 Place Dauphine und Pont Neuf 26
7 Île Saint-Louis 27
8 Saint-Germain-l'Auxerrois 28
9 Musée du Louvre 29
10 Musée des Arts Décoratifs 38
11 Comédie-Française 39
12 Palais Royal 40
13 Saint-Roch 41
14 Place Vendôme 43
15 Bibliothèque Nationale de France Richelieu 43
16 Galerie Colbert und Galerie Vivienne 45
17 Place des Victoires 45
18 Notre-Dame-des-Victoires 46
19 Forum des Halles 47
20 Saint-Eustache 48
21 Fontaine des Innocents 50
22 Centre Pompidou 50
23 Tour Saint-Jacques 55
24 Place du Châtelet 55
25 Hôtel de Ville 55
26 Hôtel de Saint-Aignan 56
27 Musée de la Chasse et de la Nature 57
28 Hôtel de Soubise 58
29 Musée national Picasso 59
30 Musée Cognacq-Jay 60
31 Musée Carnavalet 61
32 Maison Européenne de la Photographie 63
33 Place des Vosges 63
34 Saint-Paul-Saint-Louis 64
35 Place de la Bastille 65
36 Opéra National de Paris – Bastille 66

**Pariser Westen –
Paläste, Prunk und Prestige** 68

- 37 Jardin des Tuileries 69
- 38 Musée de l'Orangerie 70
- 39 Place de la Concorde 70
- 40 Champs-Elysées 72
- 41 Arc de Triomphe 73
- 42 Grand Palais 74
- 43 Petit Palais 75
- 44 Pont Alexandre-III 76
- 45 Théâtre des Champs-Élysées 76
- 46 Musée d'Art Moderne de la Ville de Paris 77
- 47 Musée Guimet 78
- 48 Palais de Chaillot 79
- 49 Musée du Quai Branly 81
- 50 Tour Eiffel 82
- 51 Champ-de-Mars 84
- 52 École Militaire 85
- 53 Maison de l'UNESCO 85
- 54 Hôtel des Invalides 85

**La Rive Gauche –
das linke Seineufer** 88

- 55 Musée Rodin 90
- 56 Palais Bourbon 91
- 57 Musée d'Orsay 92
- 58 Fontaine des Quatre-Saisons 94
- 59 École Nationale Supérieure des Beaux-Arts 94
- 60 Palais de l'Institut de France 95
- 61 Saint-Germain-des-Prés 96
- 62 Place de Furstenberg und Musée national Eugène Delacroix 98
- 63 Saint-Sulpice 98
- 64 Palais du Luxembourg und Jardin du Luxembourg 100
- 65 L'Odéon – Théâtre de l'Europe 101
- 66 Val-de-Grâce 102
- 67 Cimetière Montparnasse 103
- 68 Musée Bourdelle 103
- 69 La Ruche 104
- 70 Catacombes 104
- 71 Musée Zadkine 105
- 72 Saint-Julien-le-Pauvre 105
- 73 Saint-Séverin 106
- 74 Musée de Cluny 106
- 75 La Sorbonne 109
- 76 Panthéon 110
- 77 Bibliothèque Sainte-Geneviève 111
- 78 Saint-Etienne-du-Mont 112
- 79 Institut du Monde Arabe 113
- 80 Jardin des Plantes 114
- 81 Arènes de Lutèce 115
- 82 Mosquée 116
- 83 Rue Mouffetard 117
- 84 Manufacture Nationale des Gobelins 117

Nördliche Innenstadt – das Paris der Händler und kleinen Leute 118

- 85 La Madeleine 120
- 86 Opéra National de Paris – Palais Garnier 120
- 87 Opéra Comique 122
- 88 Musée Grévin 123
- 89 Palais Brongniart 124
- 90 Place du Caire 124
- 91 Porte Saint-Denis und Porte Saint-Martin 125
- 92 Musée des Arts et Métiers 126
- 93 Canal Saint-Martin 126
- 94 Sacré-Cœur 127
- 95 Saint-Pierre de Montmartre 128
- 96 Place du Tertre 129
- 97 Au Lapin Agile 129
- 98 Musée de Montmartre 130
- 99 Cimetière de Montmartre 130
- 100 Le Bateau-Lavoir 131
- 101 Musée de la Vie Romantique 131
- 102 Musée national Gustave-Moreau 132
- 103 Cimetière du Père-Lachaise 132
- 104 Belleville 134
- 105 Parc des Buttes-Chaumont 135
- 106 Parc de la Villette 135

Grüne Lungen – Parks, Villen und Residenzen 138

- 107 Parc Monceau 138
- 108 Musée Cernuschi 139
- 109 Musée Nissim de Camondo 139
- 110 Musée Jacquemart-André 140
- 111 Bois de Boulogne 141
- 112 Musée Marmottan Monet 142
- 113 Fondation Le Corbusier 142
- 114 Castel Béranger 143
- 115 Maison de Balzac 144
- 116 Château de Vincennes 145
- 117 Bois de Vincennes 146
- 118 Cinémathèque Française 147
- 119 Bibliothèque Nationale de France François-Mitterrand und Les Docks en Seine 147

In der Umgebung – eine Stadt zieht ihre Kreise 148

- 120 Château de Versailles 148
- 121 La Défense 152
- 122 Basilique Saint-Denis 154
- 123 Noisy-le-Grand 156
- 124 Disneyland Paris 157

Leserforum

Die Meinung unserer Leserinnen und Leser ist wichtig, daher freuen wir uns von Ihnen zu hören. Wenn Ihnen dieser Reiseführer gefällt, wenn Sie Hinweise zu den Inhalten haben – Ergänzungs- und Verbesserungsvorschläge, Tipps und Korrekturen –, dann kontaktieren Sie uns bitte:

Redaktion ADAC Reiseführer
Travel House Media GmbH
Grillparzerstr. 12, 81675 München
adac.reisefuehrer@travel-house-media.de

1 Tag in Paris/
1 Wochenende in Paris   191

Paris Kaleidoskop

Von der mittelalterlichen Festung zur
   Pyramide Ieoh Ming Peis 30
Die Gesellschaft der Schauspieler 41
La Dame de Fer 82
Die Académie Française 96
Ein Literatenviertel 101
Die Dame mit dem Einhorn 108
Echte Gobelins 117
Kommune, Künstler und Exoten 134
Le Corbusier in Paris 143
Der Große Bogen 153

Karten und Pläne

Paris vordere und hintere Umschlagklappe
Musée du Louvre 31
Basilique Saint-Denis 154
Verkehrslinienplan 178

☐ Service

Paris aktuell A bis Z   159

Vor Reiseantritt 159
Allgemeine Informationen 159
Service und Notruf 160
Adressen finden 161
Anreise 161
Bank, Post, Telefon 162
Einkaufen 162
Essen und Trinken 165
Feiertage 168
Festivals und Events 168
Kultur live 169
Museen und Galerien 171
Nachtleben 172
Parks 173
Sport 174
Stadtbesichtigung 174
Statistik 175
Unterkunft 175
Verkehrsmittel 180

Sprachführer   181

Französisch für die Reise

Register   186

Impressum 189
Bildnachweis 189

Paris Impressionen
Stadt der Verführungen

Paris (2,3 Mio. Einw.) gehört zu den Städten, die jeder schon ein wenig zu kennen glaubt, noch bevor er sie zum ersten Mal besucht hat. Verlockende Bilder, Düfte und Klänge verbinden sich mit dem Namen: Paris, die Dame von Welt, Stadt der Eleganz und der Lebenskunst. Paris, der pompöse Triumphzug weltberühmter Monumente. Paris, die Melancholische und Zärtliche, deren nostalgischen Zauber Jacques Prévert, Robert Doisneau und Marcel Carné eingefangen haben. Paris, die Stadt der Verliebten, wird von vielen geliebt und verehrt wie keine andere. Kosmopolitisch und bunt, schick und zugleich altmodisch, so zeigt sich die Metropole an den Ufern der Seine, und es liegt an jedem selbst, die Erfüllung seiner Träume zu finden.

Die Stadt bietet sich den 30 Mio. Besuchern im Jahr mit allem Charme an. Alles scheint greifbar. Ihre Avenuen rollt sie aus wie einen prächtigen Empfangsteppich: die **Champs-Elysées**, die Rue de la Paix, den Boulevard Saint-Germain. Nicht nur unzählige Museen zeigen ihre unermesslichen Schätze. Die Kaufhäuser sind Paläste, prunkvoller als anderswo. Kunstwerke der Inszenierung sind die Auslagen der Juweliere, Parfümerien und Modemacher. Über die Bühnen von Paris wippen Straußenfedern- und paillettenbestückte Schönheiten in knappen Kostümen. Den Feinschmeckern ist die Stadt eine einzige Verführung. »Alles in Paris ist käuflich«, schrieb Balzac, und er musste es wissen, so schuldenüberhäuft wie er war.

Offen und empfangsbereit präsentiert sich die Stadt auf den ersten Blick. Tatsächlich ist sie gar nicht so zugänglich, was jeder bestätigen kann, der hier leben will. Die zu Ferienzeiten ohnehin unauffindbare, seltene Spezies der Pariser zeigt sich meist reserviert. Der **Parisianisme,** jene selbstverständliche Art, sich für den

Oben: *Genüsse bieten sie beide – das Café de Flore am Bouleard Saint-Germain und das Varieté Moulin Rouge am Montmartre*
Rechts oben: *Die stimmungsvollen Gassen des Quartier Latin mit ihren kleinen Läden und Lokalen laden zum Flanieren ein*
Rechts: *Glanzpunkt im Herzen von Paris ist das Musée du Louvre mit Glaspyramide, Arc de Triomphe du Carrousel und Jardin des Tuileries*

Nabel der Welt zu halten, muss man verstehen lernen. War die Stadt nicht jahrhundertelang die tonangebende Metropole Europas? Trotz aller Anstrengungen zur Dezentralisierung ist sie der unumstrittene, alles auf sich konzentrierende Mittelpunkt des Landes.

In Frankreich zieht man nicht einfach in die Hauptstadt, man steigt auf – **on monte à Paris**. Jeder sechste Franzose lebt heute in Paris oder in der Région Parisienne, dieser form- und wesenlosen, ausufernden Verstädterungszone, die die Kapitale umgibt. Wen wundert da das angestrengte, gehetzte Alltagsgesicht dieser Stadt, das auch der Reisende wahrnimmt. Wer sich morgens in die stickige, überfüllte Métro drängen muss, wer das

tägliche Verkehrschaos oder einen der monströsen Streiktage, die mehrmals im Jahr die Stadt lahm legen, erlebt hat, der fragt sich, ob es das sprichwörtliche **Savoir-vivre** überhaupt gibt. Doch trotz allem hat Paris – mehr als andere Großstädte – menschliche, überschaubare Dimensionen behalten.

Der Stadtkern ist das faszinierende Neben- und Übereinander von Architekturstilen geblieben, das die Jahrhunderte angehäuft haben. Früher lag maßvolle Strenge ihrem Wesen nahe. Mit dem Barock hat die Stadt der Klassik und des Klassizismus nur hin und wieder liebäugelt. Alle französischen Monarchen haben hier urbanistische Weitsicht und Sinn für **Grandeur** bewiesen. Das **Second Empire** hat der Stadt in einer Verjüngungskur großzügige Allüre gegeben. Opulente Bürgerpalais der **Belle Époque**, sinnliche Skulpturenpracht, verspielte Schnörkel und pompöser Charme bezaubern noch heute. Nicht minder herrschaftlich sind die großen Bauten der Moderne, sei es die Pyramide des Louvre oder die Grande Arche in La Défense.

Aus der Vogelperspektive

Warum nicht die Stadtbesichtigung mit einem Blick von oben beginnen? Der hoch aufragende Eiffelturm gehört ohnehin zu den unumgänglichen Highlights. Weit reicht der Panoramablick über den Champ-de-Mars und die Dächer von Paris. Und die schönste und breiteste der Prachtstraßen liegt dem Schauenden zu Füßen: die **Seine**, jahrhundertelang die Lebensader der Stadt.

Die **Île de la Cité**, mit der ehrwürdigen Notre-Dame und der königlichen Sainte-Chapelle das Herz von Paris, zeigt bis zum heutigen Tag, wo im Mittelalter die geistliche und weltliche Macht angesiedelt war. Um diese Insel herum hat die Stadt ihre Jahresringe angesetzt, die Bürgerstadt am rechten, das **Universitätsviertel**, die ›Civitas philosophorum‹, am linken Ufer. Der Blick gleitet über das Paris der Paläste, des Prunk und Prestige, über Champs-Élysées, Arc de Triomphe und das Palais de Chaillot, über **La Rive Gauche**, das nicht nur ein geografischer Begriff, sondern vielmehr eine Geisteshaltung ist. Doch wie verschieden sind diese Stadtviertel: Der aristokratische **Faubourg Saint-Germain**, der kontrastreiche, umtriebige **Montparnasse**, **Saint-Germain-des-Prés** und seine Cafés mit literarischer Vergangenheit sowie das **Quartier Latin**, intellektuell und studentisch. Das Paris der Händler und der kleinen Leute findet man in den rührigen Vierteln der **Rive Droite** zwischen Madeleine und der Place de la République und auf **Montmartre**. Zwischen den eher volkstümlichen Vierteln im Osten der Stadt, die zu Emigrantenquartieren geworden sind, und dem reichen Westen liegen Welten.

Als grüne Inseln, eingestreut im steinernen Häusermeer, erscheinen der nordwestlich gelegene **Parc Monceau** und die beiden großen Pariser Waldgebiete, der vornehme **Bois de Boulogne** im Westen sowie Schloss und Park von **Vincennes** im Osten.

In der Umgebung locken großartige Ausflugsziele, etwa das Prunkschloss **Versailles** oder die futuristische Architektur im Hochhausviertel **La Défense**, die königliche Grablege **Basilique Saint-Denis** oder die postmodernen Architekturfantasien Ricardo Bofills und Manolo Nuñez' in **Noisy-le-Grand** sowie für kleine und große Kinderherzen **Disneyland Paris**.

Links: *In der Grande Galerie des Louvre gibt es viele berühmte Italiener zu bewundern – Blick über die Dächer von Paris auf den Eiffelturm – Wursthändler mit Baskenmütze – fröhliche Puppen-Parade in Disneyland*
Oben: *Majestätisch wie eine Krone wirkt Notre-Dame auf der Île de la Cité*
Rechts: *Die Plaçe Vendôme mit der bronzenen Ruhmessäule und vielen eleganten Geschäften gilt als Inbegriff der Pariser Eleganz*

Superlative und Entdeckungen

Jeder Paris-Besucher hat schon bei Reiseantritt einige Ideen, welche der berühmten Monumente er sehen möchte. Der zum weltgrößten Museum angewachsene **Louvre**, das spektakuläre **Musée d'Orsay** mit seiner Impressionistensammlung, der größte aller Triumphbögen, **Arc**

de Triomphe, der von seinem Dach einen faszinierenden Blick auf das städtebauliche Bravourstück der Königsachse eröffnet, die **Tour Eiffel**, über 100 Jahre alt und immer noch kokett, das **Centre Pompidou** mit seiner Mischung aus Kultur und Kirmes, **Notre-Dame**, **Panthéon**, **Sacré-Cœur** – die großen Publikumserfolge. Oft liegen die kleinen Entdeckungen gleich nebenan. Was der Île de la Cité fehlt, wird man auf der Nachbarinsel, der **Île Saint-Louis**, finden: die Stille der Seine-Quais und die außerordentliche architektonische Einheit eleganter Adelspalais.

Wer die bunte Atmosphäre am Centre Pompidou genug genossen hat, der kann nicht weit davon, bei **Saint-Eustache**, die schöne alte Rue Montorgueil ausfindig machen, eine Fußgängerstraße mit vielen Restaurants und Delikatessengeschäften.

Vom Louvre-Besuch erschöpft, kann man sich im Garten des **Palais Royal** erholen, einem dieser zauberhaften Orte, die wunderbarerweise nichts von ihrem Charme verloren haben. Unter den Arkaden und in den versteckten Passagen des Viertels sind kuriose Lädchen und Edelboutiquen zu finden. Mehr als einen Spaziergang wert ist das **Marais** mit seinen noblen Stadtpalais, vor einigen Jahrzehnten fast verfallen, heute restauriert und chic.

Etwas Besonderes sind die original erhaltenen Künstlerateliers, von denen

Paris eine ganze Reihe besitzt: das verwunschene **Musée national Gustave-Moreau**, das **Musée national Eugène Delacroix** an der Place de Furstenberg, das eher versteckte **Musée Zadkine** und, nicht zu vergessen, die bezaubernde kleine **Cabane de Passy**, in der einst Balzac wohnte. Origineller als die Bootsfahrten mit den Bateaux-Mouches ist ein Schiffsausflug auf dem **Canal Saint-Martin**, an dem man aber auch zu Fuß die Viertel des Pariser Ostens entdecken kann.

Spektakuläres bietet Paris im Bereich moderner Architektur: das elegant als Schiffsbug geformte **Institut du Monde Arabe** am Quai de Bercy, die **Opéra National de Paris – Bastille** mit schnittig-schillernder Fassade, die schwindelerregend dimensionierte **Grande Arche** in La Défense oder die gläsernen Türme der **Bibliothèque Nationale de France** im 13. Arrondissement.

Was die Stadt an **Nachtleben** zu bieten hat, an Theatern, Kinos, Music Halls, Discos, Klubs, zur Pariser Folklore gewordenen French Cancan und Bals Musette, ist an Vielfältigkeit kaum zu übertreffen. Und schließlich: die **kulinarischen** Freuden. Allein deshalb ist Paris eine Reise wert, auch wenn man darauf gefasst sein sollte, dass dieses Vergnügen in der Regel ziemlich kostspielig ist, was ebenso für die meisten Pariser Hotels gilt.

Links oben: *Im Hotel le Pradey wohnt man schick und schön ganz in der Nähe des Louvre – Entspannung verheißt die Stadtbesichtigung per Ausflugsboot auf der Seine*
Links: *Der Jardin du Luxembourg ist einer der beliebtesten Parks von Paris, im Palais du Luxembourg tagt der Senat*
Rechts oben: *Vom Eiffelturm blickt man über den nachts feierlich erleuchteten Champs-de-Mars auf die Tour Montparnasse*

8 Tipps
für cleveres Reisen

1 Sightseeing im Linienbus

Viel Geld ausgeben für eine organisierte Sightseeingtour? Das muss man nicht: Rund 1,70 Euro kostet ein Einzelticket der RATP, mit dem jeder Parisbesucher den Linienbus Nr. 29 besteigen kann. Dieser fährt von der Gare St. Lazare vorbei an der Opéra Garnier (→ S. 120), zur Place des Vosges im Marais und schließlich zur Bastille. Nr. 73 fährt vom Arc de Triomphe (→ S. 73) über die Champs-Élysées entlang zur Place de la Concorde und zum Musée d'Orsay (→ S. 92), empfehlenswert sind auch die Linien 69 und 72. www.ratp.fr

2 Schneller zur Mona Lisa

Wer lange Wartezeiten vermeiden möchte, reserviert am besten Online-Tickets, die in einer Filiale der ›FNAC‹-Buchhandlungen oder bei ›Ticketnet‹ abgeholt werden. Alternativ hierzu gibt es den ›Paris Museum Pass‹, der per Post versendet wird. Wer schon vor Ort ist, nutzt die weniger frequentierten Nebeneingänge der Passage Richelieu und Le Carrousel du Louvre sowie die Abendöffnungen des Museums. www.louvre.fr/billetterie und www.parismuseumpass.com

3 Im Bann der grünen Fee

›Retro-Cocktails‹ sind in Paris sehr angesagt. Man greift auf die alten Aperitif-Klassiker wie ›Suze‹, ›Chartreuse‹, ›Dubonnet‹ oder ›Picon‹ zurück und mixt daraus aufregend neue Drinks, gerne auch mit Champagner. Ein Comeback feiert in vielen Barmixturen der grüne Absinth. Wer probieren möchte, ist in der ›Bar Le Coq‹ am besten aufgehoben. Tony Conigliaros Cocktail ›Les Fleurs du Mal‹ hätte wohl auch Baudelaire berauscht. *12, rue du Château d'Eau, 75010 Paris, Tel. 01 42 40 85 68, www.barlecoq.com*

4 Ein Tempel für Kinogänger

Am Mittwoch wechseln die Programme in den Kinosälen, jeder studiert dann das Programm in der ›Pariscope‹ (am Kiosk rund 0,60 Euro) und stürmt in die Kinos. Das ›La Pagode‹-Kino ist eines der schönsten: Es erinnert an einen japanischen Schrein und besitzt einen so berauschend schönen Saal, dass es fast egal ist, welcher Film dort gezeigt wird. *Etoile Pagode, 57 bis, rue de Babylone, 75007 Paris, www.etoile-cinemas.com/pagode*

5 ›Selfies‹ bei Karl Lagerfeld

Der berühmte deutsche Modedesigner ist wieder einmal seiner Zeit voraus: In den Umkleiden seiner Boutique am Boulevard Saint-German sind iPads installiert. Modebewusste lichten sich im gerade anprobierten Outfit ab und geben mit dem ›Selfie‹ Sekunden später schon im Internet an – ob sie es nun kaufen oder nicht. *194 Boulevard Saint Germain, 75007 Paris, www.karl.com*

6 Hinter den Kulissen von Paris

Auf einer Tour von ›Cultival‹ lernt man Sehenswürdigkeiten aus ganz neuen Perspektiven kennen. Man spürt außerhalb der Öffnungszeiten dem Phantom der Operà Garnier (→ S. 120) nach, blickt hinter die aufregenden Kulissen des ›Cabaret Lido‹ oder erforscht das verborgene Innenleben des Eiffelturms (→ S. 82). *www.cultival.fr*

7 Tee mit Tiepolo

In Paris liebt man es, sich zum Brunch in einem Museumsrestaurant zu verabreden. Das schönste und extravaganteste ist wohl der ›Salon de Thé‹ des Musée Jacquemart-André (→ S. 140). Hier genießt man feinste Pâtisserie in barockem Ambiente. Ein riesiges Tiepolo-Fresko aus Venedig ziert die Decke, an den Wänden hängen flämische Gobelins, die goldstrotzenden Serviertische stammen aus Louis-Quinze-Zeiten. *158 Boulevard Haussmann, 75008 Paris, www.musee-jacquemart-andre.com*

8 Viele Wege führen zur Kunst

Die Pariser Galerieszene ist vielfältig: Wer zeitgenössische Kunst bevorzugt, wird rund um das Centre Georges Pompidou (→ S. 50), das Musée national Picasso (→ S. 59) und die Opéra Bastille fündig. Kunst der Avantgarde gibt es nahe der Rue Vieille du Temple im Marais, etablierte Kunst rund um die Rue du Faubourg St-Honoré und die Avenue Matignon. Wann und wo die nächste Vernissage ist, verrät das Internet: *www.associationdesgaleries.org*

8 Tipps
für die ganze Familie

Riesenrad und Zuckerwatte

1 Im Juli und August wird in den ›Jardin des Tuileries‹ ein Jahrmarkt aufgebaut, die ›Fête Foraine‹, mit nostalgischem Karussell, Autoscooter, Ständen mit ›Barbe à Papa‹ (Zuckerwatte), Schießbuden, Trampolinen, Kletterwänden und einem Riesenrad, von dem aus sich ein toller Blick auf die Stadt bietet. *Place du Carrousel, 75001 Paris, www.feteforaine-jardindestuileries.com*

2 Beim Puppendoktor im Marais

Das kleine ›Musée de la Poupée‹ zeigt über 500 Puppen aus mehreren Jahrhunderten mit Originalkostümen und Accessoires. Und in Wechselausstellungen wird ›Barbie‹ in Retro-Kostümen gezeigt. Zudem gibt es ein ›Puppenhospital‹, in dem ›kranke‹ Puppen und Plüschtiere behandelt werden. *Impasse Berthaud, 75003 Paris, Tel. 01 42 72 73 11, www.museedelapoupeeparis.com, Di–So 10–18 Uhr, Erwachsene rund 8 Euro, Kinder 3–11 Jahre rund 4 Euro.*

3 Kasperletheater auf Französisch

Seit über 200 Jahren begeistert die vom Lyoneser Arbeiter Laurent Mourguet entworfene Handpuppe ›Guignol‹, die französische Version des Kasperles – dazu braucht man noch nicht mal Französisch verstehen. Guignols treuer Freund ist Gnafron, sein Widersacher der Gendarm Flageolet. Gespielt wird u.a. im Jardin du Luxembourg (→ S. 100) und im besonders kinderfreundlichen Parc des Buttes-Chaumont (→ S. 135). *www.guignol-paris.com, www.marionnettesduluxembourg.fr und www.guignol-butteschaumont.com*

Kinderspaß im Bois de Boulogne 4

Zu Marcel Prousts Zeiten war der ›Jardin d'Acclimatation‹ ein Zoo. Von der ›Porte Maillot‹ führt eine Bimmelbahn in den Freizeitpark mit Tiergehege, Minigolf, Gokartbahn, Ponyreiten, Bootsfahrten, Karussell, Spiegelkabinett, Drachen-Achterbahn und ›Guignol‹-Puppentheater, in dem vor allem kleinere Kinder auf ihre Kosten kommen. Teens sind eher im ›Exploradome‹ zu finden.
www.jardindacclimatation.fr, Bois de Boulogne, 75116 Paris. Tgl. April–Sept. 10–19 Uhr, Okt.–März 10–18 Uhr. Eintritt rund 3 Euro, Kinder unter 3 Jahren frei.

5 Geheimnisse der Filmkunst

›Les Etoiles du Rex‹, einer der berühmtesten Kinopaläste Europas, lässt junge Besucher auf einem interaktiven Parcours hinter die Kulissen blicken. In einem Panoramaaufzug geht es hinter die riesige Kinoleinwand, dann in eine alte rekonstruierte Vorführkabine, und im Tonstudio dürfen die Besucher sogar eine kurze Filmsequenz synchronisieren.
1, bd Poissonnière, 75002 Paris, Tel. 01 45 08 93 89, www.legrandrex.com, Metro Bonne-Nouvelle. Mi–So 10–19 Uhr, Erwachsene rund 11 Euro, Kinder rund 9 Euro.

6 20 Jahrhunderte in 75 Minuten

Auf einer 12 Meter breiten Leinwand präsentiert Dichterfürst Victor Hugo als virtueller Führer die multimediale ›Paris Story‹. Anschließend geht es zu den Modellbauten von ›Paris-Miniature‹ und zum virtuellen 3D-Besuch von ›Paris-Experience‹. Dazu zählt eine Filmsequenz der Brüder Lumière, die im 19. Jh. auf dem gerade erst vollendeten Eiffelturm gedreht wurde.
11 bis, rue Scribe, 75009 Paris, Tel. 01 42 66 62 06, www.paris-story.com, Métro Opéra. Tgl. 10–18 Uhr zur vollen Stunde. Erwachsene rund 11 Euro, Kinder rund 7 Euro.

Die Haie vom Trocadéro 7

Unter den ›Jardins de Trocadéro‹ tummeln sich unzählige Fischarten, Korallen und jede Menge großer Haie im riesigen ›Aquarium de Paris Cineaqua‹ (Fütterung 16 Uhr). Es gibt sogar ein Becken mit roten Koi-Karpfen für die Kleinen zum Anfassen. *Tel. 01 40 69 23 23, www.cineaqua.com, 2, av. des Nations Unies, 75016 Paris. Tgl. 10–19 Uhr. Erwachsene rund 20,50 Euro, Kinder rund 13–16 Euro, unter 3 Jahren frei.*

8 Magie im Marais

Das ›Musée de la Magie – Musée des Automates‹ verzaubert buchstäblich, mit seinen magischen Vorführungen und seinen raffinierten Automatenfiguren aus der Welt der Illusion von 1800 bis 1950. Kleine Magier können Zauberkurse belegen. *Tel. 01 42 72 13 26, www.museedelamagie.com, 11, rue Saint-Paul, 75004 Paris. Mi, Sa, So 14–19 Uhr, in den Schulferien täglich. ›Musée de la Magie‹ Erwachsene rund 9 Euro, Kinder 3–12 Jahre rund 7 Euro. ›Musée des automates‹ Erwachsene rund 6 Euro, Kinder rund 5 Euro; Kombiticket rund 12/9 Euro.*

Unterwegs

Der Südturm von Notre-Dame bietet herrliche Ausblicke auf Paris mit Seine und Eiffelturm

1. bis 4. Arrondissement – im Herzen der Stadt

Dank ihrer außergewöhnlichen Lage gilt die Île de la Cité als der ursprüngliche, mythische Kern der Stadt. Um 250 v. Chr. siedelte sich hier der keltische Stamm der Parisii an. Auch die römischen Besatzer richteten auf der schützenden Insel ihre Verwaltung ein. Im Mittelalter bildete die Cité das Zentrum der Stadt, das Königspalast und Bischofssitz in seinen Mauern vereinte. Einzige, doch beeindruckende Zeugen dieser Zeit sind neben den Juwelen gotischer Architektur, Notre-Dame und Sainte-Chapelle, die schönen mittelalterlichen Säle der königlichen Conciergerie. Das Second Empire (1852–70) hat mit dem mittelalterlichen Gewirr von Häusern und Gassen aufgeräumt und der Insel ein recht geordnetes Aussehen gegeben. Der herrlich gelegene Square du Vert-Galant an der westlichen Inselspitze sowie der Blumen- und Vogelmarkt auf der Place Louis-Lépine bringen eine poetische Note in dieses Bild. Die kleinere, stille Île Saint-Louis stellt dagegen ein Stück nostalgisches Paris dar. Ihre engen Straßen und Quais scheinen seit dem 17. Jh. in ihrer steinernen Eleganz unverändert.

Lange gingen die Pariser gleichgültig an den endlosen Fassaden des **Louvre** vorbei. Erst als 1989 die gläserne Pyramide des chinesisch-amerikanischen Architekten Ieoh Ming Pei zum viel diskutierten öffentlichen Ereignis wurde, schenkten sie ihrem weltberühmten Museum, das Touristen aller Kontinente als unbedingte Etappe eines Paris-Besuchs betrachten, wieder Aufmerksamkeit. Tage, ja Wochen könnte man in dieser musealen Idealwelt verbringen, wollte man alle Schätze gebührend bewundern, die der Louvre birgt. Weitere Kostbarkeiten wie Juwelen, Möbel und Kostüme präsentieren das **Kunstgewerbemuseum** und das **Modemuseum** im Nordflügel an der Rue de Rivoli.

Unter den Arkaden des **Palais Royal** scheint die Zeit stehen geblieben zu sein. Der Charme des Viertels ist immer noch ruhig und ehrwürdig – auch an der klassisch-schönen **Place des Victoires**, die heute ein Schaufenster schicker Modedesigns ist. An der Rue de la Paix, an der **Place Vendôme** und weiter noch am Faubourg Saint-Honoré liegt das Paradies für finanzkräftige Paris-Besucher, die hier Luxushotels, Haute Couture und weltberühmte Juweliere finden.

Einer der belebtesten Orte der Stadt ist das in den 1970er-Jahren entstandene Kulturzentrum **Centre Pompidou**. Das Gebäude bedeutete eine radikale Veränderung für das uralte Hallen-Viertel und für den östlich angrenzenden **Beaubourg**. ›Le beau bourg‹, der schöne Weiler, war im Mittelalter ein Dorf vor der Stadt, doch verkam er durch die Nähe zu den Markthallen zu einem der düstersten Winkel von Paris. Den Hallen und ihren Vierteln setze Emile Zola in ›Le Ventre de Paris‹ ein eindrückliches Denkmal. Seit der Markt 1969 an den Stadtrand zog und die alten Hallen abgerissen wurden, verbindet eine Fußgängerzone das Centre Pompidou mit dem **Forum des Halles**, das bis 2016 noch einmal komplett erneuert wird. In seinem Umkreis erinnern die Kirche Saint-Merri, der **Tour Saint-Jacques** und die Basilika **Saint-Eustache** noch an das Paris vergangener Tage.

Bis vor einigen Jahrzehnten hätte man nicht glauben wollen, dass das **Marais**, das Viertel zwischen der Rue Beaubourg und dem Boulevard Beaumarchais, einst das Aristokraten-Viertel von Paris war. Graue Fassaden, verfallene Höfe mit Werkstätten und Warenlagern ließen kaum mehr etwas von der früheren Pracht erahnen. Im 16. und 17. Jh. war dies das Quartier des Amtsadels und des reichen Bürgertums. Doch schon im 18. Jh. kam das Marais aus der Mode und seit der Revolution lag es gesellschaftlich quasi im Abseits. So nahmen es Händler und Handwerker in Besitz. Seit den 1960er-Jahren steht der gesamte Bereich unter Denkmalschutz. Die prächtigen Stadtpalais wurden nach und nach restauriert. Nun kommen die edlen Sandsteinfassaden, die schmiedeeisernen Balkone, die schönen Treppenhäuser und Innenhöfe wieder voll zur Geltung. Das Centre Pompidou, das **Musée national Picasso**, die Antiquitäten-Geschäfte, Kunstgalerien und Modeläden, die Restaurants und Bars machen das Marais heute besonders attraktiv. Doch auch die traditionellen Handwerksbetriebe gibt es noch: Schneidereien, Leder verarbeitende Betriebe und Modeschmuckfabriken. Die Rue des Rosiers eröffnet eine ganz andere Welt, denn sie liegt im Zentrum des alten *Judenviertels*. Man hört Leute Jiddisch sprechen, sieht orthodoxe Juden wie eh und je mit ihren schwarzen Hüten und Schläfenlocken und kann köstliche Strudel und Falafel in der Bäckerei Finkelsztajn kaufen.

Ähnlich wie das Marais hat sich auch das **Bastille-Viertel** völlig gewandelt. Der Platz, an dem die Republik ihren Ausgang genommen hatte, traditioneller Versammlungsort der Gewerkschaftskundgebungen und Demonstrationen, liegt am Rand der östlichen Faubourgs, die mit ihren Handwerkerläden und Arbeiterwohnungen, den Bistros und Tanzlokalen der Rue de Lappe bis vor einigen Jahrzehnten noch ein Stück echtes, volkstümliches Paris darstellten. Heute ist die Gegend gefragt. Kunstgalerien und schicke Bars ziehen die Jeunesse Dorée an – ein neuer ›Sturm auf die Bastille‹, zu dem auch die **Opéra Bastille** mit ihrem ambitionierten Programm beiträgt.

Abendliche Seine-Idylle vor der Kulisse der Île de la Cité mit Notre-Dame

1 Notre-Dame

TOP TIPP *Eindrucksvolles Zeugnis der französischen Kathedralbaukunst und Musterbeispiel gotischer Stilentwicklung. Das 850-jährige Monument nimmt einen einzigartigen Platz im Pariser Stadtbild ein.*

Parvis Notre-Dame, 4e Arr.,
Tel. 01 42 34 56 10
www.notredamedeparis.fr
Mo–Fr 8–18.45, Sa/So 8–19.15 Uhr
Métro 4: Saint-Michel oder Cité

Seit Urzeiten wurde an dieser Stelle gebetet: Schon die gallo-römische Siedlung besaß hier ein Heiligtum. Im 6. Jh. errichtete man eine erste christliche Kirche, deren Nachfolgebau noch während der Entstehungszeit von Notre-Dame bestand. *Bischof Maurice de Sully* rief Mitte des 12. Jh. Stadt und Umland, König und Volk auf, alle Kräfte zu vereinen, um ein neues, großes Gotteshaus zu bauen, das dem mächtigen Pariser Bistum, Mittelpunkt des französischen Kronlandes, angemessen war. 1163 wurde der Grundstein gelegt. Fast eineinhalb Jahrhunderte lang war der Bau von Notre-Dame ein großes Experimentierfeld zur Ausarbeitung des gotischen Formenvokabulars.

Von Anfang an entschied man sich für diesen neuen Stil, der 20 Jahre zuvor in Saint-Denis erstmals systematisch angewandt worden war. 1182 war der Chor vollendet, um 1200 das Langhaus. Das ursprüngliche Projekt wurde im Verlauf des 13. Jh. unter der Leitung von Jean de Chelles und Pierre de Montreuil wesentlich verändert; die Fenster wurden dabei nach dem Vorbild der gleichzeitig entstehenden Kathedrale von Chartres vergrößert, um mehr Licht in das Kirchenschiff dringen zu lassen. Ab 1225 fügte man die Kapellen zwischen den Strebepfeilern hinzu. Schließlich wurde auch der Chor dem emporstrebenden Charakter der Hochgotik angeglichen, dabei entstanden die statisch kühnen, eleganten Strebebogen. Um 1340 war Notre-Dame vollendet. Ihr heutiges Aussehen verdankt die Kirche im Wesentlichen den Restaurierungsarbeiten, die *Eugène Viollet-le-Duc* 1845–64 vornahm.

Mit dem Bau der meisterhaft ausgewogenen **Westfassade** begann man um 1200. Am *Annenportal* (rechts) wurden Skulpturen aus der Zeit um 1170 wiederverwendet. Die strenge Darstellung der thronenden Muttergottes folgt byzantinischen Vorbildern. Die Figuren des *Marienportals* (links) haben dagegen einen milden, poetischen Charakter (1210–20). Das Tympanon inszeniert die *Marienkrönung* mit der bewundernswert sanften *Grablegung Mariens*. Die Türpfosten rahmen Darstellungen des Kalenders und des Tierkreises.

Das **Mittelportal** mit dem *Jüngsten Gericht* wurde stark restauriert, die schöne Figur des Weltenrichters im Tympanon ist jedoch noch original. Im oberen Türsturz werden die Auserwählten von den Verdammten getrennt, die Seitenpfosten zeigen die Parabel von den klugen und törichten Jungfrauen. Über den Portalen setzt die **Königsgalerie** einen ersten horizontalen Akzent. Die während der Revolution zerstörten Königsfiguren wurden von Viollet-le-Duc ersetzt. 1977 fand man wie durch ein Wunder 21 der originalen Königshäupter wieder. Sie befinden sich heute im Musée Cluny [Nr. 74].

Über der **Fensterrose** (Anfang des 13. Jh.; Durchmesser: 9,60 m) stellt eine feingliedrige Arkade die Verbindung zwischen den beiden Türmen her. Die berühmten Wasserspeier, Dämonen und sonderbaren Vögel sind allerdings der neugotischen Fantasie Viollet-le-Ducs entsprungen.

Auf die Ausführung der Spitztürme verzichtete man schließlich, was dem harmonischen Gesamteindruck aber keinen Abbruch tut. Der Aufstieg zur Galerie und zu den **Türmen** (Eingang an der linken Seite der Westfassade, Rue du Cloître Notre-Dame, Tel. 01 53 10 07 00, Juli–Aug. Mo–Fr 10–18.30, Fr/Sa 10–23, April, Sept. tgl. 10–18.30, Okt.–März tgl. 10–17.30 Uhr) lohnt sich: Man kann die mächtige Glocke des Südturms (13 t) bestaunen, die nur zu großen katholischen Festen läutet, und hat zudem einen herrlichen Blick auf die Stadt.

Die verfeinerte Struktur, die die hochgotische Baukunst in dieser Zeit annimmt, zeigt die nördliche **Querhausfassade** (1250–60) von Jean de Chelles. Steile Giebel, schmale Fialen, Maßwerk und eine große Fensterrose scheinen die Geschlossenheit der Wand aufzulösen. Den Türpfeiler des Portals ziert eine edle Madonnenfigur, ein Meisterwerk der hochgotischen Plastik.

Der **Innenraum**, in dem bis zu 9000 Personen Platz finden, vermittelt einen großartigen, feierlichen Eindruck – vor allem dann, wenn man ihn außerhalb der Hauptbesuchszeiten besichtigt. Sein Auf-

Notre-Dame

Notre-Dame vereint erdenschwere Säulen mit himmelsstürmenden Bögen und Gewölben

bau macht deutlich, dass Notre-Dame ein Werk des Übergangs ist, das stilgeschichtlich zwischen den ›primitiven‹ Kathedralen (Laon, Noyon) und den ersten ›klassischen‹ Kathedralen (Chartres, Reims, Amiens) steht: Das sechsteilige Gewölbe und die klar strukturierte Hochwand ruhen auf noch nicht in diese Struktur einbezogenen, massiven Säulen. Die typisch frühgotische, von Saint-Denis übernommene Empore setzt dem Bestreben der Hochgotik Grenzen, den Raum durch große Fenster möglichst hell zu gestalten. Das Joch vor dem Querhaus, von Viollet-le-Duc wieder hergestellt, zeigt den ursprünglichen Aufbau der Hochwand, wie er 1225–35 bestand. Leider hat Notre-Dame den größten Teil seines gotischen Fensterschmucks verloren. Nur die schönen *Fensterrosen* des Querhauses (Durchmesser: 13 m) stammen aus der Erbauungszeit. Die ältere nördliche (um 1255) ist weitgehend im Originalzustand erhalten. Doch auch die modernen Fenster wurden nach mittelalterlicher Technik gefertigt.

In den *Kapellen* befinden sich noch einige Gemälde, die die Goldschmiedezunft an jedem 1. Mai im 17. Jh. der Kathedrale stiftete, darunter Werke von Charles Le Brun und Laurent de la Hyre.

Von den *Chorschranken* (1300–51) sind nur noch Teile erhalten. Ihre Reliefs stellen in einer erzählerischen, höfischen Art das Leben Jesu (an der Nordseite) und die Erscheinungen des Auferstandenen (an der Südseite) dar. Am Vierungspfeiler des rechten Choreingangs steht die graziöse Madonnenstatue, *Notre Dame de Paris* genannt (um 1330). Im *Chor* selbst bilden die an sich sehr schönen *Altarfiguren* aus dem 18. Jh. einen starken Kontrast zu ihrer mittelalterlichen Umgebung. Nach 23 Jahren kinderloser Ehe

1 Notre-Dame

stellte Ludwig XIII. sein Land unter die Schutzherrschaft der Jungfrau Maria und versprach, Notre-Dame einen neuen Hochaltar zu stiften, wenn ihm ein Sohn geboren werde. Der lang ersehnte Thronfolger Ludwig XIV. löste das Gelübde später ein. Das fein geschnitzte **Chorgestühl**, eine *Pietà* von Nicolas Coustou und die bewegenden *Statuen* der beiden Könige sind erhalten geblieben.

Die *Schatzkammer* (Eingang im Chor rechts, Mo–Sa 9.30–18, So 13.30–18.30 Uhr) bewahrt neben wertvollen Handschriften auch Goldschmiedearbeiten. Hier sieht man kostbare Reliquien, darunter das Croix Palatine, dessen Schrein aus dem 19. Jh. ein großes Stück des Kreuzes Christi und einen der Nägel einschließen soll. Der Reliquienschrein für die Dornenkrone (1862) wurde nach Zeichnungen von Viollet-le-Duc ausgeführt. Die Dornenkrone, für die Ludwig IX. die Sainte-Chapelle [Nr. 5] errichten ließ, ist der größte Schatz der Kathedrale.

Als *Schauplatz* großer offizieller Ereignisse nahm die Kathedrale einen ebenso hohen Rang ein wie die Kathedralen von Reims als Krönungsort und Saint-Denis als Grablege der Könige. 1302 traten im Dom erstmals die von Philipp dem Schönen einberufenen Generalstände zusammen. 1444 wurde hier der Rehabilitationsprozess der Jungfrau von Orléans eröffnet. 1594 feierte Heinrich IV. seine Konversion. Während der Revolution war Notre-Dame dem ›Höchsten Wesen‹ geweiht (1793), doch gingen in dieser Zeit auch viele ihrer Kunstschätze verloren. 1804 setzte sich Napoleon hier die Kaiserkrone auf sein Haupt; Wandteppiche verdeckten dabei das inzwischen arg heruntergekommene Gemäuer. Ausgelöst durch Victor Hugos Roman *Notre-Dame de Paris* (1831; dt. *Der Glöckner von Notre-Dame*) beschloss man die Restaurierung der Kathedrale unter der sachkundigen Regie von Viollet-le-Duc.

Durch den viel zu großen **Vorplatz** – er ist eines der drastischen Resultate der Haussmannschen Stadtsanierung Mitte des 19. Jh. – ist der mächtige Eindruck verloren gegangen, den die Kathedrale einst im engen mittelalterlichen Straßenbild hervorrief. An diesem Platz nehmen übrigens alle französischen Nationalstraßen ihren Ausgang: Die Entfernungen von der Hauptstadt werden von hier aus berechnet, was die Kathedrale Notre-Dame zu dem symbolischen Zentrum des Landes macht.

2 Crypte Archéologique du Parvis Notre-Dame

Alte Fundamente zeugen von der architektonischen Entwicklung der Stadt.

1, parvis Notre-Dame, place Jean-Paul II, 4e Arr.,
Tel. 01 55 42 50 10
www.crypte.paris.fr
Di–So 10–18 Uhr
Métro 4: Saint-Michel oder Cité

Auf dem Vorplatz der Kathedrale Notre-Dame befindet sich der Eingang zur **Archäologischen Krypta**, einem 100 m langen Saal. Die hier ausgestellten Fundamente aus dem 3.–19. Jh. blieben lange Zeit unentdeckt: Erst 1965 unter der Leitung der *Commission du Vieux Paris* begannen die Ausgrabungen, nachdem man bei Bauarbeiten zufällig auf die Krypta gestoßen war. Seit 1980 ist sie für die Öffentlichkeit zugänglich. Von den Anfängen der gallo-römischen Siedlung Lutetia auf der Île de la Cité zeugen u. a. die Überreste eines Anlegeplatzes und einer öffentlichen Badeanstalt. Zudem präsentiert die Ausstellung Relikte der

3 Palais de Justice

Glanzvolle Île de la Cité – der Palais de Justice mit den Rundtürmen der Conciergerie

alten Stadtmauer (4. Jh.), der merowingischen Kathedrale Saint Etienne und der mittelalterlichen Rue Neuve Notre-Dame. Wechselausstellungen geben mit Schautafeln, Modellen sowie 3-D-Animationen einen spannenden Einblick in die städtebauliche Entwicklung von Paris von den Anfängen bis zur Gegenwart.

3 Palais de Justice

Der Gebäudekomplex des Justizpalasts, der Conciergerie und Sainte-Chapelle einschließt, ist seit Jahrhunderten Sitz der Gerichtsbarkeit. Von der Römerzeit bis zum Hundertjährigen Krieg war hier das politische Zentrum Frankreichs.

4, boulevard du Palais, 1er Arr.,
Métro 4: Saint-Michel oder Cité

Chlodwig (465–511) soll der erste König gewesen sein, der seinen Regierungssitz im früheren Palast der römischen Statthalter einrichtete. Aber erst die Kapetinger machten daraus die prunkvolle Residenz, von der die berühmte Miniatur aus dem Stundenbuch, den *Très Riches Heures* des Herzogs von Berry, eine Vorstellung gibt. Brände und Zerstörungen haben im 17. und 18. Jh. und während der Kommune (1871) einen Großteil des damaligen *Palais du Roi* vernichtet. Auch zogen die Könige ab dem 14. Jh. den Louvre, das Hôtel Saint-Pol im Marais oder Vincennes als Residenz vor. Aber immer wurde hier Recht gesprochen. Im 13. Jh. war es Ludwig IX. selbst, der im Hof seines Palastes Gericht abhielt. Hier war der Sitz des *Parlement*, wie der Oberste Gerichtshof des Königreichs hieß. Heute bringen das **Zivilgericht** und das **Strafgericht** Geschäftigkeit in die endlosen Korridore. Georges Simenons spannende Kriminalfälle rund um Kommissar Maigret machten die Zentrale der Kriminalpolizei vom Quai des Orfèvres weltberühmt.

Das schöne schmiedeeiserne *Tor* am Boulevard du Palais stammt von 1787. Es hebt den Haupteingang mit seiner dorischen *Säulenhalle* aus der Zeit Ludwigs XVI. hervor. Am Turm der nördlichen Ecke des Palastes ist die erste öffentliche *Uhr* von Paris (1371) angebracht; ihr heutiges Dekor erhielt sie im 16. Jh.

4 Conciergerie

Die Erinnerung an die schreckliche Zeit des Revolutionstribunals ist hier, im ehemaligen Palast der Kapetinger, allgegenwärtig.

2, boulevard du Palais, 1er Arr.,
Tel. 01 53 40 60 80
www.monuments-nationaux.fr
tgl. 9.30–18 Uhr
Métro 1: Chatêlet oder
Métro 4: Saint-Michel oder Cité

Dieser älteste Teil der Kapetingerresidenz ist nach dem königlichen Verwalter, dem *Concierge* benannt. Er war in Abwesenheit des Königs für den Palast verantwortlich und zog aus den zahlreichen Geschäften, die früher das Erdgeschoss belebten, und aus den ›Mieten‹, die die Häftlinge für ihre Zellen bezahlen mussten, ein ansehnliches Einkommen. Früher ragte die Fassade zum Quai de l'Horloge direkt aus der Seine auf. Ihr heutiges Aussehen geht größtenteils auf die Restaurierungsarbeiten des 19. Jh. zurück. Dennoch trägt sie mit ihren drei Rundtürmen viel zum malerischen Erscheinungsbild der Île de la Cité bei.

Schon die Monarchie richtete in der Conciergerie ihre **Kerker** ein. Berühmte Gefangene des Ancien Régime waren hier in Gewahrsam, u. a. Graf Montgomery, der Heinrich II. bei einem Turnier tödlich verletzte, und François Ravaillac, der Mörder von Heinrich IV. Im westlichen Rundturm, Tour Bonbec, befand sich im 15. und 16. Jh. die Folterkammer.

Während der Revolution waren die feuchten Säle der Conciergerie überfüllt. In den Jahren der jakobinischen Schreckensherrschaft (1793/94) wurden hier die Gefangenen vor das berüchtigte **Revolutionsgericht** gestellt, das mehr als 2700 Todesurteile fällte. Sie alle warteten an diesem Ort auf die Guillotine: Marie-Antoinette, Madame Elisabeth (die Schwester Ludwigs XVI.), Charlotte Corday, die Marat erstochen hatte, und Philippe Egalité (der Vetter von Ludwig XVI.). Die Anführer der Revolution erwartete das gleiche Schicksal, zuerst die Mitglieder der Gironde, die von Danton gestürzt wurden, dann Danton selbst und seine Gleichgesinnten, schließlich Robespierre, der der Reaktion des 9. Thermidor 1794 zum Opfer fiel, und Fouquier-Tinville, der fürchterliche Staatsanwalt mitsamt dem Revolutionsgericht.

Vieles, was man bei der Führung zu sehen bekommt, wurde später verändert, so z. B. die Zelle, in der Marie-Antoinette vom 2. August bis zum 16. Oktober 1793 auf ihre letzte Stunde wartete, Tag und Nacht von zwei Wärtern bewacht. 1815 richtete man hier die **Chapelle Commémorative de Marie-Antoinette** ein. Die **Rue de Paris**, eine Parzelle am Ende der Salle des Gens d'Armes, erinnert an den Henker, traditionsgemäß *Monsieur de Paris* genannt. Hier war das Strohlager jener Gefangenen, die sich keine Einzelzelle leisten konnten.

Über all dem Gräuel sollte man aber nicht vergessen, die großartige Halle, **La Salle des Gens d'Armes**, zu bewundern. Allein wegen ihrer Ausmaße (69 x 27 m) ist sie außergewöhnlich und nur mit den Prunksälen des Mont Saint-Michel und des Papstpalastes in Avignon zu vergleichen. Von einem schönen Kreuzrippengewölbe überspannt, stellt sie ein eindrucksvolles Beispiel gotischer Profanarchitektur dar.

5 Sainte-Chapelle

Die Kapelle des einstigen Königspalastes – ein gläserner Schrein für die wertvollsten Reliquien der Christenheit und selbst ein Juwel aus leuchtend bunten Fenstern.

4, boulevard du Palais, 1e Arr.,
Tel. 01 53 40 60 80
www.monuments-nationaux.fr
März–Okt. tgl. 9.30–18 Uhr,
Nov.–Febr. tgl. 9–17 Uhr
(Gruppen sollten mind. 4 Wochen vorher reservieren, Tel. 01 44 54 19 33)
Métro 1: Chatêlet oder
Métro 4: Saint-Michel oder Cité

Das strenge Gebäude des Justizpalastes birgt im größten seiner Höfe dieses Meisterwerk gotischer Architektur. Die Entstehungsgeschichte der Kapelle hat den Hauch des Legendären, der auch Ludwig IX. (1226–70), den 1297 heilig gesprochenen König, umgibt. Er war ein großer Verehrer kostbarer Reliquien und konnte 1238 vom byzantinischen Kaiser die *Dornenkrone Christi* erstehen. Er nahm sie eigenhändig in Empfang, barfüßig und wie ein einfacher Pilger gekleidet. Später kam noch ein Nagel vom Kreuz Christi dazu, und Ludwig beschloss, für diese Schätze einen würdigen Rahmen zu schaffen, der zugleich die Verbindung von Monarchie und Kirche besiegeln und die Stellung des französischen Königtums in der christlichen Welt heben sollte.

5 Sainte-Chapelle

Sainte-Chapelle – die oberen Kapelle scheint ganz aus leuchtend buntem Glas zu bestehen

In nur fünf Jahren (1243–48) entstand die feingliedrige, schlanke Kapelle; als ihr Baumeister gilt Pierre de Montreuil. Der obere Teil des zweistöckigen Gebäudes war, wie bei Palastkapellen üblich, durch eine Galerie mit den königlichen Gemächern verbunden. Hoch aufsteigende Strebepfeiler rhythmisieren die *Fassade*. Die Proportionen der **unteren Kapelle** sind ungewöhnlich. Für diesen breiten, sehr niedrigen Raum, der ein hohes Obergeschoss zu tragen hat und schwierig mit einem einzigen Gewölbe zu überspannen war, fand der Architekt eine originelle Lösung. Er schuf ein breites Mittelschiff und sehr schmale Seitenschiffe. Die *Strebebögen*, die man gewöhnlich an der Außenfassade sieht, sind ins Innere verlegt. Sie leiten den Druck des mittleren Gewölbes nach außen zu den Strebepfeilern und entlasten so die zierlichen Säulen. Etwas aufdringlich ist der *Dekor* aus dem 19. Jh., der die königliche Lilie und die Türme aus dem Wappen von Blanche de Castille, der Mutter Ludwigs IX., zeigt. Die ältesten der Grabplatten stammen aus dem 13. und 14. Jh.

Eine schmale Wendeltreppe führt in die **obere Kapelle**. »Wenn man sie betritt, glaubt man sich in den Himmel versetzt und stellt sich mit Recht vor, in eines der schönsten Zimmer des Paradieses eingelassen zu werden«, schrieb ein Zeitgenosse von Ludwig IX. Der Eindruck ist tatsächlich atemberaubend. Da die stützende architektonische Struktur nach außen verlagert ist, scheint die Kapelle ganz aus hohen Glaswänden zu bestehen und das Gewölbe nur auf schlanken Säulenbündeln zu ruhen. Die *Fenster* sind, mit Ausnahme der Fensterrose (15. Jh.), aus der Zeit von Ludwig IX. und bilden eine außergewöhnlich harmonische Einheit. Ein Teil wurde im 19. Jh. restauriert. Auf einer Fläche von 615 m^2 sind über 1000 Szenen aus dem Alten und Neuen Testament dargestellt, die sich inhaltlich oft auf den Reliquienschatz beziehen. Das Fenster in der Mitte des *Chors* berichtet von der Leidensgeschichte Christi; das erste Fenster rechts erzählt die Geschichte der Reliquien und die Gründung der Sainte-Chapelle. Ludwig der Heilige ist dort dargestellt in symbolischer Nach-

5 Sainte-Chapelle

Der Pont Neuf verbindet die westliche Spitze der Île de la Cité mit den beiden Seineufern

barschaft zu König David, dem das nächste Fenster gewidmet ist. Bewundernswert sind auch die Apostelfiguren (13. Jh., z. T. stark restauriert). Die *Reliquien* waren einst in der Apsis aufgestellt. Was davon die Jahrhunderte überdauert hat, befindet sich heute in der Schatzkammer von Notre-Dame [Nr. 1].

6 Place Dauphine und Pont Neuf

Abgeschlossen und still hat die Place Dauphine heute einen fast provinziellen Charme. Kaum spürt man noch etwas von den Intentionen dieser königlichen Anlage, die mit dem Reiterstandbild Heinrichs IV. und dem Pont Neuf einen städtebaulichen Akzent an der Inselspitze bildete.

1er Arr., Métro 7: Pont Neuf

Die beiden einzigen erhaltenen Eckhäuser am Pont Neuf lassen ahnen, wie der dreieckige Platz mit seinen einheitlichen, schiefergedeckten Häusern aus rotem Ziegel und weiß abgesetzter Hausteinimitierung – ähnlich der Place des Vosges [Nr. 33] – ausgesehen haben muss. Er wurde ab 1607 auf Veranlassung von Heinrich IV. errichtet, der damit zeigte, dass ihm Paris mehr als nur »eine Messe wert« war. Zu Ehren des Thronfolgers, dem zukünftigen Ludwig XIII., wurde er Place Dauphine genannt. Doch im Gegensatz zur Place des Vosges ging die Einheit des Platzes schnell verloren. Die Ostseite wurde 1874 gänzlich abgerissen, sodass die protzige Fassade des Justizpalastes (1857–68) jetzt den Abschluss bildet. Das Reiterstandbild des **Bon Roi Henri**, des guten Königs Heinrich, steht in der Mittelachse des Platzes (Entwurf von Giovanni Bologna). Es ist das erste königliche Standbild dieser Art in Paris.

Seinem Namen zum Trotz ist der **Pont Neuf** (Neue Brücke) die älteste erhaltene Brücke von Paris (1607 von Heinrich IV. eingeweiht). Sie galt damals als sehr modern: Man verzichtete auf die übliche Bebauung mit Häusern und versah sie mit Gehsteigen, auf denen sich bald Straßenhändler, Komödianten und Scharlatane einrichteten.

Die besondere Lage der Place Dauphine und des Pont Neuf reizte die Architekten des 18. Jh., über die baukünstlerische Gestaltung der Inselspitze nachzudenken; keines der monumentalen Projekte kam aber zustande. Der unermüdliche Baron Haussmann ließ Mitte des 19. Jh. den Park zu Füßen des Reiterstandbilds anlegen, von dem man einen schönen Blick auf den Louvre und das Palais de la Monnaie hat. Der Name dieses **Square du Vert-Galant** (Schürzenjäger) erinnert an den populären Heinrich IV.

7 Île Saint-Louis

Die Insel mit ihren klassischen Häusern aus dem 17. Jh. bildet eine Welt für sich, diskret und aristokratisch. Ihre von Pappeln gesäumten Quais sind ein Paradies für Spaziergänger.

4e Arr., Métro 7: Pont-Marie

Ursprünglich befanden sich hier zwei kleine Inseln, die dem Domkapitel von Notre-Dame gehörten. Auf Initiative Kardinal Richelieus wurde der sie trennende Kanal zugeschüttet. Die bevorzugte Lage des Terrains erweckte das Interesse des Pariser Amtsadels; es entstanden großzügige Palais an den Ufern. Vor allem der Hofarchitekt **Louis Le Vau** (1612–70) gewann hier viele Privatkunden und gab der Insel sein Gepräge. Leider sind die meisten dieser eleganten Stadthäuser, an deren Fassaden Tafeln auf berühmte frühere Bewohner hinweisen (Zola, Claudel, Daumier, Apollinaire) und in denen auch heute u. a. wohlhabende Künstler und Literaten leben, nicht zu besichtigen. Doch die schmiedeeisernen Balkone und die Reliefs an den Fassaden sprechen für sich, und hin und wieder bietet sich die Gelegenheit, in einen der noblen Innenhöfe zu spähen.

Das **Hôtel de Lauzun** (17, quai d'Anjou; 1650–56), an dem nicht nur der schöne *Balkon* der Bel Etage, sondern auch die *Dachrinne* goldverziert ist, gehört zu den prächtigsten Privathäusern von Paris. Seine mit Wandvertäfelungen, Stuckaturen und Grotesken geschmückten Räume werden von der Stadt Paris für offizielle Empfänge genutzt. In einem Mansardenapartment dieses Hauses verlebte Baudelaire seine elterliche Erbschaft und nahm am berüchtigten ›Club der Haschischins‹ teil, auf der Suche nach den ›künstlichen Paradiesen‹, die er später beschrieb. Das **Hôtel Lambert** (2, rue Saint-Louis-en-l'Île; 1693–1744) besitzt ebenfalls ein außergewöhnlich schönes *Dekor*; es wurde von den Malern Eustache Le Sueur und Charles Le Brun ausgeführt. Vom Quai d'Anjou aus kann man einen Blick in den Innenhof des Palais werfen, eine originelle Schöpfung von Le Vaus Sohn.

Die schmale **Rue Saint-Louis-en-l'Île** ist die Hauptstraße der Insel. Aus der geschlossenen Fassadenreihe hebt sich die Kirche **Saint-Louis-en-l'Île** (Di–So 9–12 und 15–19 Uhr) mit ihrem durchbrochenen Spitzhelm und ihrer sonderbaren Uhr empor. Das außen bescheiden wirkende, von François Le Vau entworfene Gebäude besitzt einen aufwendig ausgestatteten *Innenraum*, eines der wenigen Pariser Beispiele für französischen Kirchenbarock. Im Sommer finden hier fast täglich Abendkonzerte statt. In der Straße gibt es viele kleine sympathische Restaurants zu entdecken. Und außerdem lockt die berühmte **Maison Berthillon** (Tel. 01 43 54 31 61, www.berthillon.fr) mit unwiderstehlich köstlicher Eiscreme.

Erfrischungspause – die Maison Berthillon ist vor allem für ihre Eiscreme berühmt

8 Saint-Germain-l'Auxerrois

Einstige Pfarrkirche der französischen Könige und der Künstler des Louvre. Mehrfach umgebaut und verwüstet, hat der große gotische Bau heute ein recht uneinheitliches Aussehen.

2, place du Louvre, 1er Arr.,
Métro 1, 7: Louvre Rivoli oder
Pont Neuf

Schon im 7. Jh. stand hier eine Kirche zu Ehren des hl. Germain, des Bischofs von Auxerre. Der heutige Bau präsentiert fünf Jahrhunderte *Baugeschichte*: einen romanischen Turm aus dem 12. Jh., Portal, Chor und Marienkapelle aus dem 13. Jh., eine Vorhalle im Flamboyantstil (15. Jh.). Mitte des 18. Jh. wurde der Chor umgestaltet. Die **Westfassade** bietet mit den links angrenzenden neugotischen Bauten, Turm und Rathaus, ein malerisches Ensemble. Eine Besonderheit ist die spätgotische **Vorhalle** (1435–39) mit ihrem schönen Gewölbe; die Pfeilerfiguren sind allerdings moderne Kopien. Die Kirche birgt einige bemerkenswerte Kunstwerke, die leider in dem düsteren **Innenraum** wenig zur Geltung kommen: das von Le Brun entworfene *Kirchengestühl* der königlichen Familie (1684), einen geschnitzten flämischen *Flügelaltar* aus dem 16. Jh. und im Querschiff qualitätvolle *Fenster*, ebenfalls aus dem 16. Jh. In der **Marienkapelle** im rechten Seitenschiff ist die bezaubernde Statue der *hl. Maria von Ägypten* aufgestellt (spätes 15. Jh.). Sie stammt aus der Vorhalle, wo sie durch einen Abguss ersetzt wurde.

Viele der Künstler, die das Privileg besaßen, im Louvre zu wohnen und zu arbeiten, sind in der Kirche begraben: u. a. die Maler Coypel, Boucher, Chardin, van Loo, die Bildhauer Coysevox und Coustou, die Architekten Le Vau und Gabriel.

Saint-Germain-l'Auxerrois erinnert aber auch an eine der dunkelsten Episoden der französischen Geschichte: In der Nacht zum 24. August 1572 gaben die Glocken der Kirche das Signal für das Massaker der **Bartholomäusnacht**, in der allein in Paris 2000 Protestanten, darunter ihr Anführer Gaspard de Coligny, ermordet wurden.

9 Musée du Louvre

Der weitläufige Palast der französischen Könige, Spiegel vieler Jahrhunderte Herrschafts- und Baugeschichte, ist heute das größte Museum der Welt.

34–36, quai du Louvre, 1er Arr.,
Tel. 01 40 20 53 17
www.louvre.fr
Do, Sa–Mo 9–18, Mi, Fr 9–21.45 Uhr,
aktuelle Infos über eingeschränkte Öffnungszeiten bietet die Webseite
Haupteingang: Glaspyramide,
weitere Eingänge für Besucher mit vorgebuchten Tickets oder Pässen: Galerie du Carrousel, Porte des Lions, Passage Richelieu
Métro 1, 7: Palais Royal – Musée du Louvre

›Le Grand Louvre‹, dieser Name steht für das ehrgeizige und kostspielige Projekt des früheren französischen Staatspräsidenten François Mitterrand, den gesamten ehemaligen Königspalast dem immer schon immensen, aber räumlich beengten Museum zur Verfügung zu stellen.

Neue Empfangsstrukturen für Besucher wurden geschaffen, die Anordnung der Werke neu konzipiert, Säle und Fassaden restauriert. Zum 200-jährigen Jubiläum des Museums wurde 1993 der Nordflügel (Richelieu-Flügel) eröffnet, in dem zuvor das Finanzministerium residierte. Alle Sammlungen wurden umgestaltet. Eine zusätzliche Erweiterung des Louvre um das Gebäude des einstigen Marineministeriums steht zur Diskussion.

Das hier zitierte **Orientierungssystem** des Louvre nennt Namen und Stockwerk des Flügels, in dem die beschriebenen Abteilungen zu finden sind (z. B. italienische und spanische Malerei = Denon, 1. Stock, Saal 1–32). So weit möglich, sind im Folgenden die Saalnummern angegeben, um das Auffinden einzelner Werke oder Werkgruppen zu erleichtern. Auch während der Öffnungszeiten sind nicht immer alle Säle geöffnet – Informationen darüber findet man auf der Webseite des Louvre. Wer langes Schlangestehen vermeiden möchte, verlegt seinen Besuch am besten in die Abendstunden oder besorgt sich vorher ein Ticket.

Geschichte des Louvre

Zwei Säle am Eingang des Sully-Flügels zeigen in Modellen, Gemälden, Stichen und anderen Dokumenten die architektonische Geschichte des Palastes. Danach betritt der Besucher den Bereich des ersten Louvre, dessen Grundmauern 1977 unter der Cour Carrée freigelegt wurden: Überreste der **Stadtmauer** des Kapetinger-Königs Philipp II. August (gest. 1223), Grundmauern der Türme und der Sockel des mächtigen **Donjon**, der einen Durchmesser von fast 18 m hat. Einer der Säle stammt aus der Zeit von Ludwig IX.

Islamische Kunst

Die Kunstwerke des Islam aus dem 7.–19. Jh. sind im neuen Ausstellungsforum **Cour Visconti** (Denon-Flügel) zu sehen. Unter einem spektakulären Segelglasdach nach Plänen von Mario Bellini und Rudy Ricciotti bieten sich jene Schätze dar, die der Louvre schon seit 1893 bewahrt. Die Exponate, Keramik, Webkunst Goldschmiedearbeiten, Elfenbeinschnitzereien, stammen aus der ganzen muslimischen Welt. Prachtstücke sind die *Pyxis von al-Mughirà*, aus einem einzigen Elfenbeinstück geschnitzt, und das *Taufbecken*

Die 22 m hohe Glaspyramide von Pei bildet das magische Entrée des Musée du Louvre

Von der mittelalterlichen Festung zur Pyramide Ieoh Ming Peis

um 1200 Philipp II. August lässt einen wehrhaften Wohnturm (Donjon) bauen, der Teil der Pariser Stadtbefestigung ist.

Ende 14. Jh. Durch den Bau eines weiteren äußeren Mauerrings verliert der Louvre seine militärische Bedeutung. Unter Karl V. entsteht ein **Schloss**, dessen türme- und zinnenreiche Silhouette malerisch geschönt im Stundenbuch des Herzogs von Berry, den Très Riches Heures, überliefert ist.

16. Jh. Mit Franz I. (1515–47) beginnt die Geschichte des heutigen Louvre. Die jeweils größten Architekten ihrer Zeit sind am Bau beteiligt.

1546 Franz I. lässt den Donjon schleifen und beauftragt Pierre Lescot mit der Errichtung eines modernen Schlosses: Die berühmte **Lescot-Fassade [1]** entsteht, heute Südwestteil der Cour Carrée. Stilistisch prägt sie alle weiteren Bauten des Louvre. Ihr Dekor stammt von Jean Goujon, dem großen Meister der französischen Renaissanceplastik. Franz I. begründete die Sammlungen mit Kopien antiker Skulpturen und zwölf italienischen Gemälden, darunter die **Mona Lisa** und Werke von Tizian und Raffael.

ab 1547 Heinrich II. erweitert die Pläne seines Vaters und projektiert einen großen quadratischen Hof, die **Cour Carée [2]**. An dem Herzstück des Louvre wird bis in die Zeit Ludwigs XIV. gebaut.

ab 1564 Katharina von Medici, die Witwe Heinrichs II., lässt das Tuilerienschloss errichten. Ferner entsteht im Südwesten der Cour Carrée die **Petite Galerie [3]** (im Untergeschoss noch original erhalten).

1589–1610 Unter Heinrich IV. wird die **Grande Galerie [4]** gebaut, der lange Flügel am Seineufer – eine bequeme Verbindung zwischen Louvre und Tuilerienschloss.

1652 Ludwig XIV. beauftragt Louis Le Vau mit der Vollendung der Cour Carrée. Als Hauptfassade entsteht die breite, majestätische **Kolonnade [5]**, Ausdruck absolutistischen Herrscherwillens, demonstrativ nach Osten, zur Stadt gekehrt. Für diese Fassade lässt der König Bernini, den Meister des italienischen Barock, aus Rom anreisen. Dessen Entwurf gefällt nicht. Man entscheidet sich für die Kolonnade, die oft Claude Perrault, dem Bruder des Märchensammlers, zugeschrieben wird, an der aber auch Le Vau und der Maler Le Brun beteiligt gewesen zu sein scheinen. Mit dieser Fassade triumphiert zum ersten Mal **Le Grand Style**, wie der klassisch-barocke Monu-

von Ludwig dem Heiligen, ein Kupfergefäß mit Gold- und Silberinkrustationen.

Orientalische Altertümer

Die historischen Schätze des Orients sind in den Sälen des Richelieu-Flügels (Erdgeschoss) und in einigen Sälen des Sully-Flügels (Erdgeschoss) zu sehen. Besonders reich ist die Sammlung, die *Mesopotamien* gewidmet ist, eine der frühesten Hochkulturen der Welt. Sie repräsentiert ein Jahrtausend sumerischer Geschichte (28.–18. Jh. v. Chr.). Ein wichtiges Monument der archaischen Zeit ist die *Geierstele*, um 2450 v. Chr. aufgestellt (Saal 1 A). Einen sonderbaren Zauber besitzt die Alabasterstatue des *Oberaufsehers Ebihil*, der Göttin Ishtar gewidmet (um 2500 v. Chr., Saal 1). Die Dynastie von Akkad errichtete um 2250 v. Chr. die *Stele des Naram-Sin* in Erinnerung an einen Sieg über die Barbaren (Saal 2). Idealisiert wirken die zahlreichen Dioritstatuen und -köpfe, die Gudea, den König von Lagasch, zeigen (um 2120 v. Chr.). Die Größe des ersten babylonischen Reiches demonstriert der einzigartige *Codex Hammurabi* – Stele, Kunstwerk und historisches Dokument (1792–50 v. Chr., Saal 3). Auf dem 2,25 m hohen Basaltblock ist Hammurabi dargestellt, wie er von Gott die in Keilschrift eingemeißelten Gesetze erhält. Spektakulär sind die Zeugnisse der assyri-

9 Musée du Louvre

9 Musée du Louvre
1 Lescot-Fassade
2 Cour Carrée
3 Petite Galerie

4 Grande Galerie
5 Kolonnade
6 Glas-Pyramide

10 Palais des Tuileries 1564–1871

mentalstil unter Ludwig XIV. gerne bezeichnet wird. Die Sammlung zählt in dieser Zeit bereits rund 1500 Gemälde.
ab 1682 Mit dem Abzug des Hofes nach Versailles nimmt das Volk den Bau in Besitz, Behausungen und Spelunken entstehen. Der König vermietet die Appartements der Prinzen.
1789 Das Tuilerienschloss wird wieder zur – diesmal unfreiwilligen – Residenz der Königsfamilie. Napoleon projektiert die nördliche Verbindung zu den Tuilerien entlang der neu geplanten Rue de Rivoli.
1793 Eröffnung des Museums.
1852–70 Unter Napoleon III. verschmelzen Louvre und Tuilerien zum Ganzen, vollendet im historisierenden Stil der Zeit.
1871 Der Palast der Tuilerien wird während des Kommune-Aufstands zerstört und 1882 abgerissen.
1989 Die **Glas-Pyramide [6]** des chinesisch-amerikanischen Architekten Ieoh Ming Pei gibt der Cour Napoléon neue Gestalt und markiert den Haupteingang.
1993 Eröffnung des Richelieu-Flügels.
1997–2005 Umfassende Restaurierungen u. a. der Galerie d'Apollon.
2012 Die neue Abteilung für Islamische Kunst wird im Cour Visconti unter einem schnittigen Glassegeldach eröffnet.

schen Allgewalt des 9.–7. Jh. v. Chr. (Paläste von Nimrud, Ninive und Khorsabad, Saal 4–6). Besonders das Monumentaldekor von Khorsabad mit geflügelten Stieren als Torwächter ist in einem der umgestalteten Innenhöfe des Louvre, dem *Khorsabadhof*, eindrucksvoll präsentiert.

Von der Blütezeit **Susas**, im heutigen Iran, zeugen u. a. schöne Gefäße (Saal 7–10). Zum Dekor der Achäminiden-Paläste gehören das gigantische *Kapitell des Dareios-Palastes* und der berühmte *Fries der Bogenschützen* aus emaillierten Ziegeln (um 510 v. Chr.; Sully, Saal 12 a). Das achäminidische Herrschaftsgebiet jener Zeit reichte von Indien bis nach Ägypten. Die **Levante**, der östliche Mittelmeerraum, Wiege und Schmelztiegel bedeutender Zivilisationen, wird in den Sälen 17–21 vorgestellt. In der Krypta (Saal 17) sind phönizische Werke (8.–2. Jh. v. Chr.) zu sehen, darunter eindrucksvolle anthropoide Sarkophage, die ägyptische und griechische Einflüsse zeigen. Einen Blick zurück in die Frühzeit bieten die Säle A–D mit Kulturgütern aus der Levante von ihren Ursprüngen bis zum 2. Jt.

Ägyptische Altertümer
(Sully, Erdgeschoss und 1. Stock)

Gründer der Abteilung und ihr erster Konservator war Jean-François Champollion, dem es gelang, die Hieroglyphen zu entziffern.

In der thematischen Ausstellung im **Erdgeschoss** wird der Besucher von der großen Sphinx von Tanis (um 1898–1866 v. Chr.) empfangen. Die Säle 3–5 vergegenwärtigen das ländliche Leben am Nil in pharaonischer Zeit: Feldarbeit, Jagd, Fischfang. Dazu besonders aufschlussreich sind die Reliefs des *Mastaba von Achethotep*, eines Grabes von 2400 v. Chr. (Saal 4). Welche Rolle die **Schrift** in dieser Kultur spielte, belegen die Objekte von Saal 6. In Saal 7 ist ein Meisterwerk der Bronzeskulptur zu sehen: die *Horus-Statue*. Ob Schminkgefäß, Musikinstrument oder Brettspiel (Saal 8–10): Die Gegenstände, die man den Toten ins Grab legte, sind Zeugnisse des täglichen Lebens.

Mit dem Saal 11 betritt der Besucher die sakrale Sphäre. Sarkophage, Mumien und Totenbuch dokumentieren die **Grabriten** (Saal 14–17). Die letzten Säle sind eine Art illustriertes Lexikon der ägyptischen Götterwelt.

Im **1. Stock** beginnt die chronologische Präsentation. Das *Messer vom Gebel-el-Arak* (um 3300–3200 v. Chr.) ist eines der ältesten Objekte der vordynastischen Periode (Saal 20). Die Stele des Schlangenkönigs zeugt von der Einigung Ägyptens und vom Aufkommen der Schrift in thinitischer Zeit (um 3000 v. Chr., Saal 21). Die Strenge dieser frühen Werke verbindet sich in der Zeit des Alten Reiches (2700–2200 v. Chr.) mit einem kraftvollen Realismus: der berühmte Sitzende Schreiber (Saal 22) ist ein Beispiel dafür. Im Mittleren Reich (um 2033–1710 v. Chr.) wird eine idealisierende Tendenz deutlich. Mit dem Neuen Reich (1550–1069 v .Chr.) bricht eine Phase des Wohlstands und der pharaonischen Allgewalt an. Erstaunlich übersteigert im Ausdruck ist die Sandsteinbüste von *Amenophis IV. Echnaton* (1370–1352 v. Chr., Saal 25), typisch für die mystische Kunst des kurzzeitigen religiösen Umsturzes, den Echnaton bewirkte. Die oft archaisierende Bildhauerei der letzten ägyptischen Dynastien (bis 30 v. Chr.) wird in den Sälen 29 und 30 gezeigt.

Die Sammlungen des *römischen und koptischen* Ägypten sind im Zwischengeschoss des Denon-Flügels.

Antikensammlung

(Denon, Erdgeschoss;
Sully, Erdgeschoss und 1. Stock)

Der Rundgang durch die Sammlung **griechischer** Altertümer beginnt mit der frühen Kunst der Kykladen, des minoischen Kreta und der von Mykene. (Denon, Zwischengeschoss, Saal 1–3). Die geometrische Periode (900–720 v. Chr.) illustrieren hier die großen Dipylon-Vasen. Zu den ergreifendsten Werken der archaischen Kunst gehören die grazile *Dame von Auxerre*, eines der ältesten Beispiele der griechischen Skulptur (640–630 v. Chr.), die ein halbes Jahrhundert später entstandene, ionische *Hera von Samos* und der *Reiter Rampin* (6. Jh. v. Chr.). Sein Gesicht erhellt das archaische Lächeln, seine Haltung bricht mit den bis dahin gültigen Gesetzen der Frontalität.

In Saal 4 (Denon, Erdgeschoss) kündigt der **Torso von Milet** (um 480 v. Chr.) den Strengen Stil an. Die klassische Kunst hat ihren Höhepunkt im Parthenon der Athener Akropolis (447–432 v. Chr.). Von dessen Skulpturenschmuck, den der große Meister Phidias schuf, besitzt der Louvre mehrere Stücke, darunter den Fries mit der *Prozession der jungen Athenerinnen* und einen weiblichen Kopf vom Westgiebel des Tempels, *Kopf Laborde* genannt, ein Meisterwerk der Hochklassik.

Eine Siegesgöttin, die monumentale, doch leichtfüßig beschwingte **Nike von Samothrake** (3./2. Jh. v. Chr.), nimmt auf dem Treppenabsatz der Escalier Daru die alles beherrschende Stellung ein und ist einer der große Publikumsmagneten des Museums (Denon Erdgeschoss/1. Stock).

Vom Wiederaufleben des klassischen Ideals in der hellenistischen Zeit Ende 2. Jh. v. Chr. zeugt die **Venus von Milo** (Sully, Erdgeschoss, Saal 12), ein Idealbild weiblicher Schönheit, trotz fehlender Arme, und als eine der berühmtesten Skulpturen des Louvre gleichfalls ewig umlagert von Bewundern.

Der **Karyatidensaal** von Pierre Lescot mit seinen monumentalen Renaissance-Skulpturen von Jean Goujon zeigt antike Repliken verlorener Originale, darunter die *Diana als Jägerin* und der *Schlafende Hermaphrodit*, den Bernini auf ein marmornes Lager bettete.

Über die nach Heinrich II. benannte Renaissance-Treppe erreicht man die Säle im 1. Stock, die den griechischen und römischen Bronzen (*Apollon von Piombino*), den Preziosen (*Schatz von Boscoreale*) und den Kunstgegenständen aus Glas gewidmet sind.

Die Sammlung griechischer **Vasen** in der Galerie Campana (Sully, Saal 39–47) ist eine der schönsten der Welt. Sie bietet ein vollständiges Panorama der Schulen und Stile, von der strengen geometri-

Die Nike von Samothrake stürmt mit flatternden Gewändern durch den Äther des Louvre

schen Keramik (9.–8. Jh. v. Chr.) bis zur vielfältigen hellenistischen Produktion (2. Jh. v. Chr.).

Die **etruskischen** Altertümer (Denon, Erdgeschoss) sind Bindeglieder zwischen griechischer und römischer Antike. Die Kunst dieses Volkes, das sich etwa ab dem 11./10. Jh. v. Chr. in Mittel- und Süditalien niederließ, ist vor allem an die Bestattungsbräuche gebunden (*Terrakotta-Sarkophag von Cerveteri*, 6. Jh. v. Chr.).

Die **römische Plastik** (Denon, Erdgeschoss) hat in den von Romanelli und Anguier barock gestalteten Gemächern der Anna von Österreich einen prunkvollen Rahmen. Überragende Leistungen zeigen sich vor allem in der Porträtplastik und in historischen Reliefdarstellungen. Ältestes und typisches Beispiel für jenes Genre ist der Fries des Neptuntempels von Rom, *Domitius-Ahenobarbus-Altar* genannt (um 100 v. Chr., Saal 22). Die drei anderen dazugehörigen Altarreliefs befinden sich in der Münchener Glyptothek. Fresken aus Pompeji und Mosaiken zeugen von der Qualität der griechisch-römischen **Malerei**. Besonders schön sind das Mosaik mit dem *Paris-Urteil* (2. Jh. n. Chr., Saal 30) und das Mosaik der *Vier Jahreszeiten* (4. Jh. n. Chr., Sphinx-Hof, Saal 31), beide aus Antiochia.

Durch die *Galerie Daru* mit ihren hellenistischen Sarkophagen und vorbei am dynamischen *Borghesischen Fechter* (Saal B) erreicht man die **Salle du Manège** (Saal A), eine eindrucksvolle Säulenhalle mit Ziegelgewölben. Sie zeigen ergänzte Skulpturen, welche die Verbindung von Antike und Neuzeit verdeutlichen.

Gemäldesammlung
(Richelieu, 2. Stock; Sully, 2. Stock; Denon, 1. Stock)

Von allen Museen der Welt besitzt der Louvre die umfassendste Gemäldekollektion. Zwei Drittel der mehr als 10 000 Bilder gehören der französischen Schule an. Die chronologische Präsentation beginnt in Richelieu, 2. Stock, und wird in Sully, 2. Stock und Denon, 1. Stock fortgesetzt.

Das älteste bekannte Tafelbild der **französischen** Kunst ist das Porträt König Johanns des Guten, *Jean le Bon*, von einem anonymen Meister um 1360 geschaffen (Saal 1). Die *Pietá de Villeneuve-lès-Avignon*, ein Meisterwerk des ausgehenden Mittelalters, wird heute Enguerrand Quarton zugeschrieben (um 1460, Saal 4). Als hervorragender Vertreter der Porträtkunst erwies sich Jean Fouquet mit seinem *Charles VII (Karl VII. von Frankreich*, um 1445, Saal 6). Durch italienische Dekorateure, die Franz I. nach Fontainebleau holte, wurde in Frankreich der Manierismus eingeführt. Er fand bald seinen Niederschlag, z. B. in der *Diane Chasseresse* (um 1550, Saal 9), in der man Diane de Poitiers, die Favoritin Heinrichs II., als Göttin der Jagd zu erkennen glaubt.

Auch im **17. Jh.** suchten die französischen Maler die Erneuerung ihrer Kunst in Italien. Nicolas Poussin verbrachte fast sein ganzes Leben in Rom. Seinem Streben nach Perfektion entsprangen Meisterwerke der französischen Klassik, wie *L'Inspiration du Poète (Die Inspiration des Dichters*, um 1630, Saal 12). Ebenfalls ein Wahlrömer, Claude Gellée, Le Lorrain genannt, nahm historische und mythologische Szenen zum Vorwand für seine lyrischen Landschaften (*Le Débarquement de Cléopâtre à Tarse, Die Ankunft von Kleopatra in Tarsus*, 1642/43, Saal 15).

Die theatralischen Sakralgemälde sind typische Produkte der von Ludwig XIV. 1648 gegründeten Akademie (Saal 19, 24). Georges de La Tour schöpft aus dem caravaggesken Hell-Dunkel und der vereinfachten Form Harmonie und Spannung (*Saint Joseph Charpentier, Der hl. Joseph als Zimmerer*, um 1640, Saal 28). Wie dieser gehören die Brüder Le Nain (Saal 29) und Philippe de Champaigne (Saal 31) einer realistischen Tendenz an. Die vier riesigen Gemälde, in denen Charles Le Brun den Triumph Alexanders des Großen feiert, beinhalten zugleich eine Verherrlichung des Sonnenkönigs (1665–73, Saal 32).

Salle du Manège – viele der antiken Skulpturen wurden vervollständigt und neu interpretiert

 Plan S. 31   **9** Musée du Louvre

Oh Mona Lisa – sie wird umlagert von Millionen und ist doch die einsamste Frau der Welt

Es folgt die poetische Malerei des **18. Jh.** Watteau eröffnet den Reigen mit seinen *Fêtes Galantes* (Saal 36, 37). Sie zeigt sich sinnenfreudig und freizügig bei François Boucher (Saal 38, 46), intim und ausgewogen in den Interieurs und Stillleben von Jean Siméon Chardin (Saal 39, 40), voller Sensibilität in den Porträts von Jean Honoré Fragonard (Saal 48). Der **Klassizismus**, der sich in der 2. Hälfte des 18. Jh. durchsetzte, und die **Romantik**, die die französische Malerei in den 1820er-Jahren bestimmte, werden in den Sälen 53–63 vorgestellt. Die Säle 64–69 mit Werken von Théodore Rousseau, Jean-Baptiste Camille Corot u. v. a. verweisen auf weitere Tendenzen des 19. Jh. Die Werke des Musée d'Orsay [Nr. 57] schließen hier chronologisch an.

Gemälde des **19. Jh.** im großen Format, Hauptwerke des Klassizismus und der Romantik, befinden sich im Denon-Flügel (1. Stock, Saal 75–77). Zu den großen Berühmtheiten zählen *Le Serment des Horaces* (Der Schwur der Horatier, 1784) von Jacques-Louis David und *Le Radeau de la Méduse* (Das Floß der Medusa, 1819) von Theodore Géricault, das als das erste Gemälde der französischen Romantik betrachtet wird. Der Triumph von Farbe, Bewegung und Leidenschaft bestimmt auch Eugène Delacroix' Werke. Bekannt ist vor allem *La Liberté Guidant le Peuple* (Die Freiheit führt das Volk, 1830). Jean Dominique Ingres, der Poet der Linie und der reinen Form, wird ihm oft gegenübergestellt (*La Grande Odalisque*, Große Odaliske, 1814).

Die **italienische** Malerei hat ihren Platz im Denon-Flügel (1. Stock, Saal 1–32). Ein edles Empfangskomitee biete das lyrische Fresko *Venus mit den Drei Grazien* (1483) von Botticelli aus einer Villa Lemmi bei Florenz. Von den Anfängen der florentinischen Malerei zeugt die majestätische *Madonna mit Kind und Engeln* (um 1280) von Cimabue. Die ersten individualisierten Menschen- und Landschaftsbilder malte Giotto (*Stigmatisierung des Franz von Assisi*, um 1300). Die *Marienkrönung* (1434/35) Fra Angelicos weist mit ihrer perspektivischen Darstellung und freien Komposition auf die Frührenaissance voraus. Sie ist in der **Grande Galerie** etwa mit dem *Hl. Sebastian* (1481) von Mantegna gegenwärtig, ein Bild kraftvoll und präzise bis ins archäologische Detail.

Die sinnliche Kunst der Venezianer, ganz Farbe und Licht, illustriert Veroneses *Hochzeit zu Kana* (1563), die in sehr weltlicher Pracht leuchtet. Das Goldene Zeitalter der Hochrenaissance kreist im Louvre aber vor allem um Leonardo da Vinci und das berühmteste Gemälde der Welt, die **Mona Lisa** (1503–05). Schon 1516 kam sie nach Frankreich, die rätselhafte Dame, vermutlich Gattin des Patriziers Francesco del Giocondo aus Florenz. Leonardo hatte das Porträt im Gepäck, als er von König Franz I. nach Château d'Amboise berufen wurde. Das eigenartige Lächeln der Mona Lisa, die Maltechnik des *Sfumato*, der die Konturen verschwimmen lässt, die unwirkliche Atmosphäre des Bildes, alles wurde eingehend analysiert, gleichwohl hat das Gemälde bis heute sein Geheimnis nicht preisgegeben.

Der Mona Lisa an Liebreiz in nichts nachstehend, doch weitaus zugänglicher als dieses stets umlagerte Kultbild ist Leonardos kürzlich restaurierte **Sainte Anne** (1503–19) in der Grande Galerie. Das Gemälde zeigt die hl. Anna mit ihrer Tochter Maria auf dem Schoß. Diese wiederum beugt sich zu ihrem Sohn, dem Jesusknaben, hinab, der am Boden mit einem Schaf balgt und es heftig-zärtlich am Ohr zieht. Die Malerei ist ein Gedicht. Rührung kann man empfinden angesichts der hauchzarten Gewebe und fließenden Stoffe, welche die beiden Frauen umhüllen. Ohne Unterlass schwärmen möchte man von ihren selig leuchtenden Gesichtern, ihrem huldvollen Lächeln und von der traumhaft schwebenden Landschaft. All dies ist Erklärung genug für jene tiefe Verehrung, die Leonardo bis heute entgegengebracht wird.

Und doch bietet die Grand Galerie noch eine Fülle weiterer Meisterwerke, die zum Staunen Anlass geben, darunter **Raffaels** *Schöne Gärtnerin* (1507), ein Bild voller meditativer Anmut, das Maria mit dem Jesuskind und Johannes zeigt. Und dann **Caravaggio**, mit ihm beginnt ein neues, großartiges Kapitel der Kunst. Sein unverblümter, dramatischer Realismus sollte die Malerei Europas revolutionieren. Mit dem *Tod der Jungfrau Maria* (um 1605), deren schmutzige Fußsohlen man sieht, löste er einen Skandal aus. Seine *Wahrsagerin* (1594) ist ein Werk von fotografischer Präsenz, in dem Schalk, Schönheit und erotischer Witz in der Luft liegen.

Es schließen sich Säle mit den Größen der **spanischen** Malerei von El Greco, Ribera, Zurbaran, Murillo und Goya an (Saal 26–32). Sie sind zunächst religiösen Themen verschrieben (*Martyrium des hl. Georg* von Martorell, um 1430–35). El Grecos *Christus am Kreuz* (1580), bleich und verzerrt, ist typisch für die verklärende Manier dieses Mystikers. Das Goldene Zeitalter, das **17. Jh.**, illustrieren u. a. der tragische *Klumpfüßige* (1642) von Ribera, *Der junge Bettler* von Murillo (1650) und *Die Infantin Margarita* (1655) von Velazquez. Unter den Porträts von Goya besticht vor allem die schöne *Marquise von Solona* (um 1791–94).

Im Saal 31 werden russische und griechische *Ikonen* präsentiert.

Die **englische** Malerei (Denon, 1. Stock) zeichnet sich durch ihre Porträtisten aus: Reynolds, Raeburn, Gainsborough und Sir Thomas Lawrence. Ferner durch die romantischen Landschaftsmaler Turner, Constable und Bonington.

Die flämische, niederländische und deutsche Malerei ist im Richelieu-Flügel (2. Stock) zu finden. Die *Madonna des Kanzlers Rolin* (1435, Saal 4) von Jan van Eyck und das *Triptychon des Jean Braque* von Rogier van der Weyden (um 1452, Saal 4) sind Meisterwerke der frühen **flämischen** Malerei, deren Qualitäten vor allem in Detailgenauigkeit und Expressivität liegen. Der *Geldwechsler und seine Frau* von Quentin Massys (auch: Metsys; 1514, Saal 9) wurde zum Vorbild der niederländischen Genremalerei. Rubens, die dominierende Persönlichkeit des 17. Jh., ist großartig in mehreren Sälen vertreten, vor allem mit den 24 riesigen Gemälden, 1622–25 in Auftrag gegeben und zu Ehren von Maria de' Medici und deren Palais du Luxembourg (Saal 18).

Die **niederländische** Sammlung weist alle großen Namen auf: Hans Memling (Saal 5), Frans Hals (Saal 28), Rembrandt (*Die Jünger von Emmaus*, 1648, Saal 31) Vermeer (*Der Astronom*, 1668, Saal 38).

Die Sammlung **deutscher** Gemälde (Richelieu, Saal 8) birgt weitere Meisterwerke: Dürers *Selbstporträt*, das er mit 22 Jahren für seine Verlobte malte (1493), eine verführerische *Venus* von Lukas Cranach (1529) und Hans Holbeins *Erasmus* (1523), eines der Hauptwerke dieses Porträtisten der europäischen Oberschicht.

Skulpturensammlung

Die Exponate der **französischen Plastik** (Richelieu, Erdgeschoss) sind um zwei schöne Lichthöfe angeordnet: die Cour Puget und Cour Marly. Letztere ist nach dem kleinen Lustschloss Ludwigs XIV. benannt. Zu den hier gezeigten Skulpturen aus dem Park von Marly gehören die berühmten *Pferdegruppen* von Coustou und Coysevox, anmutige Nymphen und Flussgötter. Die Cour selbst umgeben die Säle mit den Skulpturen des Mittelalters und der Renaissance.

Die **romanische** Skulptur ist zunächst an die Architektur gebunden, so wie das schöne Kapitel der früheren Kirche Sainte-Geneviève, das *Daniel in der Löwengrube* (Ende 11. Jh., Saal 1) zeigt. Es sind meist Werke von grober Handschrift, doch ergreifend in Einfachheit und Ausdruckskraft. Die weichere, gefälligere **go-**

Bei den Italienern ist immer etwas los – Artemis und andere Damen in der Grande Galerie

tische Skulptur ist durch eine Reihe von Meisterwerken vertreten: der *Evangelist Matthäus*, ein Fragment des Lettners der Kathedrale von Chartres (Saal 4), die *Muttergottes von La Celle* (1. Viertel 14. Jh., Saal 6) und der gutmütige *Karl V.* mit seiner Frau (um 1390, Saal 9). Im **15. Jh.** wird die Darstellung zunehmend realistischer. Eines der eindrucksvollsten Werke ist das *Grabmal von Philippe Pot* mit dem Trauerzug verhüllter Gestalten (1477–83, Saal 10). Die **Renaissance** triumphiert ab Mitte des 16. Jh. und findet in Goujon und Pilon ihre größten Meister (Saal 14, 15).

In der **Cour Puget**, benannt nach dem bedeutendsten Bildhauer Ludwigs XIV., hat die Gruppe des *Milon de Crotone* (1682) einen zentralen Platz. Sie war für Versailles vorgesehen. Vom oberen Teil des Hofes betritt man die Säle, die den Bildhauern des **18./19. Jh.** gewidmet sind: Falconet, Bouchardon, Pigalle, Houdon, Clodion, Barye, Rude, Pradier.

Ein erstes hervorragendes Werk der **italienischen** Plastik (Denon, Zwischen- und Erdgeschoss) ist das maskenhafte Porträt, in dem man die *Kaiserin Ariane* zu sehen glaubte (Anfang 6. Jh., Saal 1). Die *Sitzende Madonna* von Della Quercia und das goldgrundige *Madonnenrelief* von Donatello sind Meisterwerke des 15. Jh. Die emaillierten Terrakotten aus dem Atelier Della Robbia (Saal 2) charakterisieren den Manierismus. Es folgen **spanische** Plastiken des 12.–18. Jh. (Saal 3). In der Galerie Michel-Ange im Erdgeschoss (Saal 4) sind vor allem die beiden weltberühmten *Sklaven* (1513–15) Michelangelos zu bewundern.

Die benachbarten Säle mit den **deutschen** und **nordeuropäischen** Skulpturen (ebenfalls auf beiden Stockwerken) beherbergen so bezaubernde Werke wie die *Maria Magdalena* von Gregor Erhart (um 1515, Saal C) und die makellose, klassizistische *Venus mit dem Apfel* von Thorvaldsen (1805, Saal E).

Grafische Sammlung

Die besten der rund 189 000 Zeichnungen, Stiche und Pastelle werden in Wechselausstellungen gezeigt, im Sully- und Richelieu-Flügel, 2. Stock. Darunter sind Arbeiten der französischen Schule des 17. und 18. Jh. sowie der deutschen und niederländischen Schule. Im Denon-Flügel, 1. Stock, werden die Entwürfe der italienischen Meister des 16. Jh. präsentiert. (Grafikkabinett nur nach Voranmeldung, Tel. 01 40 20 52 51).

Kronjuwelen und Kunsthandwerk

Die viel bewunderten Kronjuwelen sind in der **Galerie d'Apollon** (Denon, 1. Stock) ausgestellt. Dieser prächtige Saal wurde 1661 auf Wunsch von Ludwig XIV. unter

Musée du Louvre

Die Galerie d'Apollon, reich vergoldet und üppig ausgemalt, bewahrt die Kronjuwelen

der Leitung von Le Brun ausgestattet. In seinem Zentrum prangt *Apollon Vainqueur du Serpent Python*, eine große Komposition von Delacroix. Die Kunstgegenstände der Galerie sind alle aus dem Besitz der französischen Monarchen und von unschätzbarem Wert, z. B. der berühmte *Régent*, ein 140-karätiger Diamant, ein Rubin von 107 Karat oder die Krone Ludwigs XV. Die weiteren Säle der reichen Sammlung befinden sich in Richelieu und Sully, jeweils im 1. Stock.

Zum Schatz von **Saint-Denis** gehören die *Adlervase von Suger*, ein antikes Porphyrgefäß mit einer Fassung aus dem 12. Jh. (Saal 2) und die wunderschöne *Madonna von Jeanne d'Evreux* (1339) aus vergoldetem Silber (Saal 3). Weitere Hauptwerke sind: Meisterliches aus Elfenbein (die gotische *Marienkrönung*, 13. Jh., Saal 3) und aus Bergkristall (das nach Ludwig dem Heiligen benannte *Schachspiel*, Saal 6), herrliche Bildteppiche (*Die Jagden Kaiser Maximilians*, Brüssel um 1530, Saal 19), Email aus Limoges (Porträt des *Connetable de Montmorency* von Léonard Limosin, 1556, Saal 21) sowie in den Sälen 34–65 (Sully-Flügel) und in den Sälen 67–73 (Richelieu-Flügel) die Arbeiten der *Ebenisten*, von André-Charles Boulle bis zu Jean-Henri Riesener.

In den Sälen 75–81 sind Kunstgegenstände aus der 1. Hälfte des 19. Jh. zu sehen. Anschließend kann man die pompösen, überladenen **Empfangsräume** des Staatsministeriums aus dem Second Empire bestaunen: den Grand Salon, die Speisesäle und den Theatersalon.

Musée des Arts Décoratifs

Etwa 150 000 Exponate vom Mittelalter bis zur Gegenwart, Möbel, Porzellan, Goldschmiedearbeiten, Wandteppiche, komplette Einrichtungen.

107, rue de Rivoli, 1er Arr.,
Tel. 01 44 55 57 50
www.lesartsdecoratifs.fr
Di, Mi, Fr–So 11–18, Do 11–21 Uhr,
Métro 1, 7: Palais Royal – Musée du Louvre oder Tuileries

Das außergewöhnlich reiche Kunstgewerbemuseum im Nordflügel des Louvre ist im Besitz von *Les Arts Décoratifs*, einem Verein, der sich seit 1863 für die Qualität des französischen Kunsthandwerks einsetzt. Die Sammlung wird ständig erweitert und umgestaltet.

Zu den Ausstellungsstücken des Mittelalters und der Renaissance gehören Flügelaltäre, Bildteppiche, ein mit Holz vertäfeltes Schlafzimmer aus dem *Château de Villeneuve-Lembron* in der Auvergne (Ende 15. Jh.), einige sehr schöne deutsche Skulpturen und Möbelstücke des 16. Jh.

Ganz auf eine majestätische Wirkung bedacht war der Louis-Quatorze-Stil, dem der Ebenist Nicolas Sageot, ein Meister der Schildpatt-Marketerie, mit einem prachtvollen Intarsienschrank (1710) entgegenkommt. Einige Säle sind mit bezaubernden Grotesken oder den beliebten Singerien (Affenpossen) ausgestattet. Sehenswert ist die Sammlung französischer **Goldschmiedekunst**. Auch die Stilentwicklung des französischen Porzellans vom Rokoko zum Klassizismus ist gut dokumentiert. Qualitätvolle Einrichtungen vom Ende des 18. Jh. zeigen Möbel des berühmten Ebenisten Riesener.

Die Empire-Einrichtungen beeindrucken mit ihrer Kombination von antikisierenden und ägyptisierenden Formen. Historistische Interieurs aus der Zeit des Zweiten Kaiserreichs präsentieren sich mit verspielten Dekors.

In der Abteilung *Art Nouveau* und *Art Déco* sind Hector Guimards vegetabil geformte Möbel und Emile Gallés Glasschöpfungen zu bewundern. Von großer Eleganz sind auch die Einrichtungen, welche die Modeschöpferin Jeanne Lanvin in den 1920er-Jahren von Armand Rateau entwerfen ließ.

Die Galerie des **20. und 21. Jh.** widmet sich schließlich Kreationen von Mies van der Rohe, Jean Prouvé, Diego Giacometti, Niki de Saint Phalle, Philippe Starck u. a.

Im selben Haus präsentiert das **Musée de la Mode et du Textile** in Wechselausstellungen die Vielzahl seiner Kostbarkeiten. Die Textilien, Kostüme und Modeaccessoires dokumentieren die Entwicklung vom 7. Jh. bis in die Gegenwart. Besonders interessant sind Entwürfe von Raoul Dufy und Sonia Delaunay sowie von Paul Poiret, Madeleine Vionnet, Elsa Schiaparelli und Christian Dior.

11 Comédie-Française

Eine traditionsreiche Institution, die seit über 300 Jahren im Dienst der großen französischen Klassiker steht.

Place Colette, 1er Arr.,
Ticket-Tel. 01 44 58 15 15
www.comedie-francaise.fr
Métro 1, 7: Palais Royal – Musée du Louvre

Die Comédie-Française – von den Parisern kurz ›Le Français‹ genannt – verdankt ihre Beliebtheit einem außergewöhnlichen Ensemble, gediegenen, konventionellen Inszenierungen und einem ausgewählten Repertoire. Unter den französischen Klassikern, denen nach wie vor der Vorrang gegeben wird, steht an erster Stelle **Molière**. Auch ausländische Autoren von **Shakespeare** bis **Pirandello** oder die großen Modernen wie Genet, Sartre, Ionesco und Beckett stehen auf dem Programm. Hin und wieder werden selten gespielte Stücke aus der Versenkung geholt. Mit Bravour erfüllt die Comédie-Française ihre Berufung, das dramaturgische Patrimonium der Nation zu pflegen. Sie wird dafür großzügig vom französischen Staat subventioniert.

Diese älteste ständige Schauspieltruppe der Welt wurde auf Anordnung von Ludwig XIV. gegründet, der 1680 bestimm-

Das Musée des Arts Décoratifs versammelt Sakralkunst, Möbel, Skulpturen und Glasmalereien

11 Comédie-Française

te, dass die beiden bedeutendsten Pariser Theatertruppen der damaligen Zeit – deren eine Molière gegründet hatte – von nun an zusammenzuspielen hätten. Dafür erhielt das Ensemble das Monopol, als einzige Truppe französische Stücke in Paris aufführen zu dürfen. Die enge Bindung an die staatliche Autorität war allerdings nicht immer ohne Spannungen. Da wurde kräftig zensiert, und mehr als einmal musste das Theater umziehen, weil einflussreiche Männer der Kirche sich durch die Gegenwart der Komödianten gestört fühlten. Erst im Jahr 1799 richtete die Truppe sich endgültig in dem von Victor Louis errichteten Gebäude neben dem Palais Royal ein.

12 Palais Royal

Elegante Fassaden aus dem 18. Jh. bilden den Rahmen für einen Garten, dessen zeitlose Harmonie immer noch bezaubert. Unter den Arkaden reihen sich Galerien, Boutiquen und kleine Läden aneinander.

Place du Palais Royal, 1er Arr., Métro 1, 7: Palais Royal – Musée du Louvre

Als er zur einflussreichsten Persönlichkeit Frankreichs geworden war, ließ sich Armand Jean du Plessis, bekannter als *Kardinal Richelieu*, eine opulente **Residenz** in der Nähe des Louvre bauen. Die Ausstattung des von Lemercier errichteten Gebäudes war unerhört reich. Die Bibliothek, ein italienisches Theater und die außerordentliche Kunstsammlung zeugten von der Lebensart des Kardinals. Und bevor er 1642 starb, vermachte er Ludwig XIII. sein Palais Cardinal, das damit zum Palais Royal wurde. Ludwig XIV. verbrachte hier seine Kindheit. Durch die Unruhen der Fronde wurde die Königsfamilie aus dem Palais verjagt, und da der Sonnenkönig später Versailles zu seiner Residenz machte, kam es 1672 in die Hände von Philippe d'Orléans, dem Bruder von Ludwig XIV. Bis 1848 blieb das Palais Royal im Besitz der Familie Orléans, die es umbauen und verschönern ließ.

Das **Hauptgebäude**, dessen Portal sich an der Place du Palais Royal befindet, wurde nach einem Brand zwischen 1764 und 1770 von Contant d'Ivry wieder aufgebaut. Heute sind dort der Staatsrat und das französische Kulturministerium untergebracht. Zwischen dem Palais und dem links angrenzenden Gebäude der Comédie-Française führt eine Passage zum **Innenhof**. Dieser erhielt 1986 ein viel diskutiertes modernes Gesicht: die gestreiften Säulen von Daniel Buren, die mit der ehrwürdigen historischen Architektur im Dialog stehen.

Eine doppelte Kolonnade stellt die Verbindung zum **Garten** her, der sein

Palais Royal – Daniel Burens Streifensäulen sind moderner Widerschein der Kolonnaden

Die Gesellschaft der Schauspieler

Ihre einzigartigen, noch heute gültigen Statuten erhielt die **Comédie-Française** 1812 durch Napoleon. Die Schauspieler bilden eine Gesellschaft, der für 10–30 Jahre fest angestellte Sociétaires, vorübergehend engagierte Pensionnaires und Schüler angehören. Die Sociétaires sind an allen wichtigen Entscheidungen und am Umsatz des Theaters beteiligt. Der Intendant wird von der Regierung ernannt.

In den Foyers des Hauses erinnern Skulpturen und Gemälde an berühmte Mitglieder der Truppe, unter ihnen Mademoiselle Mars, der ganz Paris und Napoleon zu Füßen lagen. Hier sieht man auch den Sessel, in dem **Molière** [s. S. 40] den ›Eingebildeten Kranken‹ spielte, und die Statue des greisen **Voltaire** (1781) von Jean-Antoine Houdon, ein Werk, das von großer psychologischer Einfühlungskraft zeugt.

heutiges Erscheinungsbild Louis-Philippe d'Orléans verdankt. Um seine bedenkliche Finanzsituation zu verbessern, kam er auf die Idee, den Garten auf drei Seiten mit Galeriebauten einfassen zu lassen. Victor Louis ist der Architekt dieses einheitlichen, von großen Pilastern rhythmisierten Ensembles (1781–84). In den **Arkaden** der Gebäude richteten sich Geschäfte aller Art, Cafés und Restaurants ein. Die darüberliegenden Wohnungen waren bald sehr gefragt.

Angesichts dieser Oase der Stille kann man sich heute schwer vorstellen, dass das Palais Royal damals der beliebteste und turbulenteste Ort der Stadt war, mit Zirkus, Theater, Spielclubs und auch Etablissements galanter Natur. Die Sitten waren besonders ausgelassen, weil die Polizei keinen Zutritt hatte. Während der Revolution brodelten hier die Ideen des Aufruhrs. Camille Desmoulins sprang am 12. Juli 1789 auf einen Tisch und rief in einer flammenden Rede die Pariser zu den Waffen. Als Symbole der Hoffnung verteilte er Kastanienblätter.

Längst war wieder Ruhe eingekehrt, als Colette mit ihren Katzen hier ein Appartement bewohnte (9, rue de Beaujolais). Zu ihren Nachbarn gehörte Jean Cocteau (36, rue de Montpensier). In dem seit 1784 bestehenden Restaurant **Le Grand Véfour** (17, rue de Beaujolais) mit seiner historischen Einrichtung dinierten einst sogar Napoleon und Joséphine, Victor Hugo und Lamartine. Unter dem Namen ›Café de Chartres‹ war es schon damals berühmt für seine Küche.

13 Saint-Roch

Eine klassisch-barocke Kirche mit außergewöhnlicher Raumwirkung, Hort vieler Gemälde und Skulpturen des 17. und 18. Jh.

296, rue Saint-Honoré, 1er Arr.,
Métro 1: Tuileries

Den Grundstein der Kirche legte 1653 der erst zehnjährige Ludwig XIV. Ähnlich wie bei der wenig zuvor begonnenen Kirche

13 Saint Roch

Die feierliche Place Vendôme aus dem 18. Jh. ist einer der fünf Königsplätze von Paris

Saint-Sulpice gingen die Arbeiten nur langsam voran. Der Entwurf für den dreischiffigen Bau mit rundem Chor und einem kaum vorspringenden Querhaus stammt von Jacques Lemercier, der 1654 starb. Erst 1735 wurde die zweistöckige **Fassade** nach Zeichnungen von Robert de Cotte angefügt. Während der Krawalle der Revolution musste sie ihren barocken Skulpturenschmuck und damit viel von ihrer Harmonie einbüßen. Sie ragt heute unerwartet hoch über der Rue Saint-Honoré auf und zeigt, wie gründlich Baron Haussmann dieses Stadtviertel umformen ließ, um die Avenue de l'Opéra anzulegen. Früher stieg man sieben Stufen zum Eingang von Saint-Roch hinab, heute muss man zwölf hinauf.

An der Fassade sind noch die Einschüsse vom 5. September 1795 zu sehen, als die Truppen der Konvention, angeführt vom jungen General Bonaparte, vor Saint-Roch eine Gruppe aufständischer Royalisten niederschossen.

Der **Kirchenraum** wirkt durch seine ungewöhnliche Länge (126 m). Dem klassisch traditionellen Bau wurde ab 1706 nach Plänen von Jules Hardouin-Mansart am Chor eine ovale *Marienkapelle* angefügt. Diese wurde später durch eine Sakramentskapelle und eine Kreuzigungskapelle erweitert. Die Raumfolge hat eine erstaunliche theatralisch-barocke Wirkung.

Als Kirche einer wohlhabenden Pfarrei war Saint-Roch bis zur Revolution reich ausgestattet. Ab 1819 wurden viele Werke aus zerstörten Gotteshäusern hier untergebracht, sodass sich Saint-Roch heute wie ein *Museum* der religiösen Kunst des 17. und 18. Jh. ausnimmt. Zwei der Werke sind von Antoine Coysevox, einem Bildhauer, der für seine ergreifenden Porträtbüsten großer Zeitgenossen berühmt ist: die Büste von *François de Créqui* (Ende des 17. Jh.) in der 1. Kapelle des rechten Seitenschiffs und die von *André Le Nôtre* (1707) am Choreingang links. Dort steht auch die berühmte *Christusstatue* des Bildhauers Etienne Falconet (1757). In der Marienkapelle fand die *Geburt Christi* (1655), eine Figurengruppe von Michel Anguier, die aus der Kirche Val-de-Grâce stammt, einen überzeugenden Rahmen. Schöne Gemälde aus dem 17. Jh. schmücken die Pfeiler der Marienkapelle.

15 Bibliothèque Nationale de France Richelieu

14 Place Vendôme

Paris gibt sich hier als die Hauptstadt der Eleganz. Die berühmtesten Juweliere, das ›Ritz‹ und internationale Banken verleihen dem maßvollen Platz von Jules Hardouin-Mansart sein unnachahmliches Gepräge.

1er Arr., Métro 1: Tuileries

Dieser wahrhaft königliche Platz wurde für ein Reiterstandbild von Ludwig XIV. geschaffen, ähnlich wie die gleichzeitig entstandene Place des Victoires. In den anliegenden Gebäuden sollten öffentliche Institutionen untergebracht werden. Schließlich verkaufte man die Grundstücke aber an Privatleute und die Bebauung des Platzes entwickelte sich zu einem ausgezeichneten Geschäft.

Böse Zungen sagten, dass sich Ludwig XIV. auf dem neuen Platz mit seinen Geldgebern darstellte, während Heinrich IV. auf dem Pont Neuf von seinem Volk und Ludwig XIII. auf der Place Royale (heute Place des Vosges) vom Adelsstand umgeben seien.

Um die architektonische Einheit zu wahren, wurde den Bauherren zur Auflage gemacht, die Fassaden zum Platz nach dem Gesamtplan von Jules Hardouin-Mansart ausführen zu lassen. Um 1720 war dieses Meisterwerk klassischer Ausgewogenheit vollendet. Die Anlage bildet ein an den Ecken abgeschrägtes Rechteck. Ihre **Fassaden** zeigen dieselbe Struktur wie die der Place des Victoires: Über den mit Masken verzierten Arkaden folgen zwei unterschiedlich hohe Geschosse, die durch korinthische Pilaster miteinander verbunden sind.

Die königliche Statue auf der Place Vendôme erlitt dasselbe Schicksal wie so viele andere jener Zeit: Sie wurde von den Revolutionären eingeschmolzen. Was dann begann, ist eine wahre Tragikomödie. 1806 stellte man die heutige **Säule** ›Zum Ruhme der Armee‹ auf. Vorbild war die Trajanssäule in Rom. Napoleon, gewandet in eine antike Toga, bekrönte sie. Doch dieses Standbild überdauerte den Niedergang Napoleons 1814/15 nicht. Der politischen Ideologie folgend, nahmen danach eine Statue von Heinrich IV., eine Bourbonenlilie und schließlich Napoleon – diesmal jedoch als einfacher Korporal – den Platz auf der Säule ein. Die Kommune stürzte sie kurzerhand um. Und wenn sie heute wieder steht, mit Napoleon als Caesar oben drauf, dann geschah dies ganz gegen den Willen des Malers Gustave Courbet, der als Rädelsführer des Anschlags von 1871 dazu verurteilt worden war, sie auf eigene Kosten wieder aufrichten zu lassen.

Berühmtestes Haus des Platzes ist das 1898 eröffnete **Hotel Ritz** (Nr. 15). Es wird, ebenso wie die Säule auf dem Platz, bis einschließlich 2014 umfassend restauriert. In Haus **Nr. 12** starb Frédéric Chopin im Jahr 1849.

15 Bibliothèque Nationale de France Richelieu

Neben den Buch- und Kunstschätzen der größten Bibliothek Frankreichs verdient der kuppelüberdachte Lesesaal von Labrouste Bewunderung.

5, rue Vivienne, 2E Arr,
Tel. 01 53 79 59 59
www.bnf.fr
Mo–Fr 10–18 Uhr,
Sa 10–17 Uhr
Métro 3: Bourse

Bislang war dieses Universum des Wissens ausschließlich Forschern vorbehal-

15 Bibliothèque Nationale de France Richelieu

ten. Doch Ende 1996 zog ein Großteil der Bestände – 10 Mio. Bücher, 350 000 Periodika und die audiovisuelle Abteilung – in die gläsernen Türme der neuen, vom früheren Präsidenten Mitterrand 1988 initiierten *Bibliothek* im Pariser Osten um (Bibliothèque-F.-Mitterrand, Nr. 119). Diese allgemein zugängliche, mit den modernsten technischen Mitteln ausgestattete Einrichtung bildet zusammen mit der alten ›Bina‹ die ›Bibliothèque Nationale de France‹. In der Rue de Vivienne blieben die **Spezialabteilungen**: Manuskripte, Karten, Musikalien sowie die Sammlung der Drucke und Fotografien, eine der reichsten der Welt. Im Zuge einer umfassenden Restaurierung sollen sie bis 2017 ein optimiertes Milieu erhalten.

Den **Grundstock** der Bibliothek bildeten die Büchersammlungen der Könige, 1373 zum ersten Mal katalogisiert. Franz I., vom Geist des Humanismus geprägt, ordnete 1537 an, dass von jedem in Frankreich gedruckten Buch ein Pflichtexemplar hinterlegt werden müsse. 1721 ließ Colbert die königliche Bibliothek in den beiden Palais Kardinal Mazarins unterbringen, die heute in dem großen Gebäudekomplex der Bibliothèque Nationale vereint sind. Seitdem hat die dank der Verordnung Franz' I. rasch anwachsende Sammlung vielen Generationen von Architekten Kopfzerbrechen bereitet. Von den Umbauten, die Robert de Cotte vornahm, blieb nur die Hauptfassade des Hofes (1731) erhalten.

Während des Zweiten Kaiserreichs nahm Henri Labrouste zwischen 1857 und 1873 erneut grundlegende Veränderungen vor. Geradezu feierlich wirkt sein **Lesesaal**, eine hervorragende frühe Eisenkonstruktion. (Ohne Leserkarte hat man keinen Zutritt, doch sollte man am Eingang wenigstens einen Blick durch die Scheiben werfen.) Hohe, schlanke Säulen stützen von Eisenträgern gebildete sphärische Gewölbe, die mit Fayenceplatten ausgelegt sind. Die runden Öffnungen der Gewölbe sorgen für gleichmäßiges Licht.

Das *Hauptmagazin* wird als ein Vorläufer der funktionalistischen Architektur betrachtet. In diesem nicht für die Öffentlichkeit bestimmten Buchlager hat Labrouste die Logik der Metallkonstruktion kompromisslos angewendet.

Bei Ausstellungen, die von der Bibliothèque Nationale veranstaltet werden, sind die beiden übereinanderliegenden Galerien geöffnet, die François Mansart 1644/45 für die Kunstsammlungen Kardinal Mazarins entwarf. Die obere, **Galerie Mazarine** genannt, besitzt noch das prächtige Dekor des Cortona-Schülers Romanelli und des Bologneser Architekten Giovanni Francesco Grimaldi.

Das **Département des Monnaies, Médailles et Antiques** (58, rue de Richelieu, Tel. 01 53 79 83 40, geführte Besichtigung nach vorheriger Anmeldung) verdankt seine Entstehung der Sammelleidenschaft der französischen Könige (Franz I., Heinrich IV., Ludwig XIV.) und einiger privater Kunstliebhaber. Zu den schönsten Stücken der Ausstellung gehören die Gegenstände aus dem Schatz der Abtei **Saint-Denis**: elfenbeinerne Schachfiguren (11. Jh.), eine große sassanidische Schale aus Bergkristall (6./7. Jh.) und der berühmte Thron König Dagoberts aus merowingischer und karolingischer Zeit. Unter den antiken Kameen fällt die *Grande Camée de la Sainte-Chapelle* durch ihre außerordentlich große und kunstvoll gearbeitete Darstellung auf.

Eine der schönsten Passagen von Paris ist die Galerie Vivienne mit Cafés und Restaurants

Place des Victoires – das anmutige Reiterstandbild Ludwigs XIV. entstand 1822

16 Galerie Colbert und Galerie Vivienne

TOP TIPP *Zwei elegante glasüberdachte Passagen aus dem 19. Jh.*

4 und 6, rue des Petits-Champs, 2e Arr., Métro 1, 7: Palais Royal – Musée du Louvre

Passagen, die wie diese im Inneren der Gebäude verlaufen, gab es in Paris früher viele. Sie sind typische architektonische Schöpfungen der Restauration und des beginnenden Industrie- und Konsumzeitalters und waren im 19. Jh. luxuriöse Einkaufs- und Vergnügungspromenaden der feinen Pariser Gesellschaft. Von leichten, schon ganz funktionalistisch-modernen Glaskonstruktionen überdacht, verzichten sie jedoch nicht auf repräsentatives Säulendekor. Auch Reliefs und Skulpturenschmuck gehören zum Ausstattungskonzept der Passagen.

Die **Galerie Colbert** mit ihrer stimmungsvollen Rotunde in pompejanisch anmutendem Dekor (1826) ist fast im Originalzustand erhalten. Die Bibliothèque Nationale unterhält hier Ausstellungs- und Verkaufsräume.

Noch mehr als ihre Nachbarin besitzt die angrenzende, 1826 eröffnete **Galerie Vivienne** (www.galerie-vivienne.com) den Charme vergangener Eleganz. Modeboutiquen, Juweliere und Buchläden sowie Cafés und Restaurants reihen sich hier aneinander.

Mit den Arkaden des Palais Royal bilden die beiden Galerien ein überdachtes Ensemble, in dem es sich von der Bibliothèque Nationale bis zur Comédie-Française angenehm flanieren lässt.

Weitere schöne **Passagen** im Zentrum von Paris sind die Galerie Véro-Dodat (2, rue du Bouloi) und die Passage du Grand-Cerf (145, rue St-Denis).

17 Place des Victoires

Musterbeispiel für einen französischen Königsplatz, von einem Höfling zu Ehren Ludwigs XIV. errichtet. Rundherum haben sich heute einige der originellsten jungen Modeschöpfer angesiedelt.

1er und 2e Arr., Métro 3: Bourse oder Sentier

Um Ludwig XIV. seine Dankbarkeit über den Abschluss des Friedens von Nimwegen zu bezeugen, gab Marschall de La Feuillade 1679 die **Statue** in Auftrag, die den König in Siegerpose über den angeketteten Kriegerfiguren Deutschlands, Piemonts, Spaniens und Hollands darstellte. Für die riesige, vergoldete Bronzefigur ließ de La Feuillade auf seine Kosten diesen *Platz der Siege* anlegen, ein Unternehmen, bei dem er sich finanziell ruinierte, obwohl Ludwig XIV. – von seinem Bildnis angetan – Mittel beisteuerte.

Die Pläne zeichnete *Jules Hardouin-Mansart* 1685. Häuser wurden abgerissen, auch das des Bauherren de La Feuillade, neue Straßen gezogen und zwar so, dass die Statue sich immer vor einer Fassade abhob, gleich, von welcher der auf den runden Platz zulaufenden Verkehrsadern man kam. Die ausgeklügelte Inszenierung wurde jedoch im 19. Jh. durch den Bau der Rue Etienne-Marcel verwässert. Doch wer dieser den Rücken kehrt, vermag noch etwas von der ursprünglichen Vollkommenheit des Platzes zu erahnen.

Blendarkaden und eine die beiden Etagen zusammenfassende Kolossalordnung rhythmisieren die einheitlichen **Fassaden** der Palais. Dieser Aufbau erinnert an Hardouin-Mansarts Gartenfront von Versailles, die Häuser mit ihren Mansarddächern haben jedoch einen eher zurückhaltenden, bürgerlich-wohnlichen Charakter. An die Stelle des während der Revolution eingeschmolzenen Denkmals trat 1810 auf Geheiß Napoleons eine Akt-

17 Place des Victoires

statue des Generals Louis Desaix, an ihre Stelle wiederum 1822 ein **Reiterstandbild** Ludwigs XIV. von Astyanax Bosio, ein anmutiges Werk, das ganz dem Charme des Platzes entspricht.

18 Notre-Dame-des-Victoires

Ein typischer Kirchenbau der französischen Klassik mit schönen Gemälden von Carle van Loo.

Place des Petits-Pères, 2e Arr.
www.notredamedesvictoires.com
Métro 3: Bourse

Wenige Schritte von der eleganten Place des Victoires entfernt, glaubt man sich auf der **Place des Petits-Pères** mit der altmodischen, stuckdekorierten Bäckerei und dem Devotionalienladen geradezu in die Provinz versetzt.

Notre-Dame-des-Victoires war die Ordenskirche der Barfüßer-Augustinermönche, *Les Petits-Pères* genannt, deren Kloster während der Revolution aufgelöst wurde. Der Name der Kirche erinnert an den Sieg über die Protestanten 1628 in La Rochelle. Der Bau wurde 1629 begonnen, aber erst 1740 vollendet. 1836 wurde Notre-Dame-des-Victoires zu einem der wichtigsten Orte der Marienverehrung in Frankreich, wie tausende von **Votivtafeln** bezeugen.

Der **Orgelprospekt** aus dem 18. Jh. ist bemerkenswert, ebenso in der zweiten Kapelle links das **Grabmal Lullys** mit einer Büste des Komponisten von Jean Collignon. Den tiefen, mit Holz vertäfelten **Chor** aus dem 17. Jh. schmücken sieben große Werke von Carle van Loo (1705–65), dem ›Premier Peintre‹ Ludwigs XV. und Vertreter des Grand Style. Die Bilder zur *Legende des hl. Augustinus* gehören zu den wenigen Ensembles von Kirchengemälden, die sich noch an ihrem ursprünglichen Platz befinden. Zwischen 1746 und 1755 ausgeführt, sind sie ein schönes Beispiel für die religiöse Kunst des 18. Jh., die in diesem Jahrhundert der Aufklärung, dem *Siècle des Lumières*, durchaus ihre Vitalität beweist.

19 Forum des Halles

Das in den 1970er-Jahren entstandene Forum des Halles beherbergt u.a. das Forum des Images, in dem 2013 die Ausstellung ›Stars Parmi Les Stars‹ stattfand. Außerdem gibt es hier Filmvorführungen, Festivals und Events

19 Forum des Halles

Was früher der ›Bauch von Paris‹ war – die lärmenden Markthallen – ist heute ein großes unterirdisches Einkaufszentrum samt Bahnhof und bis 2016 erneut eine Großbaustelle.

1er Arr., www.forumdeshalles.com
Métro 4: Les Halles oder Etienne Marcel, RER B und D: Châtelet–Les Halles

Ende 1977 eröffnet, füllte das Forum das enorme Loch, *Le Trou des Halles*, das ins Zentrum von Paris gerissen worden war, als man 1972, trotz vieler Proteste, die alten **Markthallen** abzubrechen begann. Dieser radikale städtebauliche Eingriff blieb fast zehn Jahre lang ein heiß diskutiertes Thema. Seit dem Mittelalter waren die Hallen das Herzstück der Rive Droite. Unter König Philipp II. August entstanden 1183 die ersten beiden überdachten Markthallen. Viele weitere wurden angebaut, um dem Bedarf der ständig anwachsenden Bevölkerung gerecht zu werden. Im Lauf der Zeit verkamen diese Hallen zu einem riesigen Chaos inmitten der Stadt, schmutzig, düster, voller übler Gerüche. Napoleon III. beschloss schließlich, große neue Pavillons bauen zu lassen: »Eisen, nichts als Eisen« und »Machen Sie mir Regenschirme!« waren seine Anordnungen, nachdem er den gerade fertiggestellten Ostbahnhof, Gare de L'Est, gesehen hatte und von ihm begeistert war. **Victor Baltard** (1805–75), der seinen flexiblen, pragmatischen Geist auch bei der Restaurierung vieler Pariser Kirchen unter Beweis stellte, entwarf zehn **Pavillons** – riesige funktionelle Metallkonstruktionen, die seriell gefertigt wurden, leicht in der Erscheinung und zierlich dekoriert waren und die Markstraßen überdachten. Baltards Hallen, von Zola in allen Farben geschildert, wurden zu einer Attraktion von Paris, und solange sie noch bestanden, gehörte es zum Savoir-vivre, einen Ausflug ins Pariser Nachtleben im Morgengrauen in einem der dortigen Bistros zu beenden und mit den Marktleuten gemeinsam an einem Tisch eine Zwiebelsuppe zu essen.

Erneut zu klein und den Anforderungen einer modernen Metropole nicht mehr gewachsen, wurde der Großmarkt jedoch Ende der 1960er-Jahre in die Vorstadt nach Rungis verlegt, die Hallen wurden abgerissen.

Doch auch dem großen Architektur- und Gartenensemble des Forum des Halles, das 1977 eröffnet wurde, sollte keine lange Lebensdauer beschieden sein. Zu sehr sind die Gebäude bereits erneuerungsbedürftig. 2011 wurde alles Oberirdische demontiert, und auch die riesige unterirdische RER- und Métrostation soll moderner und benutzerfreundlicher strukturiert werden. Bis 2016 wird das Forum samt Bahnhof neu entstehen. Ein weitgespanntes fußballfeldgroßes und halbtransparentes Segeldach, *La Canopée*, wird es überspannen. Neben Geschäften und Cafés sind hier Räume für Musik- und Theatervorführungen und auch ein Hip-Hop-Zentrum für Jugendliche vorgesehen.

Die 6500 Filme umfassende Sammlung des **Forum des Images** (Porte Saint-Eustache, Tel. 01 44 76 63 00, www.forum

19 Forum des Halles

Henri de Millers Kopf- und Hand-Skulptur vor Saint-Eustache

desimages.fr, Di–Fr 12.30–21, Sa/So 14–21 Uhr) bleibt während der Zeit zugänglich. Aus der Fülle an Spiel-, Dokumentar- und Amateurfilmen über Paris können kleine und große Kinoliebhaber am Computer einen Film auswählen und an den Abspielstationen ansehen.

Über dem Areal westlich des Forums, einst ein Park, jetzt Baustellengelände, ragen die glaskuppelüberwölbte Rotunde der **Bourse du Commerce** (Warenbörse, 1887 erbaut) und eine 30 m hohe astrologische Säule auf, einziger Überrest des Hôtel de Soissons, einer Residenz Katharina de' Medicis. Vor der Kirche Saint-Eustache steht die riesige **Kopf- und Handskulptur** von Henri de Miller, die, für alle Kinder unwiderstehlich, zum darauf Herumklettern animiert. Nachts ist das Forum des Halles eine der Ecken von Paris, die man eher meiden sollte; hier mischt sich das Elend Obdachloser mit einer zwielichtigen Großstadtsubkultur.

20 Saint-Eustache

Neben dem modernen Forum des Halles behauptet sich das gewaltige Kirchenschiff von Saint-Eustache, eine der interessantesten Kirchen von Paris dank der Verschmelzung von Gotik und Renaissance.

Rue du Jour, 1er Arr.,
www.saint-eustache.org,
Métro 4: Les Halles, Etienne-Marcel

Die Kirche Saint-Eustache ist eine architektonische Dominante des Viertels um die einstigen Markthallen. Ihre Geschichte war seit jeher mit dem alten Warenplatz verbunden. Ein erstes Gotteshaus bestand hier schon zu Anfang des 13. Jh. 1532 begannen die Händler und Zünfte mit dem Bau einer neuen Kirche, zu der Franz I. beisteuerte. Die Länge des Kirchenschiffs und seine außerordentliche Höhe wetteifern mit der Kathedrale Notre-Dame, die auch für den Grundriss das Vorbild lieferte: fünfschiffig, mit nicht vorspringendem Querhaus, rundem Chor und Kapellen. Erst hundert Jahre später wurde die Kirche nach den ursprünglichen Plänen vollendet. Von Grundriss und Aufbau her gotisch, bezeugt der Bau einmal mehr die lange Lebensdauer der mittelalterlichen Bautraditionen. Schaut man jedoch genauer hin, zeigt sich an Hunderten von Einzelheiten das neue Formgefühl der Renaissance:

Am **Außenbau** sind die Kapellen von korinthischen Pilastern begrenzt; gänzlich ungotische *Balustraden* über den Seitenschiffen setzen einen horizontalen Akzent; die *Querhausgiebel* sind von Renaissancetürmchen flankiert. Wie ein Fremdkörper nimmt sich dagegen die Zweiturmfassade aus, die 1754 im Westen angebaut wurde, eine fade Kopie von Saint-Sulpice [Nr. 63].

Der **Innenraum** wirkt hochstrebend vertikal und gotisch mit ungewöhnlich hohen, schmalen Seitenschiffen. Die gotische Struktur der Pfeiler ist jedoch von Dekorationsmotiven der norditalienischen Renaissance unterbrochen, von Rosetten und übereinandergestellten Säulchen. Begeisterte Verfechter der Neugotik wie Viollet-le-Duc verschmähten diese unorthodoxen Verschmelzungen. Die *Wirkung* des Raums ist außerordentlich.

Saint-Eustache

Markante Bündelpfeiler, hohe Rundbogenarkaden, akzentuierte Netzgewölbe mit tief hängenden Schlusssteinen geben ihm Charakter. In diesem eindrucksvollen Kirchenschiff sind die kostenlosen *Konzerte* (So 17.30 Uhr), bei denen die ausgezeichnete *Orgel* und häufig auch der berühmte **Chor** von Saint-Eustache zu hören sind, unvergessliche Erlebnisse. Nicht von ungefähr wählte Berlioz Saint-Eustache für die Uraufführung seines *Te Deum* (1855). Auch Liszts *Messe von Gran* wurde hier 1866 zum ersten Mal gespielt.

Die Händler der Markthallen und viele Adelige, die hier in Louvrenähe wohnten, beschenkten die Pfarrkirche, sodass sich auf diese Weise etliche bemerkenswerte Kunstwerke ansammelten. Über der Tür des linken Seitenschiffs besticht ein Meisterwerk von Simon Vouet (17. Jh.). Es stellt das *Martyrium des hl. Eustachius* dar, eines römischen Generals, dem, ähnlich wie dem hl. Hubertus, bei der Jagd ein Hirsch mit einem Kruzifix im Geweih erschienen sein soll. Sehenswert sind zudem in der zweiten Kapelle am Chorumgang links das Gemälde *Tobias und der Engel* (16. Jh.) von Santi di Tito, in der vierten Kapelle eine eindrucksvolle *Verzückung der Maria Magdalena*, ein Gemälde (17. Jh.) von Rutilio Manetti und in der folgenden Kapelle *Die Jünger von Emmaus*, vermutlich von Rubens.

Würdevoll ist das Grabmal für *Jean-Baptiste Colbert* (1619–83) in der sechsten Kapelle, das von Antoine Coysevox nach einem Entwurf von Le Brun gefertigt wurde, eines der großen Werke der französischen Bildhauerei. Eine weitere Seitenkapelle schmückt ein bronzenes Triptychon *Das Leben Christi* von Keith Haring. Der **Chor** birgt eine *Muttergottes* von Jean-Baptiste Pigalle. Die drei großen Wandgemälde zum Marienzyklus (1851–54) sind von Thomas Couture, dem Lehrer Manets. Die schönen *Glasmalereien* (1631) dort wurden nach Entwürfen von Philippe de Champaigne angefertigt.

20 Saint-Eustache

Viele Berühmtheiten gehörten zur Gemeinde von Saint-Eustache. Hier wurde Molière getauft, seine Totenmesse wurde nächtlicherweise jedoch für ›Jean-Baptiste Poquelin‹, den königlichen Teppichweber‹ gelesen: Schauspieler hatten kein Recht auf eine kirchliche Bestattung. Eine marmorne Gedenktafel erinnert an die Mutter von Mozart, die 1778 in Saint-Eustache beigesetzt wurde.

21 Fontaine des Innocents

Der Brunnen ist ein kleines Meisterwerk der Renaissance und ein beliebter sommerlicher Treffpunkt.

Square des Innocents, 1er Arr.
RER B und D: Châtelet – Les Halles

In der Form eines *Tempelchens* über einer Kaskade kam mit diesem Brunnen der Geist der Renaissance in die Straßen der noch mittelalterlichen Stadt. Er ist das Werk von Jean Goujon (1549). Graziöse Nymphen schmücken ihn, in fließende Gewänder gehüllt, wie nur Goujon sie zu schaffen verstand. Der Name des Brunnens erinnert an die Kirche der Unschuldigen Kinder, an die er ursprünglich angebaut worden war, die jedoch 1786 abgerissen wurde. Der Bildhauer Augustin Pajou ergänzte die vierte Seite des von da an frei stehenden Brunnens. Der **Square des Innocents** ist heute sehr belebt, der Brunnen immer von jungen Leuten umlagert.

Zur Kirche gehörte einst einer der größten **Friedhöfe** der Stadt. Er hatte im Verlaufe von 800 Jahren etwa zwei Millionen Verstorbene aufgenommen. In der Zeit kurz vor der Französischen Revolution war er so überfüllt, dass sich ein unerträglicher Gestank entwickelte, der für die Bewohner dieses dicht bevölkerten Stadtviertels unzumutbar wurde. In nächtlichen Transporten, die drei Jahre lang vonstatten gingen, überführte man schließlich die zahllosen Gebeine in einen aufgelassenen Steinbruch. Auch von anderen Pariser Friedhöfen wurden in den folgenden Jahrzehnten Tote hierher umgebettet. Die auf diese Weise entstandenen *Katakomben* der Place Denfert-Rochereau [Nr. 70] sind – wenn einem der Sinn danach steht – zu besichtigen.

22 Centre Pompidou

Das architektonische Unikum aus Metallgestänge, bunten Röhren und Glas – Museum, Bibliothek, Zentrum des Austausches aller künstlerischen Ausdrucksformen – ist ein attraktiver Rahmen für Meisterwerke zeitgenössischer Kunst.

Place Georges Pompidou, 4e Arr.
Tel. 01 44 78 12 33
www.centrepompidou.fr
Mi–Mo 11–21 Uhr
Métro 1, 11: Hôtel-de-Ville, Rambuteau
RER A, B und D: Châtelet–Les Halles

»Ça va crier« soll der damalige französische Staatspräsident George Pompidou ausgerufen haben, als er das Modell des zukünftigen Kulturzentrums, das seinen Namen trägt, sah. Er sollte Recht behalten, denn die auffällige Architektur, inspiriert von Hightech, Luftfahrt, Ozeandampfern und so fort, hat ihre Wirkung keineswegs verfehlt und löst auch heute noch viele Diskussionen aus. Pompidou erlebte die

Centre Pompidou – exzentrische Architektur und Meisterwerke moderner Kunst vereint

22 Centre Pompidou

Vollendung des Projekts nicht. 1969 hatte der Politiker den Anstoß dazu gegeben, ein Jahr nach dem sozialen und kulturellen Erdbeben vom Mai 1968. Es sollte ein autonomes, dynamisches Zentrum der Kreativität werden, befreit von der administrativen Trägheit der traditionellen Museen.

Unter den 681 vorgeschlagenen Projekten wählte die Jury jenes von **Renzo Piano** und **Richard Rogers** aus. Seine Besonderheit besteht darin, dass nicht nur alle tragenden Stützen nach außen verlagert, sondern auch alle technischen Kreisläufe ostentativ bloßgelegt sind. Die Luft zirkuliert in blauen, das Wasser in grünen, die Elektrizität in gelben, die Besucher in transparenten Röhren. In der einfachen Form eines Kubus stellt der Bau auf fünf Etagen riesige freie Flächen zur Verfügung, die allein von Metallpfeilern getragen werden. Diagonale Streben dienen der Stabilisierung. Die Transparenz der Fassaden und die flexible Raumgestaltung, der keine tragenden Wände im Wege stehen, sind charakteristisch für die Grundidee dieses Zentrums, das 1977 eröffnet wurde.

Als ›Raffinerie‹, ›Kunstfabrik‹ oder gar ›sinkendes Schiff der offiziellen Kultur‹ hat man das Centre Pompidou bezeichnet. Wie viel Erfolg es trotz aller Unkenrufe hat, zeigten in all den Jahren seines Bestehens täglich die langen Schlangen am Eingang. Viele der **Ausstellungen** des Centre Pompidou waren äußerst erfolgreich. Vor allem die berühmte Serie Paris–New York, Paris–Berlin, Paris–Moskau, Paris–Paris hat internationale Anerkennung gefunden.

Musée national d'Art Moderne

Die kurz MNAM genannte Sammlung begeistert nicht nur mit einer Fülle hervorragender Exponate, sondern auch mit der luftigen, großzügigen Ausstellungsarchitektur und den mit Wasserbecken und Skulpturen geschmückten Terrassen, auf denen man während des Rundgangs durch die Säle kurz ausruhen und die

Centre Pompidou

Das teure Dachterrassen-Restaurant des Centre Pomidou ist auch im Innern eine Schau

Aussicht genießen kann. Die permanente Ausstellung beginnt im 5. Stock mit der **klassischen Moderne**. Zu den Schlüsselwerken zählen der verschmitzte *Kleine Fisch* (1933) von Max Beckmann, zwei feuerrote Bilder, *La Blouse Roumaine* und *Grand Intérieur Rouge* (1940/48), von Henri Matisse, und von Pablo Picasso eine drollige Bronze, *Petite Fille Sautant à la Corde*, und das adrette Aktbild *Femme nu au Bonnet Turc* (1950/55)

Werke des **Kubismus** von Braque und Picasso treten gelegentlich in Dialog mit afrikanischen Skulpturen aus dem Besitz von André Derain und Alberto Magnelli. *Le Rideau pour Mercure* (1924) von Picasso weist auf den Surrealismus voraus und kontrastiert mit dem strikten, formalen Kubismus der *Papiers Collés*.

Über Spießbürgertum und hohe Kunst machte sich die Gruppe **Dada** lustig und erschütterte die Idee vom Kunstwerk in den Grundfesten. Die Ausstellung zeigt die europäische Dimension des Dadaismus mit Werken von Picabia, Schwitters, Haussmann, George Grosz, Hans Arp, Man Ray und Marcel Duchamp.

Auf die **abstrakte Malerei** Wassily Kandinskys folgen zwei andere Avantgarde-Bewegungen: **De Stijl** und das **Bauhaus**. Diese wollen über die Abstraktion hinaus, streben zum reinen Funktionalismus. Piet Mondrian lieferte den Architekten Ideen, die Maler Kandinsky und Paul Klee unterrichteten am Bauhaus.

Der **Surrealismus** schließlich stellt sich in seiner ganzen Vielfalt dar, verwirrend, traumhaft, schockierend, mit Max Ernsts fremdartigen Collagen *Femme 100 Têtes* (1929), der geheimnisvollen *Mélancolie d'un Après-midi* (1913) von De Chirico und *L'Ane Pourri* (1928) von Dali. Auch eine Wand aus dem Arbeitszimmer von André Breton wurde rekonstruiert und zeigt ein Sammelsurium von Kult- und Kunstgegenständen, von *Objets Trouvés*, welche die Fantasie der Surrealisten beflügelten. Neben der Avantgarde steht das ›Zurück zur Ordnung‹, das bei Picasso schon um 1920 beginnt, wie seine monumentale, klassische *Liseuse* beweist.

Auch die **Neue Sachlichkeit** orientierte sich an alten Vorbildern, an Holbein und Grünewald, wie die Werke von Christian Schad, Otto Dix und Balthus' *La Toilette de Cathy* (1933) zeigen. Die Kunst der Nachkriegszeit illustrieren die europäische Gruppe **Cobra**, die 1948–51 eine ex-

22 Centre Pompidou

Die Fontaine Stravinsky von Niki de Saint Phalle und Jean Tinguely

perimentierfreudige, aber kurze Existenz führte, der **abstrakte Expressionismus** (Pollock, Gorky, Soulages, Hantai), die flächigen Bilder von Rothko, Barnett Newman, Miro, Yves Klein und Lucio Fontana.

Die Sammlung der **Gegenwartskunst** im 4. Stock wird etwa alle sechs Monate gänzlich neu präsentiert, um aktuelle künstlerische Strömungen zu dokumentieren. Es soll stets eine dynamische und packende Schau geboten werden. Fotografie, Architektur und Design sind in den Rundgang eingebunden. Neben monografischen Darstellungen anerkannter Persönlichkeiten wie Warhol, Tinguely, Oldenburg, Dubuffet, Beuys, Ben, Raynaud, Rauschenberg, Christo, Boltanski, werden künstlerische Bewegungen wie Concept Art, Minimal Art, Arte Povera, Support/Surface präsentiert.

Im **Espace des Collections Nouveaux Médias et Film**, gleichfalls in der 4. Etage, sind 2000 Werke der Sammlung digital, in Bild, Ton und Film, zugänglich. Die *Encyclopédie Nouveaux Médias* (www.newmedia-art.org) erläutert Werke von etwa 100 Künstlern.

Die **Wechselausstellungen** des Museums finden in der 6. Etage statt. Und das schicke Terrassenrestaurant **George** bietet hier Erfrischungen mit Panoramablick.

Dem MNAM ist das **CCI** (Centre de Création Industrielle) angegliedert, dessen Studien über *Design* Anlass zu vielen bemerkenswerten Ausstellungen gaben und das außerdem interessante Publikationen zur Soziologie der Architektur veröffentlicht.

Das **IRCAM** (Institut de Recherche et de Coordination Acoustique/Musique) ist ein Ort der Kommunikation zwischen Musikwissenschaftlern und zeitgenössischen Komponisten. Es beschäftigt sich mit Akustik, Tonanalyse und Tonsynthese, digitaler Komposition und Choreografie und tritt mit Konzerten und Aufführungen an die Öffentlichkeit.

Die öffentliche Bibliothek **Bibliothèque Public d'Information** (1.–3. Stock, Tel. 01 44 78 12 75, www.bpi.fr, Mo/Mi–Fr 12–22, Sa/So 11–22 Uhr) umfasst neben 34 000 Büchern auch zahlreiche digitale Medien. Den etwa 5000 Besuchern täglich stehen 2200 Leseplätze und etliche Computerarbeitsplätze zur Verfügung.

Den Platz an der Schmalseite des Centre Pompidou beherrscht ein Brunnen, **La Fontaine Stravinsky**, mit den Skulp-

22 Centre Pompidou

turen von Jean Tinguely und Niki de Saint Phalle. Lustig wasserspritzend tragen sie zu der fröhlichen Atmosphäre rund um das Zentrum bei und setzen einen interessanten Kontrast zur spätgotischen Kirche von Saint-Merri (1520–1612), die sich hinter der modernen Kulisse erhebt.

In der Senke vor dem Eingang des Centre Pompidou liegt das **Atelier Constantin Brâncuşi** (Mi–Mo 14–18 Uhr). Der Bildhauer Constantin Brâncuşi (1876–1957) vermachte dem Staat sein Atelier am Montparnasse. Die *Rekonstruktion* vollzieht die sorgsam durchdachte Anordnung der Werke nach. Aufschlussreich sind in diesem Zusammenhang die Fotos, die Brâncuşi von einzelnen Ansichten des Ateliers aufnahm. Sie machen

Markanter Blickpunkt an der Rue de Rivoli ist die spätgotische Tour Saint-Jacques

die Wechselbeziehung von Raum und Skulptur, die der Künstler suchte, deutlich.

Nördlich des Centre Pompidou liegt das Viertel **Quartier de l'Horloge**, benannt nach der riesigen Automatenuhr *Le Défenseur du Temps*. Zu jeder vollen Stunde kämpft der ›Verteidiger der Zeit‹ gegen Krabbe, Drachen und Vogel, die ihn angreifen.

23 Tour Saint-Jacques

Der eindrucksvolle Rest einer spätgotischen Kirche auf dem Pilgerweg nach Santiago de Compostela.

Parc de la Tour Saint-Jacques, 4e Arr.
Métro 1, 4, 7, 11, 14: Châtelet

Unvermittelt ragt ein **Turm** in dem kleinen Park auf. Seine eigenartige Schönheit faszinierte schon die Surrealisten bei ihren Spaziergängen durch das nächtliche Paris. Er gehörte einst zur *Kirche Saint-Jacques-la-Boucherie,* in der auch die Metzger-Innung ihren Sitz hatte. Nicht weit von den Markthallen, an einer wichtigen Kreuzung der mittelalterlichen Straßen gelegen, nahm Saint-Jacques einen zentralen Platz ein. Die Kirche war 1509–23 im Flamboyantstil errichtet worden und bezeugt die Vitalität der Gotik noch zur Zeit der Renaissance. 1797 wurde sie abgerissen. Ihr Turm dient heute als meteorologische Station. Eine Statue erinnert an den Mathematiker und Physiker Blaise Pascal, der 1648 versuchte, auf dem Turm das Gewicht der Luft zu messen.

24 Place du Châtelet

Turbulenter Platz im geografischen Zentrum der Stadt, flankiert von den beiden großen städtischen Theatern.

1er Arr., Métro 1, 4, 7, 11, 14: Châtelet

Am Schnittpunkt von zwei historischen Achsen gelegen, ist der Platz einer der Verkehrsknotenpunkte der Stadt. Unter ihm breitet sich das Labyrinth der riesigen Métro- und RER-Station Châtelet–Les Halles aus. Das macht es heute nicht leicht, sich hier die Festung *Grand Châtelet* vorzustellen, die 1130 zum Schutz der Brücke zur Île de la Cité errichtet worden war (zuvor stand an derselben Stelle schon ein hölzerner Turm zur Abwehr der Normannengefahr). Anfang des 19. Jh. wurde das inzwischen als berüchtigtes Gefängnis verhasste Grand Châtelet abgerissen. Seit 1808 bildet eine **Siegessäule** zu Ehren Napoleons den Blickfang. Sie erinnert an den Ägyptenfeldzug Bonapartes, der genau betrachtet so siegreich nicht war, aber die Fantasie der Künstler beflügelte.

Das **Théâtre du Châtelet** (Théâtre Musical de Paris, Tel. 01 40 28 28 40, www. chatelet-theatre.com) im Westen wurde wie sein Gegenüber von Davioud erbaut. Durch seine Größe für aufwendige Inszenierungen geeignet, war es in den 1930er-Jahren die Pariser Operettenbühne schlechthin. Heute stehen Opern, Musicals und Konzertreihen für ein breites Publikum auf dem Programm.

Vis-à-vis steht das **Théâtre de la Ville** (Tel. 01 42 74 22 77, www.theatredelaville-paris.com), das früher Théâtre Sarah-Bernhardt hieß. Die große Schauspielerin (1844–1923) hatte es 1899 gekauft, brachte dort *L'Aiglon* zur Uraufführung, von Edmond Rostand für sie geschrieben, und interpretierte in ihrer kapriziösen Art Opern wie *Die Kameliendame* und *Tosca*. 20 Jahre später, weit über 70 und an einem Bein amputiert, faszinierte sie noch immer ihr Publikum. Mittlerweile wird hier zeitgenössisches Tanztheater geboten.

25 Hôtel de Ville

Wie ein aufgeputztes Renaissanceschloss nimmt sich das Rathaus aus.

Place de l'Hôtel de Ville, 4e Arr.
Eingang: 29, rue de Rivoli
www.paris.fr
Wechselausstellungen:
Mo–Sa 10–18.30 Uhr
Führungen auf frühzeitige Voranmeldung, Tel. 01 42 76 43 43
Métro 1, 11: Hôtel-de-Ville

Dass das Rathaus nicht wie andernorts das Zentrum der Stadt bildet, kommt wohl daher, dass Paris, die selbstbewusste Bürgerstadt, vor allem Kapitale eines zentralistisch regierten Landes ist. So hat sie auch erst seit 1977 wieder einen Bürgermeister, während zuvor ein von der Regierung ernannter Präfekt seines Amtes waltete. 2001 wurde Bertrand Delanoë von der *Parti Socialiste* amtierender Bürgermeister und ist dies noch heute.

Früher ging es einfacher zu: Bis zum 13. Jh. wurde Paris ausschließlich von Vertretern des Königs verwaltet; sie rekrutierten sich aus der mächtigen Korporation

25 Hôtel de Ville

Superb – das Hôtel de Ville mit seinem aristokratischen Baukörper und seinen von vielen Skulpturen bevölkerten Fassaden

der Kaufleute zu Wasser. Daher das Schiff im Pariser **Wappen** mit dem Spruch »*Fluctuat nec mergitur*« (Es schwankt, aber es geht nicht unter). Ludwig der Heilige ließ die Bürger im Jahr 1246 Schöffen wählen und schuf damit den ersten Stadtrat, dessen Vorsitzender der *Prévôt des Marchands*, der Vorstand der Kaufleute, war. Seit 1357, der Zeit des Prévôt Etienne Marcel, tagt der Stadtrat an der **Place de l'Hôtel de Ville**, die damals *Place de Grève* hieß und wirklich das Stadtzentrum darstellte. Die Handelsschiffe legten hier an, Feste und Aufstände fanden statt, öffentliche Hinrichtungen gab es bis 1830. Ludwig Börne beschrieb in einem seiner Pariser Briefe, wie begierig sich die gewaltige Volksmenge drängte, um das grausige Spektakel zu sehen. Auch die Arbeitslosen kamen hier zusammen. So entstand der Ausdruck ›faire la grève‹, was ursprünglich ›nicht arbeiten‹ hieß und heute ›streiken‹ bedeutet.

Franz I. ließ das mittelalterliche Gebäude, das als Rathaus gedient hatte, durch einen Renaissancebau ersetzen, 1533 von dem Italiener Boccadoro im Stil der Loireschlösser entworfen. Nach dem Sturm auf die Bastille im Juli 1789 nahm das Pariser Volk das Rathaus ein. Ludwig XVI. musste sich hier die Kokarde der Revolutionäre anstecken. Während der Kommune wehte die rote Fahne auf dem Rathaus. Beim Abzug der Aufständischen brannte das Gebäude ab, die Dritte Republik baute es jedoch sogleich wieder auf. Hier wurde im Ersten Weltkrieg Pétain, später de Gaulle zugejubelt.

Das heutige Rathaus ist eine Kopie des Renaissancebaus, ein wenig operettenhaft verschönt und um zwei Seitentrakte erweitert. 146 Figuren, verdiente Pariser Persönlichkeiten darstellend, dekorieren die Fassaden. Lanzenträger wachen auf dem First. Über der Uhr thront eine kräftige, barbusige Schönheit: die Allegorie der Stadt Paris. Der Dekor der Ehrentreppe sowie der Fest- und Repräsentationssäle – u. a. von Puvis de Chavannes, Benjamin-Constant und Jean-Paul Laurens – entsprechen in ihrem akademischen Kunststil (Pompier-Stil) ganz dem Selbstverständnis der Bürger der Belle Époque. Im Festsaal ist die Pariser Stadtgeschichte dargestellt.

26 Hôtel de Saint-Aignan

Ein schönes Beispiel der klassischen Pariser Architektur aus der Regentschaftszeit Anna von Österreichs und ein sehenswertes Jüdisches Museum.

71, rue du Temple, 3e Arr.
Tel. 01 53 01 86 60
www.mahj.org
Mo–Fr 11–18, So 10–18 Uhr
Métro 11: Rambuteau

Ein für das Marais typisches Stadtpalais ist das Hôtel de Saint-Aignan. Pierre Le Muet errichtete es um 1650 für die Familie des Grafen von Avaux, Claude de Mesmes, der unter Mazarin für die Finanzen zuständig war. Später erwarb es der Herzog von Saint-Aignan, der vor allem den Garten erweitern und umgestalten ließ.

Danach wechselten Besitzer, Bewohner und Nutzung häufig. Mitte des 19. Jh. fanden hier viele jüdische Emigranten aus Polen, Rumänien und der Ukraine ein neues Zuhause. 1942 nahmen die Nazis alle Juden fest, 13 Hausbewohner starben in Konzentrationslagern. Das *Hôtel Particulier* verfiel zusehends. Erst 1998 wurden die Restaurierungsarbeiten und die Rekonstruktionen, wie die des sehenswerten Treppenhauses und der Gartenanlage, nach mehr als 25 Jahren abgeschlossen. Heute präsentiert das **Musée d'Art et d'Histoire du Judaïsme** in dem einstigen Adelspalast seine Sammlungen zur Geschichte und Kultur der Juden. Hierzu zählen u.a. Zeremonialgerät, Schmuck und Kleidung, historische Dokumente, Münzen und Gemälde.

27 Musée de la Chasse et de la Nature

Ein Jagdmuseum mit erlesenen Kunstwerken im Hôtel de Mongelas und Hôtel de Guénégaud.

62, rue des Archives, 3e Arr.,
Tel. 01 53 01 92 40
www.chassenature.org
Di–So 11–18 Uhr
Métro 11: Hôtel de Ville

Das im Jahr 1703 errichtete Hôtel de Mongelas beherbergt die Sammlung des Musée de la Chasse et de la Nature. In geschmackvoll eingerichteten Salons und rustikalen Räumen zeigt hier das Museum alles rund um die Jagd sowie Wechselausstellungen zum Thema Naturschutz. Unter den **Gemälden** sind Jagdszenen von Peter Paul Rubens und Jan Brueghel d. Ä., ein *Hl. Hubertus* von Lucas Cranach, Stillleben von Jean-Baptiste Oudry sowie Studien des berühmten französischen Tiermalers François Desportes (1661–1743). Die Ausstellung setzt sich in dem angrenzenden Hôtel de Guénégaud fort. In vier prachtvollen Sälen präsentiert sie historische Jagdwaffen und Zubehör sowie kostbare Gemälde. Sehenswert ist auch das Gebäude selbst: Jean François de Guénégaud, der Schatzmeister Frankreichs, ließ es in den Jahren 1651–55 erbauen. Noch heute gehört es zu den schönsten Palais des Marais. Die noblen Proportionen und die sorgfältige Fassadengestaltung weisen es als ein Werk von François Mansart aus.

28 Hôtel de Soubise

Vornehmes Stadtpalais aus der Zeit Ludwigs XIV. mit einem Rokokokleinod: dem Salon Ovale von Germain Boffrand. Das angegliederte Museum zeigt Schriftdokumente der französischen Geschichte von den Merowingern bis zum Zweiten Weltkrieg.

60, rue des Francs-Bourgeois, 3e Arr.
Tel. 01 40 27 60 96
www.archivesnationales.
culture.gouv.fr
Mo, Mi–Fr 10–17.30 Uhr,
Sa/So 14–17.30 Uhr
Métro 11: Rambuteau

Ein kolonnadengesäumter Ehrenhof öffnet sich vor dem Palais. Mit monumentalem Portikus und allegorischem Skulpturendekor ist es von wahrhaft fürstlicher Allüre. Fürstlich war auch die Belohnung, die Ludwig XIV. dem Prinzen Soubise zukommen ließ, der gerne dulden wollte, dass seine Gattin sich dem König gegenüber großzügig zeigte. Bevor Pierre Alexis Delamair 1705–09 das Palais errichtete, stand hier das mittelalterliche Schloss von Olivier de Clisson. Der **Torbau** dieses Gebäudes (um 1380) ist an der Rue des Archives erhalten. 1553 ging das Schloss in den Besitz der mächtigen Guise über. Während der Religionskriege war es das Hauptquartier der katholischen Liga, in deren großem Wachsaal sich heute das Geschichtsmuseum befindet.

Auf Delamair folgte nach dem Tod der Prinzessin Soubise der Architekt **Germain Boffrand**, der das Innere des Palais für den Prinzen Hercule-Mériadec und seine junge Frau neu gestaltete. Unter Boffrands Leitung waren bis 1745 die größten Künstler und Dekorateure der Zeit mit der Ausgestaltung des Palais beschäftigt, u.a. die Maler Natoire, Boucher, van Loo, Restout und die Bildhauer Adam und J.-B. Lemoyne. Während der Prinz für seine Räume im *Erdgeschoss* Wandvertäfelungen in zurückhaltenden Farbnuancen und Reliefs in mattem Weiß, als Bildthemen Allegorien der Wissenschaften und der Künste wählte, wurden für die Prinzessin im *Obergeschoss* die identisch angelegten Räume mit einem kapriziösen, jugendlichen Dekor und amouröser Thematik ausgeschmückt.

Im **Schlafzimmer** der Prinzessin sind in vergoldeten Medaillons, in Stuck und Gemälden die Liebesabenteuer antiker Götter dargestellt. Die Enfilade der Räume endet im **Salon Ovale**, der fantasievollsten dieser Raumschöpfungen. Er wirkt wie ein luftiges *Laubengebilde*, dessen Wände mit ihren zart geschnitzten Boiserien und großen Spiegeln sich geradezu aufzulösen scheinen. Geschwungene Rahmen bilden einen Kranz und fassen Darstellungen der antiken Fabeln von Amor und Psyche ein, die von Charles Natoire meisterhaft gemalt wurden. Darüber spannt sich eine von goldenen Stuckmotiven überzogene, blaue Himmelsdecke.

Im **Musée de l'Histoire de France**, das man zuvor betritt, sind Zeugnisse aus dreizehn Jahrhunderten französischer Geschichte zu sehen, vom zerschlissenen Papyrustext aus dem Jahr 629, der die Unterschrift König Dagoberts trägt, bis zum Bericht von Jean Moulin, einer Zentralfigur der Résistance im Zweiten Weltkrieg. Entscheidende Daten der Geschichte markieren ein Dokument zum Westfälischen Frieden, der 1648 den Dreißigjährigen Krieg beendete, und das Edikt von Nantes, das 1598 den Hugenotten ein Existenzrecht zuerkannte, allerdings 1685 wieder aufgehoben wurde. Daneben sieht man handschriftliche Dokumente wie die Briefe der Jungfrau von Orléans sowie die Testamente von Ludwig XIV. und Napoleon. Nicht weniger bewegend ist ein Gedicht von Louise Michel für einen zum Tode verurteilten Kommunarden und ein Requisitionszettel für eines der 700 Taxis, die am 7. Sept. 1914 dazu abgestellt wurden, Truppen zur Marneschlacht zu bringen.

Alle Ausstellungsstücke gehören zum immensen Fundus der **Archives Natio-**

nales, die seit dem 19. Jh. im Hôtel de Soubise, in weiteren Hôtels Particuliers der Rue des Francs-Bourgeois und im Hôtel de Rohan untergebracht sind. Seit 1988 verfügen die Historiker auch über ein modernes, architektonisch sehr interessantes Forschungszentrum (CARAN), das in der Rue des Quatre-Fils Nr. 11 untergebracht ist.

29 Musée national Picasso

Die bedeutendste Picasso-Sammlung der Welt hat im Hôtel Salé, einem herrlichen Stadtpalais aus der Zeit von Ludwig XIV., seinen idealen Rahmen. Derzeit wird das Museum umgestaltet, die Wiedereröffnung wird Ende Juni 2014 erfolgen.

5, rue de Thorigny, 3e Arr.,
Tel. 01 42 71 25 21
www.musee-picasso.fr
Wiedereröffnung Ende Juni 2014
Métro 1, 8: Saint-Paul, Chemin Vert oder Saint-Sébastien Froissart

Als Picasso im April 1973 starb, fiel seinen Erben eine immense Hinterlassenschaft zu, von deren Umfang man sich erst nach und nach beim Inventarisieren der grandiosen Unordnung von Picassos Ateliers eine Vorstellung machen konnte: Tausende von Gemälden, Zeichnungen, Skulpturen, Keramiken – in 78 Schaffensjahren angehäuft. Schwindelerregend war auch die Höhe der Erbschaftssteuer. Die Familie Picasso ging schließlich auf den Vorschlag ein, einen erheblichen Teil der Werke dem französischen Staat zu überlassen: insgesamt 203 Gemälde, 8 Skulpturen, mehr als 3000 Zeichnungen und Gravuren, 16 Papiers Collés, 88 Keramiken. Der Grundstock für das Picasso-Museum war hiermit gelegt. Hinzu kam die persönliche Kunstsammlung, die Picasso dem Louvre vermacht hatte, darunter Bilder von Cézanne, Matisse, Derain und dem Zöllner Rousseau.

Als Ausstellungsort erkor man das **Hôtel Salé** (1656–60), ein Hôtel Particulier im Marais, das vom Dach bis zu den Kellergewölben sorgfältig restauriert wurde. Das Bauwerk ist ein Werk von Jean Boullier, einem Architekten aus Bourges. Bauherr war Aubert de Fontenay, königlicher Salzsteuereintreiber, an den die Bevölkerung ›gesalzene‹ Abgaben zu zahlen hatte – daher der Name Hôtel Salé.

Nach der neuerlichen Restaurierung

Das berühmte ›Portrait de Marie-Thérèse‹ (1937) im Musée Picasso

wird die Sammlung in neuer Präsentation Ende 2013 wieder zu sehen sein. Sicher wird sich das Werk Picassos dann wieder glücklich und grandios entfalten können. Herrlich ist schon das strahlend helle Treppenhauses, dessen imposante Wirkung Girlanden, Medaillons und kräftige Putti steigern. Das Mobiliar hat der Bildhauer Diego Giacometti entworfen.

Die Klarheit der Räumlichkeiten bringt Ruhe in das überraschend vielfältige und umfangreiche Œuvre Picassos. Der enorme Umfang der Kollektion versetzt den Besucher in die Lage, alle Stilphasen und Metamorphosen des genialen Formenschöpfers und Formenzerstörers zu studieren und zu erleben.

So bezeugen die ältesten Werke die künstlerische Reife des erst 14-jährigen Picasso. An dem düsteren *Selbstporträt* der Blauen Periode, die mit der Ankunft in Paris zusammenfällt, lassen sich Armut und Einsamkeit des Künstlers in diesem Winter 1901 ablesen. Nach der melancholischen **Rosa Periode** (*Les deux Frères*, 1906) zeigt sich die zunehmende Schematisierung der Formen im Selbstporträt von 1906. Einige Studien dokumentieren die lange Entwicklungsgeschichte (1906/

1907) der *Demoiselles d'Avignon* (MOMA, New York), jenes Schlüsselwerks, das als erster tief greifender ästhetischer Umbruch zum Kubismus überleitet. Die Diskontinuität der Darstellung des Volumens wird bald zum zentralen Problem, z. B. in *Tête de Femme* (1909). Als ein Hauptwerk des analytischen **Kubismus** gilt *L'Homme à la Mandoline* (1911), als menschliche Figur kaum noch zu entziffern. *La Nature Morte à la Chaise Cannée* (1912) dokumentiert als erstes *Papier collé*, hier mit einem Stück Wachstuch, wie Picasso die jahrhundertealten Traditionen der Malerei infrage zu stellen beginnt. Auf die Papiers Collés folgen delikate Konstruktionen und Assemblagen.

Die Rückkehr zur **klassischen** Figuration illustrieren das *Portrait d'Olga* (1917), die massiven *Deux Femmes Courant à la Plage* (1922) und *La Flûte de Pan* (1923), das Hauptwerk dieser Zeit. Ab dem Jahr 1925 bricht unter dem Einfluss des Surrealismus ungeahnte Aggressivität aus den Bildern hervor, z. B. in *Le Baiser* (1925) mit den monströsen *Badenden*. Das Werk *La Crucifixion* (1930) nach Grünewald, ist in dissonanten Farben und flachen, verzerrten Formen die Synthese der expressiven Formensprache dieser Jahre. Mit dem Thema der Corrida und der Minotauromachie bildet sie eine mythische Trilogie. Aus dieser Zeit stammt auch die Serie von Sandreliefs.

Die Frauen in Picassos Leben sind allgegenwärtig. 1930–35 ist es die sanfte Marie Thérèse, Modell der kraftvollen Büsten und sinnlichen Arabesken vieler *Nus Couchés*. Ab 1937 taucht die Fotografin Dora Maar auf, selbstbewusst und ausdrucksstark. Sie ist das Modell der *Femme qui pleure* (1937), das Bild der Verzweiflung und des Leids, das mit *La Suppliante* (1937), dem spanischen Bürgerkrieg und *Guernica* (1937, Prado, Madrid) zusammenfällt.

Die glücklichere Nachkriegszeit illustrieren eine Sammlung von Keramiken sowie Skulpturen und humorvolle Assemblagen von großartiger plastischer Erfindungsgabe (*La Chèvre*, 1950, *Petite Fille Sautant à la Corde*, 1950). Mit den *Femmes d'Alger* nach Delacroix (1955) und den Versionen des *Déjeuner sur l'Herbe* nach Manet (1960/61) kommentiert Picasso erneut die Malerei der Vergangenheit. Die Werke des 90-Jährigen sind so dynamisch wie die seiner Jugend: *Le Baiser* (1969), nicht minder vehement als das 1925 gemalte Werk, und das tragische Selbstbildnis *Vieil Homme Assis* (1970/71).

30 Musée Cognacq-Jay

Eine vielseitige Sammlung von Möbeln, Gemälden und zierlichen Kunstgegenständen: ein Genuss für Liebhaber des 18. Jh.

Hôtel Donon, 8, rue Elzévir, 3e Arr.,
Tel. 01 40 27 07 21
www.cognacq-jay.paris.fr
Di–So 10–18 Uhr
Métro 1, 8: Saint-Paul oder Chemin Vert

Ernest Cognacq, dem das Museum zu verdanken ist, begann seine Karriere als Straßenhändler auf dem Pont Neuf und beendete sie als Besitzer des Kaufhausimperiums ›La Samaritaine‹. Geschäftsmann, Philanthrop und Kunstliebhaber in einem, stellte er in der Luxusfiliale der Samaritaine am Boulevard des Capucines seine Privatsammlung aus, die er später der Stadt Paris vermachte. Zusammen mit einigen von ihm ins Leben gerufenen wohltätigen Einrichtungen erhält sie seinen und den Namen seiner Frau Marie-Louise Jay der Nachwelt.

Die Sammlung ist auf das 18. Jh. konzentriert, dessen verfeinerte, oft frivole Lebensart diese arbeitsamen, bürgerlich-konservativen Eheleute bezaubern konnte. Seit 1990 sind die Exponate im Marais untergebracht, in einem *Hôtel Particulier* von noblem Erscheinungsbild. Es war nicht leicht, die Ausstellungsstücke mit der Architektur des 16./17. Jh. in Einklang zu bringen. Die prächtigen Wandvertäfelungen der Sammlung wurden den neuen Räumen angepasst, die Höhe der Plafonds des 16. Jh. optisch verringert, um der intimen Atmosphäre der Salons und Cabinets des 18. Jh., die hier rekonstruiert sind, gerecht zu werden.

Glanzstücke der Ausstellung sind die mit Email und Edelsteinen verzierten Döschen, Flacons und Etuis aus Gold oder Silber. Hervorragend ist auch die Sammlung von Meissener Porzellanfigürchen. Viele große Namen der Malerei des 18. Jh. sind vertreten, Chardin u. a. mit einem kleinen Stillleben, Watteau mit Zeichnungen, hinzu kommen Fragonards *Perrette mit dem Milchtopf*, Nattiers rosige Porträts, Werke von Boucher, Vigée-Lebrun, Hubert Robert, Canaletto und Tiepolo. Außerdem wird ein bemerkenswertes Ensemble englischer Gemälde gezeigt von Reynolds, Lawrence, Romney. Die Möbel sind von berühmten Kunstschreinern gefertigt. Genannt sei nur der große *Schreibtisch* von André-

31 Musée Carnavalet

Musée Carnavalet – die vielseitige Sammlung illustriert die Geschichte der Seine-Metropole

Charles Boulle (1642–1732), ein Meisterwerk mit Einlegearbeiten aus den verschiedensten Materialien.

Der oberste Stock besitzt einen hohen Dachstuhl, den schönsten in Paris noch erhaltenen. In den Räumen werden Theaterstücke aus dem 18. Jh. gegeben und Wechselausstellungen gezeigt.

31 Musée Carnavalet

Das Pariser Stadtmuseum, ein Muss für alle, die die Stadt, ihre Geschichte und ihre Bürger wirklich kennenlernen und begreifen wollen. Unzählige Ausstellungsstücke von der Frühgeschichte bis zum Beginn des 20. Jh. Und eine Gelegenheit, die Höfe des schönen Hôtel Carnavalet zu besuchen.

23, rue de Sévigné, 3e Arr.,
Tel. 01 44 59 58 58
www.carnavalet.paris.fr
Di–So 10–18 Uhr
Métro 1, 8: Saint-Paul oder Chemin Vert

Das Hôtel Carnavalet ist, zumindest in seinem Kern, eines der wenigen Pariser Palais aus dem 16. Jh. (1544–50). Pierre Lescot, der Schöpfer der ersten Renaissancefassade des Louvre, gilt als sein Baumeister. Aus dem Atelier von Jean Goujon stammen die Skulpturen am Haupteingang und die Relieffiguren der *Vier Jahreszeiten* zwischen den Fenstern des schlichten Corps de Logis. François Mansart veränderte und erweiterte das Palais Mitte des 17. Jh. Von ihm sind die Seitenflügel des Ehrenhofs. Das imposante *Standbild Ludwigs XIV.*, ein Werk von Coysevox, ist das einzige, das die Französische Revolution überstanden hat. Nachdem 1989 das Hôtel Carnavalet mit dem benachbarten Hôtel Le Peletier de Saint-Fargeau verbunden worden war, sind hier nun die Sammlungen zur Pariser Geschichte seit der Französischen Revolution zu sehen. Einen Orientierungsplan mit der Abfolge der Ausstellungsräume erhält man am Eingang.

Das Erdgeschoss ist der Frühgeschichte von Paris gewidmet, als Auerochsen an den Seineufern lebten, sowie dem römischen Lutetia, der Merowingerzeit und dem Mittelalter (Saal 1–4) mit bescheidenen, aber aufschlussreichen Funden. Modelle und Reliefkarten demonstrieren die damalige Stadtausdehnung. Einige interessante Gemälde zeigen dann das Paris des 16. Jh., Prozessionen der ultrakatholischen Liga in den Straßen der Stadt sowie einen Projektentwurf für den Pont Neuf (Saal 7–10).

31 Musée Carnavalet

Im Fokus – die fotografischen Kunstwerke der Maison Européenne de la Photographie

Im 1. Stock sieht man, wie Paris sich unter Ludwig XIII. und Ludwig XIV. städtebaulich zu einer Hauptstadt mit urbanistisch markanten Königsplätzen entwickelte (Saal 12–16).

Mit dem Groteskendekor des Cabinet de l'Hôtel Colbert de Villacerf (Saal 17), dem Grand Cabinet und der Grande Chambre de l'Hôtel de La Rivière von François Le Vau und Le Brun (Saal 19, 20) beginnt die lange Reihe sorgfältig wiederhergestellter Innenausstattungen: ein vollständiges Panorama der Wohnkultur Pariser Herrschaftshäuser. Porträts, Möbel und einige ihrer berühmten Briefe erinnern an Madame de Sévigné, die 20 Jahre im Hôtel Carnavalet wohnte (Saal 21). Das Paris von Ludwig XV. hatte in *Nicolas Jean-Baptiste Raguenet* seinen Vedutenmaler; er hielt mit Liebe zum Detail und einem Hauch von Poesie viele längst verschwundene Ansichten fest (Saal 29). Louis-Quinze- und Louis-Seize-Möbel werden zusammen mit Wandvertäfelungen aus verschiedenen Pariser Palais abgestimmt (Saal 30–68).

Über einen Verbindungsgang gelangt man in den 2. Stock des **Hôtel Le Peletier de Saint-Fargeau**, wo das Jahrzehnt der Französischen Revolution (1789–99) mittels der Ausstellungsstücke lebendig zu werden scheint: eine packende Darstellung mit Gemälden der Festinszenierungen auf dem Champ-de-Mars, Porträts der politischen Hauptakteure, populäre Stiche, verschiedenste, mit revolutionären Emblemen dekorierte Gegenstände, Ziermodelle der Guillotine u. a. mehr (Saal 100–113).

1. Stock und Erdgeschoss sind der Zeit des Empire und der Restauration gewidmet, dem Paris der Romantik mit einigen hervorragenden Porträts, darunter *Madame Récamier* von François Gérard (Saal 115), und der *Prunkwiege*, die die Stadt Paris 1856 dem Sohn von Napoleon III. schenkte (Saal 128). Abschließend zwei Glanzlichter der Ausstellung: die Inneneinrichtung des Juweliers Fouquet (Saal 142) – eine kostbare Schatulle, die Alphonse Mucha 1900 entwarf – und der

Place des Vosges – bildschönes Ambiente mit historischen Stadtpalais und Garten

Ballsaal des Hôtel de Wendel (1924), dessen fantastisches Dekor des katalanischen Malers José Maria Sert y Badia hervorragend in die Pariser ›années folles‹ passt (Saal 146).

32 Maison Européenne de la Photographie

Das Haus der Fotografie zeigt in einem alten Adelspalais zeitgenössische Kunstwerke.

5/7, rue de Fourcy, 4e Arr.,
Tel. 01 44 78 75 00
www.mep-fr.org
Mi–So 11–19.45 Uhr
Métro 1, 7: Saint-Paul oder Pont Marie

Im Herzen des Marais beherbergt das 1706 errichtete Hôtel Hénault de Cantobre hinter seiner klassizistischen Fassade die Maison Européenne de la Photographie. In den weitläufigen Galerien hängen zeitgenössische Werke bekannter Fotografen und junger, vielversprechender Talente. Die Sammlung des Hauses umfasst etwa 20 000 Abzüge und Drucke – u. a. von Helmut Newton, Annie Leibovitz, Henri Cartier-Bresson oder François Rousseau. Sehenswerte monografische und thematische Wechselausstellungen präsentieren jeweils eine Auswahl. Der Besucher erhält Einblicke in die unterschiedlichen Techniken und Genres der Fotokunst, von der Dokumentation und Reportage bis zur Mode- und Lifestyle-Fotografie.

Wer nach dem Besuch der Ausstellung seine gewonnenen Eindrücke vertiefen möchte: In der Bibliothek laden zahlreiche interessante Bildbände, Künstlerbiografien sowie Ausstellungskataloge zum Verweilen ein.

33 Place des Vosges

Einer der angenehmsten Plätze von Paris, ringsum von Häusern mit schönen, ziegelroten Fassaden eingefasst. Im 17. Jh. war er das Zentrum des mondänen Lebens der Stadt.

3e und 4e Arr.
Métro 1, 5, 8: Bastille

Dieser herrliche Platz im Herzen des Marais ist das Werk von Heinrich IV. Nachdem er 1594 zum Katholizismus übergetreten war und so die Stadt für sich gewonnen hatte, zeigte er, dass er Paris zu seiner Kapitale machen wollte. Er erwies sich als der erste königliche Stadtplaner von Paris. Die Arbeiten am Louvre wurden wieder aufgenommen, der Pont Neuf und die Place Dauphine geplant. Mit der Place des Vosges – damals *Place*

33 Place des Vosges

Royale genannt – schuf er das Vorbild für alle späteren Königsplätze: Gleichförmige, symmetrisch angeordnete Fassaden bilden eine imposante Kulisse für das Reiterstandbild des Königs. Zugunsten der architektonischen Einheit hatten sich die Bauherren strengen Verordnungen zu unterwerfen. Von den 38 Pavillons, die den quadratischen Platz umgeben, heben sich der **Pavillon du Roi** (im Süden) und der **Pavillon de la Reine** (im Norden) ab. Der Rhythmus der Dächer, die verschieden geformten Lukarnen und der Wechsel von hellem Haustein und rotem Ziegel lassen keine Monotonie entstehen. Die hohen Fenster der Belétage mit ihren niedrigen schmiedeeisernen Gittern wurden stilbildend für Paris.

1612, zwei Jahre nach dem Tod Heinrichs IV., weihte man den Platz anlässlich der Hochzeit von Ludwig XIII. mit Anna von Österreich mit großem Pomp ein. Das **Reiterstandbild** wurde 1639 aufgestellt, von den Revolutionären zerstört und 1825 durch einen neuen Ludwig XIII. ersetzt – »zu Pferd auf einer Art Maultier«, wie Stendhal spöttisch kommentierte.

Gemälde und Gravüren, die im Musée Carnavalet [Nr. 31] zu sehen sind, erinnern an die höfischen Feste, Turniere und Staatsempfänge, die im 17. Jh. hier stattfanden. Die schöne *Marion Delorme* hielt ihren literarischen Salon in dem **Palais Nr. 11**. Bossuet, der große Kanzelredner, lebte 1682–94 in **Nr. 17** und im Haus **Nr. 1 bis** wurde 1626 *Madame de Sévigné* geboren, deren geistreiche Briefe ein Bild der eleganten Gesellschaft während der Ära Ludwig XIV. geben.

Unter Ludwig XIV. verlor der Platz an Bedeutung. Im Jahr 1800 erhielt er seinen heutigen Namen, der recht prosaisch daran erinnert, dass das Département der Vogesen nach der Revolution als erstes pflichtbewusst seine Steuern bezahlt hat. Mittlerweile lädt der Platz mit seinen zahlreichen Galerien, Geschäften, Restaurants sowie Cafés zum Flanieren ein.

Im Haus Nr. 6, dem heutigen **Maison de Victor Hugo** (Tel. 0142721016, www.musee-hugo.paris.fr, Di–So 10–18 Uhr), lebte der Schriftsteller 1832–48, zwischen zwei Revolutionen. Neben dem von Hugo selbst entworfenen chinesischen Salon und dem ›gotischen Zimmer‹ – beide ganz nach dem Geschmack der Zeit – verdienen seine *Zeichnungen* Beachtung: architektonische Skizzen, Küstenlandschaften, die sehr viel Temperament verraten, und grimmige Karikaturen.

34 Saint-Paul-Saint-Louis

Die erste große nach italienischem Vorbild gebaute Kirche von Paris war Ausdruck der wiedergewonnenen Machtstellung der Jesuiten.

99, rue Saint-Antoine, 4e Arr.
Métro 1: Saint-Paul

Es war kein Geringerer als Ludwig XIII., der dem Jesuitenorden das Bauland zur Verfügung stellte und 1627 persönlich den Grundstein legte; Kardinal Richelieu feierte 1641 die erste Messe. Drei Mitglieder des Ordens gelten als die Architekten: Pater Martellange, als einer der Initiatoren des sogenannten französischen Jesuitenbarocks bekannt, wurde 1629 abgelöst von Pater Derand, der Kuppel und Fassade errichtete. Pater Turmel vollendete dann die Innendekoration.

Der Kirchenbau demonstriert mit Glanz, welchen Einfluss sich der gegenreformatorische Orden im Frankreich Ludwigs XIII. erkämpft hatte, nachdem er wegen seiner Stellungnahme für die Liga gegen Heinrich IV. lange Zeit verboten gewesen war. Bis 1762, dem Jahr, mit dem erneut eine Periode der Unterdrückung der Jesuiten in Frankreich begann, erlebte Saint-Paul-Saint-Louis eine wahre Blütezeit. Bossuet war einer der großen Prediger, deren Wort hier von der Aristokratie des Marais andächtig gehört wurde; Jean-Philippe Rameau und Marc-Antoine Charpentier wirkten als Musikdirektoren.

Saint-Paul-Saint-Louis übernimmt das Schema der Fassade von Saint-Gervais, die zwanzig Jahre zuvor einem noch gotischen Gebäude vorgeblendet worden war und als der Beginn der Klassik im französischen Kirchenbau gilt (Place Saint-Gervais, hinter dem Rathaus). Saint-Paul-Saint-Louis nimmt sich dagegen barock bewegt aus. Der Mittelteil der Fassade tritt leicht nach vorne. Korinthische Säulen auf allen drei Etagen, ein Segmentgiebel über dem Portal und eine Attika als Abschluss des zweiten Geschosses geben der Fassade Leichtigkeit und Eleganz. Demonstrativ zeigt das Dekor das Wappen von Frankreich und Navarra und die Statuen der wichtigsten Ordensheiligen: Franz-Xaver und Ignatius, die 1534 die Compagnie de Jésus am Montmartre gegründet hatten.

Das Innere ist wie bei so vielen Kirchen des Ordens von der Mutterkirche Il Gesù in Rom inspiriert: ein beeindruckender

Place de la Bastille – die Opéra Bastille und die Julisäule mit dem Genius der Freiheit

35 Place de la Bastille

Hier stand das verhasste Staatsgefängnis, das vom Pariser Volk am 14. Juli 1789 erstürmt wurde.

4e, 11e und 12e Arr.,
Métro 1, 5, 8: Bastille

Einheitsraum, in dem Messe und Predigt wirkungsvoll inszeniert werden konnten. Die hohe, theatralische Kuppel ist die erste bedeutende in Paris; bald folgten ihr eine ganze Reihe anderer (Kapelle der Sorbonne, Val-de-Grâce, Saint-Louis-des-Invalides). Das Dekor muss früher unerhört reich gewesen sein. Einige der Hauptwerke befinden sich heute im Louvre, wie zum Beispiel die Darbringung im Tempel von Simon Vouet, aus dessen Atelier noch weitere Gemälde der Kirche stammen. Über dem Eingang zur linken Chorkapelle: Christus am Ölberg (1826) von Eugène Delacroix; in der Kapelle eine Schmerzensmutter (1586) mit schönem Faltenwurf von Germain Pilon.

Eigentlich war es kein glorreiches Ereignis: Nur sieben Häftlinge saßen noch in den Mauern der Festung aus dem 14. Jh., bewacht von einem Kommandanten und 80 Invaliden sowie von 32 Soldaten der Schweizergarde. Aber die symbolische Bedeutung des Ereignisses war außerordentlich. Die **Bastille** war für das Volk Inbegriff jahrhundertelanger Willkürherrschaft. Unter Ludwig XIII. war die Festung zum Staatsgefängnis geworden. Ein königlicher Haftbefehl genügte zur

35 Place de la Bastille

Inhaftierung ohne jegliches Gerichtsverfahren. Berühmten Männern wie Nicolas Fouquet, Voltaire oder dem Marquis de Sade und Hunderten von Unbekannten war es so ergangen. Zur Zeit von Ludwig XVI. wurde die Bastille kaum noch genutzt, doch blieb sie ein Symbol.

Der Tag des *Sturmes auf die Bastille* wurde zum Nationalfeiertag. Die spontane Bewegung des Pariser Volkes war für das Schicksal des Landes ausschlaggebend. In den Tagen zuvor war die Lage in der Hauptstadt sehr angespannt gewesen. Der König hatte Truppen am Stadtrand aufmarschieren lassen. Als am 12. Juli 1789 die Entlassung des populären Ministers Necker bekannt wurde, gingen die Pariser zur Revolte über. Am Morgen des 14. Juli bemächtigte sich die Volksmenge der Waffen, die sich im Hôtel des Invalides und im Arsenal befanden, und strömte dann zur Bastille, wo sie von den Kanonen der Schweizergarde empfangen wurde. Es gab an die 80 Tote. Als die Aufständischen, zu denen sich reguläre Truppen gesellt hatten, am Nachmittag erneut vor die Festung zogen und Kanonen aufstellten, ergab sich der Kommandant der Bastille. Das Volk begann sofort mit deren Demolierung. Ein Jahr später wurde auf dem Platz getanzt. Aus den Steinen wurden Modelle der Festung gehauen, die man den revolutionären Gemeinden in der Provinz schenkte.

Napoleon wollte auf dem Platz eine Fontäne in Form eines riesigen Elefanten errichten. 1833 wurde aber die **Colonne de Juillet** (Julisäule) mit dem vergoldeten Genius der Freiheit aufgestellt, der graziös auf einem Bein balancierend an die Opfer der Revolution vom Juli 1789 erinnert. – Südlich des Platzes liegt das **Bassin de l'Arsenal**, ein Jachthafen mitten in Paris.

36 Opéra National de Paris – Bastille

 Die Bastille-Oper setzt mit spektakulärer Architektur an symbolhafter Stelle einen Akzent.

120, rue de Lyon, 11e und 12e Arr.
Tel. 08 92 89 90 90
www.operadeparis.fr
Mo–Sa 11.30–18.30 Uhr,
Daten und Uhrzeiten für Führungen (75 Min.) unter Tel. 01 40 01 19 70
Métro 1, 5, 8: Bastille

Pünktlich zum 200. Jahrestag des Sturms auf die Bastille, am 14. Juli 1989, wurde François Mitterrands Volksoper eingeweiht. Das behäbige Gebäude bestimmt nun die Physiognomie des riesigen Platzes, der seit der Demolierung der Bastille jahrhundertelang ausdruckslos wirkte. Seine Architektur, wie das Konzept der Volksoper an sich, hat viel Anlass zur Polemik gegeben. Betont schmucklos, in einfachen Volumen konzipiert, kann der Entwurf des kanadischen Architekten *Carlos Ott* für sich geltend machen, dass er sich trotz seiner Größe relativ gut in die bestehende Struktur des Platzes einfügt. Am überzeugendsten wirkt die Oper abends: Sie ist dann ein festlich strahlender Glaspalast. Transparenz und fließende Übergänge zwischen Innen und Außen sind ein architektonisches Leitmotiv. Viele Eingänge, einer direkt von der Metrostation aus, betonen die *Idee der Offenheit*, während die große Freitreppe, von einem gewaltigen Granitrahmen überragt, dem traditionellen Opernhausschema folgt.

Blaugrauer Granit dominiert auch im Inneren. Ansonsten wurden vornehmlich Birnenholz und Glas für die noble Ausstattung verwendet. Der reizvolle Blick auf den Platz macht den Charme der Wandelgänge aus. Kern des Gebäudes ist der **Große Saal** mit 2700 Plätzen, frei schwebenden Rängen, erstklassiger Sicht und einer ausgefeilten Akustik. Auf fünf Seitenbühnen können alle Akte einer Aufführung gleichzeitig aufgebaut und auf die Bühne gefahren werden. Der Orchestergraben verfügt gleichfalls über bewegliche Elemente. Außerdem besitzt die Oper einen weiteren, variablen Saal, der je nach Bedarf zwischen 600 und 1300 Zuschauern Platz bietet, ferner ein Amphitheater (600 Plätze), ein kleines Studio und eine Bibliothek u. a. m.

Im Lauf seiner Geschichte musste die Opéra Bastille schon einige Turbulenzen durchleben, die in der Kündigung Daniel Barenboims und Myung-Whun Chungs (1989 und 1994) ihren Höhepunkt fanden und bezeichnend sind für die enge Verbindung, die Politik und Kultur in Frankreich eingehen. Daran hat sich offensichtlich seit den Tagen des Sonnenkönigs Ludwig XIV. nicht viel geändert. Heute sind Nicolas Joel und Stéphane Lissner Direktoren der Pariser Nationaloper.

Links unten: *Das Viertel unweit der Place de la Bastille ist abends ein beliebtes Flanierrevier mit gemütlichen Restaurants und Bars*

Rechts unten: *In der Opéra Bastille stehen Musiktheater und modernes Ballett auf dem Programm*

Pariser Westen –
Paläste, Prunk und Prestige

Vom Louvre, dem reichsten Museum, über die universell berühmte **Avenue des Champs-Elysées** zum größten Triumphbogen der Welt entfaltet die Königsachse ihre großartigen Perspektiven. Sie weitet sich zur riesigen **Place de la Concorde**, dem ehemaligen Königsplatz, aus. Sie steigt an mit den Champs-Élysées, der Renommiermeile der Nation und erinnert an die imperialen Träume Napoleons am **Arc de Triomphe**, der inmitten seines Sternplatzes den grandiosen Höhepunkt dieser architektonischen Inszenierung bildet. Ihr Elan trägt sie sogar noch weiter bis über die Grenzen der Stadt hinaus: in das moderne Hochhausviertel La Défense, wo mit einer gigantischen Torarchitektur ein modernes Pendant zu den napoleonischen Triumphbögen gesetzt wurde. Der Besucher wird sich von so viel *Grandeur* aber nicht einschüchtern lassen und, über die Champs-Élysées schlendernd, Weltstadtatmosphäre atmen.

Direkt am Seineufer und an der Rive Droite erinnern eindrucksvolle Monumente an die Weltausstellungen, die zwischen 1855 und 1937 in Paris stattfanden. Dazu gehören **Grand Palais** und **Petit Palais**, das **Palais de Tokyo** und das **Palais de Chaillot**. Mit Ausnahme des Eiffelturms sind es bezeichnenderweise nicht die Hochleistungen der Ingenieurbaukunst, sondern grandiose Paläste, die man für würdig erachtete, der Nachwelt erhalten zu bleiben. Sie dienen auch heute noch als Ausstellungsräume. An der Avenue du Président Wilson folgt dann ein Museum auf das andere: moderne und asiatische Kunst sowie Schiffsmodelle werden hier präsentiert. Und an der Avenue Montaigne sind alle Großen der Haute Couture mit ihren Designerläden angesiedelt.

Weite Esplanaden und schöne Avenuen breiten sich an der Rive Gauche zu Füßen des Eiffelturms und um den Invalidendom aus und betonen das Monumentale dieser einzigartigen Stadtlandschaft.

Invalidendom, **Champ-de-Mars**, **École Militaire**, einst Sinnbilder militärischer Stärke, und **Tour Eiffel** als Symbol des Fortschritts sind eindrucksvolle Zeugnisse vergangener Epochen.

Der Tuileriengarten mit dem Louvre und dem Arc du Carrousel

37 Jardin des Tuileries

André Le Nôtres harmonische Anlage – ein Musterbeispiel französischer Gartenarchitektur – präsentiert sich in neuer Schönheit.

1er Arr., Métro 1, 8, 12: Tuileries oder Concorde

Das Brausen des Autoverkehrs auf der Rue de Rivoli und entlang des Seinequais bleibt zwar immer gegenwärtig, trotzdem ist der Park der Tuilerien eine erholsame Insel inmitten der Großstadt, bei Touristen und Parisern gleichermaßen beliebt. Seine großzügig angelegten Alleen und die mit Bedacht angeordneten Statuen und Wasserbecken vermitteln noch etwas vom Glanz des *Grand Siècle*, aus dem er stammt.

Ein erster Garten im Stil der italienischen Renaissance wurde 1564 rund um das Tuilerienschloss angelegt, das Katharina de' Medici sich im Westen des Louvre hatte errichten lassen. Hundert Jahre später beauftragte Ludwig XIV. **André Le Nôtre**, den Garten neu zu gestalten. Le Nôtre, der von seinem Vater und Großvater den Titel des Hofgartenarchitekten der Tuilerien geerbt hatte, schuf in Folge ein Musterbeispiel französischer Gartenarchitektur. In der Zentralachse der symmetrischen Anordnung entstanden später noch der Arc de Triomphe und die Champs-Élysées.

Nach der Umwandlung des Louvre zum größten Museum der Welt war es auch an den lange vernachlässigten Tuilerien, sich einer Schönheitskur zu unterziehen. Die Neugestaltung der 1990er-Jahre durch die Architekten Wirtz, Cribier und Benech behielt die großen Linien der Anlage Le Nôtres, die Terrassen, das Parterre und die Boskette bei. Der Park bildet heute von der Glaspyramide des Louvre bis zum Obelisken der Place de la Concorde eine urbanistisch einzigartige Einheit (28 ha). Der zierliche **Arc du Carrousel**, ein Triumphbogen aus der Zeit Napoleons (1805), ist auf der Louvreseite der Eingang zum Garten. Le Nôtres hufeisenförmige Komposition am oktogonalen Becken schließt die Anlage im Westen ab. Über die Jahrhunderte hinweg entwickelte sich der Tuileriengarten zu einem wahren Freilichtmuseum der Bildhauerkunst. Genannt seien nur die **Reiterstatuen** von Antoine Coysevox (1640–1720), die den Zugang von der Place de la Concorde schmücken, die *Vier Jahreszeiten* von Guillaume Coustou (1658–1733) am achteckigen Becken, die Tierdarstellungen von Auguste Caïn (1821–94), Werke von Auguste Rodin (1840–1917) und die sinnlichen, vitalen Aktfiguren von Aristide Maillol (1861–

37 Jardin des Tuileries

1944). Auf den beiden Terrassen nahe der Place de la Concorde wurden im zweiten Kaiserreich große Pavillons errichtet. Der eine Bau birgt das Musée de l'Orangerie (s. u.) und der andere die **Galerie du Jeu de Paume** (Norden, Tel. 01 47 03 12 50, www.jeudepaume.org, Di 11–21, Mi–So 11–19 Uhr). Im Jeu de Paume werden heute Wechselausstellungen zur zeitgenössischen Fotografie und Videokunst gezeigt.

38 Musée de l'Orangerie

Der Beginn der Moderne in der Malerei: Vom Impressionismus bis zu den 1930er-Jahren.

Südliche Terrasse des Tuileriengartens, 1er Arr.,
Tel. 01 44 77 80 07
www.musee-orangerie.fr
Mi–Mo 9–18 Uhr
(Gruppen nach Voranmeldung)
Métro 1, 8, 12: Concorde

Das mit Blick auf Seine und Tuilerien herrlich gelegene Museum erfreut sich großer Beliebtheit. Die Collection Jean Walter et Paul Guillaume umfasst 144 einzigartige Gemälde. **Paul Guillaume** gehörte zu den Kunsthändlern und Sammlern, die geschmackssicher und mutig noch unbekannten Künstlern eine Chance gaben. Er setzte sich früh für Utrillo ein und war einer der wenigen, die Modigliani unterstützten. Nach dem Tod Guillaumes führten seine Witwe und ihr zweiter Mann, *Jean Walter*, die Sammlung fort, die 1977 in den Besitz des Louvre überging.

Chaïm Soutine (1893–1943), einer der Schützlinge Guillaumes, ist mit zahlreichen Werken vertreten. Qualvoll verzerrte Gesichtszüge und expressive Stillleben mit blutigem Wildbret zeugen von seinem aufgewühlten Temperament. Im Kontrast dazu stehen die Gemälde von **Paul Cézanne** (1839–1906), der nach Gleichgewicht und Harmonie strebte. Einige seiner Hauptwerke sind hier zu sehen: *Pommes et Biscuits* (1880), eines der Stillleben, mit denen Cézanne sich über die traditionelle perspektivische Darstellung hinwegsetzte, und die lyrische Landschaft *Dans le Parc de Château Noir* (1900). Auch von **Auguste Renoir** (1841–1919) sind einige Meisterwerke vertreten: *Jeunes Filles au Piano* (1890), *Claude Renoir en Clown* (1909) und mehrere *Badende*. Zur blauen Periode von **Pablo Picasso** (1881–1973) gehört das Pastell *L'Etreinte* (1903). Seine klassisch genannte Periode illustrieren die monumentalen *Badenden* von 1921 bis 1923. Stillleben von **André Derain** (1880–1954), Porträts von **Modigliani** (1884–1920) und Bilder der Odalisken von **Henri Matisse** (1869–1954) vervollständigen den Überblick über die französische Malerei zwischen den beiden Weltkriegen. Voller Poesie und Tristesse sind die Stadtansichten von **Maurice Utrillo** (1883–1955), deren kalkiges Weiß tausend Nuancen kennt. Von **Henri Rousseau** (1844–1910) sind u. a. zwei große Gemälde zu bestaunen, *La Noce* (1905) und *Carriole du Père Junier* (1908), deren erstarrte, frontal dargestellte Personengruppen gar nicht ›naiv‹, sondern mit sicherer Hand komponiert sind.

Andächtig zumute wird einem beim Betreten der beiden ovalen Säle im Erdgeschoss, die den *Nymphéas* genannten Seerosenbildern vorbehalten sind. Die riesigen Gemälde, die die unendlichen atmosphärischen Variationen im optischen Zusammenspiel von Wasser, Himmel und Vegetation thematisieren, stellen den Höhepunkt in **Claude Monets** Werk dar. Ab 1918 malte er in seinem Hauses in Giverny (Normandie). Den Garten hatte Monet selbst gestaltet und er wurde des Künstlers letzte große Passion, insbesondere der verträumte Teich mit *Seerosen*. Die ernsten und von abstrahierender Farbgewalt durchwebten Bilder, die Monet ›Nympheas‹ nannte, gehen in ihrer Kraft und Tiefe weit über den eher heiteren Impressionismus hinaus.

39 Place de la Concorde

Der größte und monumentalste Platz von Paris eröffnet eindrucksvolle Perspektiven in alle vier Himmelsrichtungen.

8e Arr., Métro 1, 8, 12: Concorde

Die großartige, fast einschüchternde Wirkung des Platzes lässt sich am besten spät abends oder am frühen Morgen erfassen, wenn er vom Verkehrschaos befreit ist. Der Architekt *Jacques-Ange Gabriel* rahmte ihn nur im Norden mit Gebäuden und bezog in seine städtebauliche Gesamtkomposition die Umgebung mit ein – Seine, Tuileriengarten und die spätere Champs-Élysées. Für die Mitte des 18. Jh. war sein Konzept absolut neu. Doch wie die anderen beiden, mit viel

39 Place de la Concorde

Musée de l'Orangerie – ›Nympheas‹ nannte Claude Monet seine Seerosenbilder

mehr Willkür in das Stadtbild gesetzten Plätze, die Place Vendôme und die Place des Victoires, folgte auch die Place de la Concorde ursprünglich dem Schema des Königsplatzes. Die symmetrische Anlage mit einem Reiterstandbild im Zentrum entstand zu Ehren von Ludwig XV.

1792 entfernte man die Statue des Königs und der Platz hieß nun *Place de la Révolution*. Am 21. Januar 1793 stieg hier Ludwig XVI. die Stufen zum Schafott hinauf. In den nächsten zwei Jahren folgten ihm über 1300 weitere Opfer, unter ihnen Marie-Antoinette, Danton sowie Philippe Egalité und die revolutionäre Madame Roland, die, bevor sie starb, das berühmte Wort prägte: »Freiheit, welche Verbrechen werden in deinem Namen begangen«. Das Direktorium bereitete dem Grauen endlich ein Ende und gab, um die nationale Eintracht bestrebt, dem Platz seinen heutigen Namen.

Auf Wunsch des Bürgerkönigs Louis-Philippe wurde er 1836–38 in unpolitischer Weise verändert. Die Gräben, die ihn ursprünglich abgrenzten und ihm ein markantes Relief verliehen, wurden zugeschüttet. Auf die – lange bewohnten – Wachhäuschen setzte man eigenartige steife *Statuen*, Personifikationen von französischen Städten. Der **Obelisk** aus Luxor, seit jener Zeit im Zentrum des Platzes aufragend, ist ein Geschenk des ägyptischen Statthalters. Der 3000 Jahre alte Monolith aus rosa Granit stand einst vor dem Tempel Ramses II. in Theben. Wie schwierig es war, das 230 t schwere, fast 23 m hohe Monument wohlbehalten nach Paris zu bringen und aufzustellen, ist in der Sockelinschrift nachzulesen. Zu beiden Seiten des Obelisken entfalten die großen **Bronzebrunnen** ihre vom italienischen Barock inspirierte Pracht. Sie wurden von Jakob Ignaz Hittorff (1792–1867) entworfen, einem Architekten aus Köln, der unter Napoleon III. in Paris einige wichtige Bauaufgaben übernahm.

Gabriels Fassaden an der Nordseite des Platzes, schöne Beispiele des Louis-Quinze-Stils, haben die Kolonnaden des Louvre zum Vorbild. Im linken Palais befindet sich das **Hotel Crillon**, eine der elegantesten Adressen der Stadt, im rechten das **Marineministerium**. Nach Norden legte Gabriel die **Rue Royale** an. Gesäumt von einheitlichen Fassaden, gibt sie den Blick frei auf die 1764 begonnene, tempelartige Madeleine, der am anderen Seineufer die Kolonnaden des Palais Bourbon gegenüberstehen.

Den Auftakt zur Avenue des Champs-Élysées bilden die prachtvollen **Pferde von Marly**, zwei spätbarocke Plastiken, die Guillaume Coustou 1745 ursprünglich für das Lustschloss von Ludwig XIV. in Marly schuf. Sie sind das fast klassisch wirkende Pendant zu Coysevox' stürmischen, hochbarocken Reitermonumenten am Eingang zum Tuileriengarten. Alle vier Skulpturengruppen sind durch Abgüsse ersetzt worden, die Originale befinden sich im Louvre.

Der Arc de Triomphe bildet den Höhepunkt der eleganten Avenue des Champs-Élysées

40 Champs-Élysées

Oft als die schönste Avenue der Welt apostrophiert, setzt sie die majestätische Perspektive vom Louvre zum Arc de Triomphe fort, ist Geschäfts- und Vergnügungszentrum sowie Schauplatz von Staatsparaden.

8e Arr., Métro 1, 8, 12: Concorde

In den Kastanienalleen des unteren Teils ist noch ein Hauch der großen Zeit der Champs-Élysées zu verspüren, als sie zur Promenade à la mode für die reichen Bürger des Zweiten Kaiserreichs geworden war, die sich im oberen Teil der Avenue vornehme Häuser hatten errichten lassen. Die Bebauung der Renommierstraße begann in der Tat erst um 1830, Ende des 18. Jh. sollen auf den ›Elysischen Feldern‹ gar noch Kühe gegrast haben. Ihre erste Anlage geht jedoch schon auf Le Nôtre, den Gartenarchitekten Ludwigs XIV. zurück, der die Achse des Tuileriengartens durch eine baumbepflanzte Promenade verlängern ließ. Die beeindruckende Breite der Champs-Élysées (71 m) wird in Paris nur von der Avenue Foch (120 m) übertroffen.

Zwischen der Place de la Concorde und Rond-Point befinden sich Grünanlagen im englischen Stil. Einige in den Parks verteilte Pavillons aus dem 19. Jh. sorgen auch heute noch für Unterhaltung. An die Stelle eines Kabaretts ist heute der **Espace Pierre-Cardin** (1, avenue Gabriel, Tel. 01 42 66 69 20) getreten, in dem Theatervorstellungen, Kunstausstellungen und Events des Modeschöpfers stattfinden. Am **Théâtre Marigny** [s. S. 171] von 1883 zeigte Charles Garnier sich weit weniger pathetisch als an seinem Opernbau. Schon 1855 hatte der Komponist *Jacques Offenbach* (1819–80), der als Begründer der modernen Operette gilt, hier ein Theater. Hinter den Bäumen des großen Parks an der Avenue de Marigny verbirgt sich der **Élysée-Palast**, seit 1873 Sitz des französischen Staatschefs.

Die Avenue Winston-Churchill wird flankiert von üppigen Grand Palais und seinem Pendant, dem Petit Palais [s. Nr. 42 und Nr. 43]. Das **Théâtre du Rond-Point** (2bis Avenue Franklin D. Roosevelt, Tel. 01 44 95 98 21, www.theatredurondpoint.fr) – das frühere Palais des Glaces, in dem man Schlittschuh laufen konnte – hat lange Zeit die Truppe des Schauspielerehepaars Renaud-Barrault beherbergt.

Am Rond-Point Marcel Dassault stehen noch einige *Hôtels Particuliers*, Stadtresidenzen von Adeligen aus dem Zweiten Kaiserreich, darunter ist das **Hôtel Lehon** (Ecke Avenue Montaigne) mit einem prächtigen schmiedeeisernen Tor. Gegenüber beginnt die **Avenue Matignon**: Hier stellen einige renommierte *Galerien* aus.

Vom Rond-Point zum Arc de Triomphe reihen sich an den Champs-Élysées Kinos, Büros der größten Airlines und Banken, Ausstellungsräume von Autofirmen, Cafés mit gestyltem Ambiente und Fastfood-Restaurants aneinander. Auch wer gerne auf einen Einkaufsbummel geht, findet hier alles, was das Herz begehrt, von Luxus bis hin zu Massenware. Flaneure, Geschäftsleute, Schulklassen, Besucher aus aller Welt, modebewusste Damen und Herrn bilden das bunte Publikum. Einen festlichen Anstrich erhält die Avenue zur Weihnachtszeit, wenn die Bäume mit Lichterkronen geschmückt sind. Das **Palais de la Païva** (Hausnr. 25) ist einer der wenigen Stadtpaläste, die sich noch im alten Gewand präsentieren. Das prachtvolle, im Stil der Neorenaissance errichtete Gebäude (um 1860) gehörte der berühmten Païva y Araujo, einer schillernden Gestalt des Second Empire. Polnischen

Ursprungs, war sie erst portugiesische Marquise, dann preußische Gräfin und nebenbei geschickte Spionin. Théophile Gautier, Charles-Augustin Sainte-Beuve und die Brüder Goncourt kamen zu ihren Empfängen.

Zu den berühmten Adressen gehören die Parfümerie **Guerlain** (Hausnr. 68) mit ihrem edlen marmornen Ladendekor, das Restaurant **Le Fouquet's** (Nr. 99), das Stammlokal vieler großer Schauspieler und renommierter Journalisten, und natürlich das **Lido de Paris** (Nr. 116, s. S. 173), dessen paillettenglitzernde, an Szeneneffekten reiche Shows für Touristen aus aller Welt zum Inbegriff des Pariser Nachtlebens gehören.

Über all dieses Betriebsame hinaus haben die Champs-Élysées einen besonderen Platz im nicht zu geringen Nationalbewusstsein der Franzosen. Hier marschierten die Einheiten auf, bevor sie in den Ersten Weltkrieg eintraten. 1944, nach dem Rückzug der Deutschen, wurde General de Gaulle ein triumphaler Empfang bereitet. Jeden **14. Juli** versammelt sich eine riesige Menschenmenge, die sich um nichts in der Welt die Militärparade mit Präsidentenlimousine, pittoresk uniformierten Kadetten, Fremdenlegionären und dem Kriegsgerät der französischen Force de Frappe entgehen lassen würde.

41 Arc de Triomphe

Napoleons gigantischer Triumphbogen ist architektonischer Höhepunkt der Champs-Élysées und für die Franzosen ein nationales Symbol. Von seiner Plattform aus bietet sich ein beeindruckendes Panorama.

Place Charles-de-Gaulle, 8e Arr.,
Tel. 01 55 37 73 77
www.monum.fr
April–Sept. tgl. 10–23, Okt.–März 10–22.30 Uhr (Aufzug)
Métro 1, 2, 6, RER A: Charles-de-Gaulle – Étoile

Eigentlich wollte Napoleon das Denkmal zu Ehren seiner siegreichen Armee 1806 auf der Place de la Bastille errichten lassen, an der Ausfallstraße in Richtung Ostfrankreich, wo er damals seine militärischen Triumphe feierte. Schließlich wählte er als Standort aber die Place de l'Étoile (heute Place Charles-de-Gaulle), die im 18. Jh. angelegt worden war, als die Champs-Élysées noch eine ländliche Allee am Stadtrand waren.

Unter den vielen Projekten, die z. B. riesenhafte Elefanten, Pyramiden und Freiheitsstatuen vorsahen, entschied sich Napoleon für einen gewaltigen, seinen Machtansprüchen angemessenen *Triumphbogen*. Doch der Bau des Monu-

41 Arc de Triomphe

Üppige Architekturformen der Belle Epoque machen das Grand Palais zu einem Blickfang

ments unter der Regie von Jean Chalgrin ging nur langsam voran, und so musste für den festlichen Einzug der zukünftigen Kaiserin Marie-Louise 1810 eine Triumphbogenstaffage konstruiert werden. Militärische Niederlagen und die Abdankung des Kaisers 1814 verzögerten die Fortführung des Baus. Als der Arc de Triomphe 1836 endlich eingeweiht werden konnte, verzichtete man aus Furcht vor Unruhen auf Feierlichkeiten.

Mit einer Höhe von 50 m und einer Breite von 45 m ist Chalgrins Werk der größte Triumphbogen aller Zeiten. Abweichend von den antiken Vorbildern wurde hier auf Säulenschmuck verzichtet und statt der drei nur eine einzige gewaltige Bogenöffnung (29 m hoch) vorgesehen. Die massive, blockhafte Erscheinung wird nur durch den gigantischen Skulpturenschmuck gegliedert.

Von den vier Figurengruppen der Pfeiler besitzt diejenige von François Rude (1784–1855) – von den Champs-Élysées aus gesehen rechts – als einzige den gehörigen emphatischen Ausdruck. Sie stellt den Auszug der Freiwilligen von 1792 dar und ist bekannter unter dem Namen ›**La Marseillaise**‹. Der linke Pfeiler zeigt den Triumph von 1810, ein Werk Jean-Pierre Cortots (1877–1962). Die Pendants auf der Rückseite sind von Antoine Etex (1808–88), Widerstand und Frieden verkörpernd. Die Reliefs oberhalb dieser Gruppen erinnern an große Ereignisse des Empire. Der 135 m lange **Fries** zeigt den Aufmarsch der französischen Armee, Hunderte von überlebensgroßen Soldatenfiguren bei ihrem Auszug und der glorreichen Wiederkehr. Der Einfachheit halber wurden die Bildhauer pro bebildertem Meter bezahlt.

Auf der Innenseite des Bogens sind unzählige Namen von Generälen des Kaiserreichs eingraviert. Unter der *Grabplatte* ruht ein Unbekannter Soldat aus dem Ersten Weltkrieg. Die *Gedenkflamme* wird jeden Abend neu entfacht.

Unterhalb der Aussichtsplattform ist ein kleines **Museum** eingerichtet, das die Geschichte des Triumphbogens illustriert, Zeichnungen von Chalgrin zeigt, an die Rückkehr der sterblichen Hülle Napoleons (1840), die Trauerfeier für Victor Hugo (1885) und die Befreiung von Paris (1944) erinnert – Ereignisse, für die der Arc de Triomphe die Kulisse abgab.

42 Grand Palais

Der für die Weltausstellung von 1900 errichtete opulente Palast zeigt heute Kunst und Naturwissenschaftliches.

Galeries Nationales du Grand Palais,
Avenue Winston-Churchill,
8e Arr., Tel. 01 44 13 17 17
www.grandpalais.fr
Palais de la Découverte,
Avenue Franklin-D.-Roosevelt,
8e Arr., Tel. 01 56 43 20 20
www.palais-decouverte.fr
Di–Sa 9.30–18, So 10–19 Uhr,
Métro 1, 13: Champs-Élysées – Clemenceau

Die flache Kuppelkonstruktion aus Glas und Eisen ist das eigentliche Schöne an dem Gebäude. Die beeindruckende Ingenieurleistung wird aber hinter einer prätentiösen Schauarchitektur versteckt, von der Dritten Republik »der Glorie der französischen Kunst« gewidmet, wie man über dem Westeingang lesen kann. An den Hauptfassaden zitiert der Architekt

Charles Girault in Anlehnung an den Stil des *Grand Siècle* von Ludwig XIV. die Kolonnaden des Louvre. Stürmische **Bronzequadrigen** von Récipon jagen über die Seitenpavillons dahin. Der **Mosaikfries** an der Avenue Winston-Churchill stellt die Künste und Wissenschaften, das neue Jahrhundert begrüßend, dar; an der Fassade der Avenue Franklin-D.-Roosevelt formieren sich die Künste sogar zum Triumphzug.

Zum Grand Palais gehört auch **La Nef** eine spektakuläre Halle aus Schmiedeeisen und Glas mit 45 m hoher Kuppel. Sie ist im Rahmen der hier stattfindenden Kulturevents zu besichtigen. Der nördliche Teil des Komplexes beherbergt die **Galeries Nationales du Grand Palais**, die hochkarätige Kunstausstellungen zeigt. Zu den Publikumserfolgen zählten in der Vergangenheit Retrospektiven von Auguste Renoir, William Turner, Claude Monet. Im Jahr 2013 sah man hier Werke *Marc Chagalls* unter dem Aspekt von Krieg und Frieden. Die Schau *Dynamo* wiederum präsentierte Licht- und Aktionskunst von Calder bis Anish Kapoor.

Das 1937 vom Nobelpreisträger der Physik, Jean Perrin, gegründete **Palais de la Découverte** im Westflügel erfreut sich großer Beliebtheit. Die Sammlung und das Ausstellungsprogramm bilden eine Ergänzung zu den Kollektionen der Cité des Sciences et de l'Industrie im Parc de la Villette [Nr. 106]. Denn hier werden die Grundlagen der Naturwissenschaften für jedermann verständlich dokumentiert.

43 Petit Palais

Das zierliche Pendant zum Grand Palais zeigt die Kunstsammlungen der Stadt und Wechselausstellungen.

Avenue Winston-Churchill, 8e Arr.,
Tel. 01 53 43 40 00
www.petitpalais.paris.fr
Di–So 10–18 Uhr
Métro 1, 13: Champs-Élysées – Clémenceau

Mehr noch als sein Gegenüber ist das Petit Palais von Charles Girault ein Musterbeispiel für den Historismus der Belle Époque, mit diversen Rokoko- und Barockanleihen. Der Grundriss ist überaus originell: Das trapezförmige Gebäude, das während der Weltausstellung von 1900 eine Retrospektive der französischen Kunst zeigte, besitzt zwei Galerien, eine äußere und eine innere, die den schönen, halbrunden Hof umgibt. In der Eingangshalle, den Seitenflügeln und im Säulengang des Hofs ist reinster **Pompierstil** zu bewundern, schwülstige akademische Malerei vom Anfang des letzten Jahrhunderts. Von überbordendem Neorokoko-Stuck gerahmt, illustrieren die allegorischen Darstellungen zugleich das selbstgefällige Bild der Epoche.

Die verschiedenartigen Sammlungen des **Petit Palais – Musée des Beaux-Arts de la Ville de Paris** gehen auf mehrere Schenkungen zurück. In der *Galerie Dutuit* sind herrliche Majolika, Email und Keramik aus der Renaissance sowie flämische und niederländische Gemälde, u. a. von Rembrandt und Rubens, ausgestellt. Zur *Sammlung Tuck* gehören Möbel, Wandteppiche und kostbares Porzellan aus dem 18. Jh. Die *Galerie Zoubaloff* gibt einen kurzen Überblick über die Entwicklung der französischen Malerei des 19. Jh. vom Klassizismus bis zum Impressionismus, mit Werken von Jean-Auguste-Dominique Ingres, Théodore Géricault, Jean-Baptiste-Camille Corot, Gustave Courbet, Claude Monet und Édouard Manet. Außerdem besitzt das Petit Palais eine Werkgruppe von Jean-Baptiste Carpeaux, Skizzen, Gemälde und Skulpturen, darunter auch bezaubernde Frauenbüsten von nervöser Lebendigkeit.

Das Petit Palais bietet elegantes Ambiente für Ausstellungen mit Rokokostuck und Fresken

44 Pont Alexandre-III

Prachtbrücke aus der Belle Époque, für die Weltausstellung von 1900 errichtet.

7e und 8e Arr.,
Métro 8, 13 und RER C: Invalides

Zar Nikolaus II. legte 1896 persönlich ihren Grundstein, zu einer Zeit, als Frankreich und Russland enge politische Beziehungen knüpften. Der schwelgerische Dekor lässt fast vergessen, dass die Brücke eine technische Meisterleistung ist. Sie überspannt die Seine in einem einzigen, eleganten Bogen und stellte so für die damals noch rege Flussschifffahrt keinerlei Hindernis mehr dar. Durch ihren aufwendigen *Bauschmuck* zusätzlich verstärkt, fangen die seitlichen Pylonen den beträchtlichen Druck des Brückenbogens auf. Allegorische Frauengestalten verkörpern Frankreichs vier glorreiche Epochen (die Zeit Karls des Großen, die Renaissance, Le Grand Siècle unter Ludwig XIV. und die Moderne). Geflügelte Goldrösser und eine sinnenfrohe Kandelaber- und Puttenpracht leiten von den gleichzeitig errichteten Grand Palais und Petit Palais hinüber zum barocken Invalidendom.

Der Pont Alexandre-III mit sinnenfrohem Schmuck und Blick auf den Invalidendom

45 Théâtre des Champs-Élysées

Einer der besten Konzertsäle von Paris. Klassizistisch-monumentale Konstruktion von Auguste Perret, dem Vorreiter des Eisenbetonbaus.

15, avenue Montaigne, 8e Arr.,
Tel. 01 49 52 50 50
www.theatrechampselysees.fr
Métro 9: Alma-Marceau

Die Entwürfe von *Auguste Perret* für das in seiner äußeren Erscheinung recht akademische Théâtre des Champs-Élysées trafen den Geschmack der Auftraggeber mehr als der des belgischen Jugendstilarchitekten Henry van de Velde, den man als zu ›exotisch‹ befand. Van de Velde verachtete den französischen Architekten deshalb sein Leben lang. Perrets Theater, von 1911–13 an der mondänen Avenue Montaigne errichtet, wirkt wie ein Rückgriff auf klassizistische Formen und nimmt die monumentale Ästhetik der 1930er-Jahre vorweg. Die **Fassade** ist von kolossalen Pfeilern eingefasst, große *Reliefs* von Antoine Bourdelle und ein akzentuiertes Gesims schließen sie ab.

Neu ist an diesem Bau die konsequente Verwendung von Eisenbeton, den Perret mit Geschick zum ersten Mal bei einem Wohnhaus in der Rue Franklin eingesetzt hatte und der nun neue Möglichkeiten bei der Gestaltung des **Grand Théâtre** genannten Saals (2000 Plätze) bot. Auf tragende Mauern konnte verzichtet werden. Die Balkone des runden Zuschauerraums werden von nur acht vergoldeten Säulen gestützt. Die freie, offene Anordnung der Plätze sorgt für gute Sicht und ausgezeichnete Akustik. Die Decke lagert auf vier Bögen mit einer Spannweite von 27 m. Alle tragenden Elemente sind sichtbar und als monumentales Dekor betont. Die Wandmalereien stammen von Maurice Denis (Kuppel) und Antoine Bourdelle (Foyers).

Neben diesem Theatersaal birgt das Haus die Komödie, **La Comédie**, die 1922–34 von Louis Jouvet geleitet wurde, und eine Experimentierbühne, **Le Studio** genannt. In den ersten Jahren seines Bestehens erlangte das Theater durch die Gastspiele der *Ballets Russes* große Berühmtheit. Die Uraufführung von Igor Strawinskys ›Sacre du Printemps‹ 1913 geriet in der Choreografie von Vaclav Nijinsky (nackte Akteure) zu einem der größten Skandale der Theatergeschichte.

Ein schöner Hort für die Kunst unserer Zeit – das Musée d'Art Moderne de la Ville de Paris

46 Musée d'Art Moderne de la Ville de Paris

Übersicht über die europäische Kunst des 20. Jh. und 21. Jh. mit Schwerpunkt auf der klassischen Moderne.

11, avenue du Président-Wilson,
16e Arr.,
Tel. 01 53 67 40 00
www.mam.paris.fr
Di, Mi, Fr–So 10–18, Do 10–20 Uhr
Métro 9: Iéna oder Alma-Marceau

Das Musée d'Art Moderne, kurz **MAM**, wurde 1961 im Ostflügel des Palais de Tokyo eröffnet, einem gewaltigen Bau der Weltausstellung von 1937. Im *Westflügel* ist das Kulturzentrum **Palais de Tokyo** (www.palaisdetokyo.com) ansässig. Es zeigt spannende Ausstellungen zu allen Bereichen des kreativen Schaffens, von Kunst und Design bis zu Mode und Tanz.

Auch das Ausstellungsprogramm des MAM genießt hohes Ansehen, es huldigt nicht nur großen Namen, sondern stellt auch weniger bekannte Meisterwerke des 20./21. Jh. ins Rampenlicht.

Die permanente Sammlung des Museums verdankt einen großen Teil seines Reichtums den Schenkungen von Künstlern und Kunstsammlern. Gleich zwei Säle unweit des Eingangs sind zwei großformatigen Glanzlichtern vorbehalten.

Das berühmte Wandgemälde *La Danse* (1932) von **Henri Matisse** ist in seiner ersten Version das Resultat einer langen Folge von Bildentwürfen, von denen einige hier ebenfalls gezeigt werden.

Schwer traf der Verlust eines weiteren Matisse die Sammlung: Das Gemälde *La Pastorale* (1905) fiel im Jahr 2010 einem Kunstraub zum Opfer.

Ein ovaler Raum birgt *La Fée Electricité* von **Raoul Dufy**. Die riesige, aus 250 Fliesen bestehende Komposition (60 m lang) bildete das Dekor des Pavillons der Elektrizität auf der Weltausstellung von 1937. Vom mythischen Blitz des Zeus bis zur modernen Stromzentrale wird die Geschichte der Elektrizität und ihrer Wegbereiter erzählt, ein trockenes Thema, das Dufy mit Fantasie aufbereitete.

Die **Fauves** sorgten mit ihren kühnen Farbkontrasten beim Salon d'Automne 1905 für einen Skandal. Mit seinen gelben Körpern auf flächig grünem Grund und starken Schlagschatten ein bezeichnendes Werk der Bewegung ist *Trois personnages assis sur l'herbe* (1906) von André Derain. Der **Kubismus** ist mit einigen Gemälden seiner Initiatoren Pablo Picasso (*Café*, 1911) und Georges Braque (*Tête de Femme*, 1909) vertreten und mit Werken von Künstlern aus ihrem Umkreis. Tsuguharu Foujita, Modigliani und Jules Pascin zählten zur großen Gruppe von Künstlern

46 Musée d'Art Moderne de la Ville de Paris

aus aller Welt, die Anfang des 19. Jh. in Paris arbeitete. Obgleich ihre Werke keiner gemeinsamen Stilrichtung angehörten, zählte man sie zur *École de Paris*.

Fernand Légers modernistische Weltsicht wird im Gemälde *Les Disques* (1918) evident. Die Künstler des **Dada**, wie Jean Crotti und Francis Picabia, geben sich in ihren Werken respektlos und witzig.

Besinnliches bietet **Émile Bonnard** vor allem mit seinem Aktbild *Nu dans le Bain*. Ein anderer Künstler abseits der Avantgarde ist **Édouard Vuillard**. Seine großen ›Maquettes‹ behandeln in freier Technik das Thema des Künstlers im Atelier. Raoul Dufy kehrt noch einmal wieder, diesmal mit einigen Bildern der 1930er-Jahre, die von der Technik des ›fa presto‹ geprägt sind. **Sonia** und **Robert Delaunay** erkunden mit ihren *Rythmes*, großen farbenfrohen Kompositionen von 1938, die Energie und Dynamik kreisender Formen.

Die Tendenzen der Kunst seit 1945 illustrieren z. B. Werke von Pierre Soulages und Hartung, die für die lyrische Abstraktion stehen. Hinzu kommen Werke der Neuen Realisten wie Raimond Hains oder der Arte Povera. Yves Klein erfreut mit seiner *Vénus Bleue* (1962). Christian Boltanskis Installation *Réserve du Musée des Enfants* (1989) entführt in ein Lager vollgestopft mit Klamotten und Fotos.

Anschließend tut ein Spaziergang im Garten des **Galliera Musée de la Mode** (parismusees.paris.fr) gut und ein Besuch des Modemuseums, das im September 2013 wieder die Pforten öffnet.

47 Musée Guimet

Eines der weltweit bedeutendsten Museen fernöstlicher Kunst mit Kostbarkeiten aus China, Japan, Korea, Zentralasien, Indien, Vietnam und Indonesien. Angeschlossen ist das Musée du Panthéon Bouddhique, das die Geschichte des Buddhismus in China und Japan dokumentiert.

6, place d'Iéna, 16e Arr.,
Tel. 01 56 52 53 00
www.guimet.fr
Mi–Mo 10–18 Uhr
Musée Panthéon Bouddhique:
19, avenue d'Iéna
Tel. 01 40 73 88 00
Mi–Mo 10–17.45 Uhr
Métro 9: Iéna

Von einer Reise, auf der er die Weltreligionen studierte, brachte der Lyoner Industrielle und Gelehrte Émile Guimet (1836–1918) unzählige Gegenstände und Dokumente mit. Sie bildeten den Grundstock für ein religionsgeschichtliches Museum (ursprünglich in Lyon) und für das **Museum asiatischer Kunst**, das seit seiner Gründung auch ein Ort der Forschung ist. Émile Guimet wollte es so und war damit seiner Zeit weit voraus. 1928 wurde das Musée Guimet zum Nationalmuseum. 1945 nahm es die asiatischen Sammlungen des Louvre auf und wurde, mit reichen Schenkungen bedacht, zu einem der größten asiatischen Museen der Welt (25 000 Objekte).

Aus der großen Zahl der Glanzpunkte seien einige genannt: z. B. die Sammlung der *Khmer-Skulpturen*, die die bedeutendste außerhalb Kambodschas ist. Sie zeigt die Stilentwicklung vom 6. Jh. bis zum Ende der Ankor-Zeit (13. Jh.), welche den Höhepunkt der Khmer-Kunst darstellt (Bayon-Stil). Die Skulpturen dieser Zeit tragen das berühmte meditative »Lächeln von Ankor«.

Die *zentralvietnamesische Kunst* aus Champa, selten in europäischen Sammlungen zu sehen, ist im Musée Guimet mit einigen bemerkenswerten Sandsteinskulpturen vertreten.

Einzigartig auf der Welt ist die Sammlung *lamaistischer Kunst* aus Tibet und Nepal: Gebetsfahnen, Reliquienschreine, Schmuck, Malereien. In der *indischen Sammlung* sind die buddhistischen Reliefs der Schule von Amaravati (1.–3. Jh.), die Bronzen aus dem Südosten des Landes und die griechisch beeinflussten Skulpturen aus Gandhara (1.–6. Jh.) hervorzuheben.

Der *Schatz von Begram* (u. a. Elfenbeinschnitzereien, Bronzearbeiten aus Afghanistan) bezeugt den regen Austausch zwischen Orient und Okzident in den ersten nachchristlichen Jahrhunderten.

Neben vielen anderen bemerkenswerten Kunstgegenständen aus *China* (darunter die erstaunliche Elefantenvase aus dem 10. Jh. v. Chr.) besitzt das Musée Guimet eine *Keramiksammlung* von unschätzbarem Wert, die einen Überblick über die gesamte Entwicklung dieser Kunst in China gibt: Keramiken aus den Epochen Tang (618–907) und Song (960–1279), polychrome Arbeiten, weißes Porzellan, grüne, schwarze, rosa Serien und Produkte der Companie des Indes.

Die *koreanische Kunst* ist mit wenigen, aber erlesenen Exponaten vertreten, darunter eine Bestattungskrone (4.–6. Jh.).

Das Musée Guimet zeigt asiatische Kunst, darunter kostbare Khmer-Skulpturen

Aus *Japan* werden aus verschiedenen Hölzern gefertigte groteske Tanzmasken (8. Jh.) und der berühmte *Paravent der Portugiesen* (16. Jh.) präsentiert. Er zeigt, wie die Mannschaft eines portugiesischen Schiffes von den Jesuiten in Japan empfangen wird.

Musée du Panthéon Bouddhique

Mehr noch als das Musée Guimet geht das Musée du Panthéon Bouddhique auf Émile Guimets religionsgeschichtliche Forschungen zurück. Die meisten der gezeigten *japanischen* Objekte hat Guimet 1876 von einer seiner Reisen mitgebracht. Es sind Arbeiten von außerordentlicher Qualität. Nicht minder beeindruckend sind die *chinesischen Kunstwerke*, die im 1. Obergeschoss zu sehen sind. Dort beginnt auch eine Dokumentation zum Thema der Sammlung. Sie erläutert, wie der indische Buddhismus des *Mahajana*, des Großen Fahrzeugs, zunächst nach China gelangte und weiter nach Japan kam. Dort fand er bereits um das Jahr 1000 in allen Schichten der Bevölkerung rasch Verbreitung, entwickelte verschiedene Formen und entfaltete sein vielgestaltiges Pantheon. Im hübschen Innenhof des Museums lädt ein kleiner japanischer Garten zur Meditation ein.

48 Palais de Chaillot

Weltausstellungs-Kolossalarchitektur aus dem Jahr 1937. Von der Terrasse bietet sich eine großartige Stadtperspektive. Das Palais beherbergt drei Museen und ein renommiertes Theater.

17, place du Trocadéro, 16e Arr., Métro 6, 9: Trocadéro

Pompöse Inschriften von Paul Valéry an den Giebeln machen in goldenen Lettern auf den Verwendungszweck des Gebäudes aufmerksam. Tugendhafte weibliche Figuren säumen die Pfeilerreihen der Terrasse. Fast möchte man dem alten Trocadéro nachtrauern, einem Fantasiegebilde mit Minaretten von Davioud und Bourdais, das 1878 ebenfalls anlässlich einer Weltausstellung errichtet und nach der 1823 eroberten spanischen Festung benannt worden war. Es musste dieser weit ausgreifenden Zweiflügelanlage weichen, deren hohles Pathos sich nicht merklich von der faschistischen Ästhetik unterscheidet, wie sie bei der Weltausstellung 1937 in zwei Bauten präsent war: Zu Füßen des Palais de Chaillot standen sich die Pavillons Hitler-Deutschlands und der Sowjetunion gegenüber.

Solche Reminiszenzen stören heutige Besucher wenig, die der klassischen Eiffelturmansicht wegen in Scharen kommen. Die riesige *Brunnenanlage* unterhalb ist an heißen Sommertagen ein beliebtes Planschbecken. Zauberhaft und unwirklich erscheint der Ausblick nachts, wenn der Eiffelturm in Licht gehüllt ist.

Katharina de' Medici besaß im 16. Jh. an dieser Stelle ein Landhaus, das später in den Besitz des *Marschall von Bassompierre* überging. Dieser war berühmt sowohl für seine kriegerische Bravour als auch für seine weiblichen Eroberungen. Nach Bassompierres Tod gründete die Schwester von Ludwig XIII. hier ein Kloster, dessen adelige Fräulein prompt ›die Töchter Bassompierres‹ genannt wurden. Napoleon plante auf dem Hügel die Errichtung einer Residenz für seinen Sohn. Es sollte »der größte und außergewöhnlichste Palast der Welt« werden.

Théâtre National de Chaillot

(unter der Terrasse, Eingang: linker Pavillon, Tel. 01 53 65 30 00, www.theatre-chaillot.fr)

Dies war nach dem Krieg eine der aufregendsten der staatlich subventionierten Bühnen in Frankreich: Gérard Philipe, Jeanne Moreau, Maria Casarès spielten unter der Regie von **Jean Vilar** (1912–71) in diesem Haus, das damals den Namen ›Théâtre National Populaire‹ trug, kurz TNP. Vilar versuchte hier, die Idee einer Volksbühne zu verwirklichen. 1981 leitete Antoine Vitez eine Renaissance ein. Heute sorgen José Montalvo und, seit 2011, Didier Deschamps für erfrischend provozierende und dynamische Aufführungen mit Schwerpunkt auf zeitgenössischem Tanz. Am Dekor des Theaters wirkten Maurice Denis, Othon Friesz, Raoul Dufy, Édouard Vuillard und Èmile Bonnard mit.

Cité de l'Architecture et du Patrimoine

(Ostflügel, Eingang: 1, place du Trocadéro et du 11 Novembre, Tel. 01 58 51 52 00, www.citechaillot.fr, Mi, Fr–Mo 11–19, Do 11–21 Uhr)

Im Nordflügel, in dem sich einst das Musée National des Monuments Français befand, schafften im Jahr 2007 die Architekten Jean-François Bodin und Hamid Boughaba mit einem spektakulären Umbau Raum und Licht für das größte Architekturzentrum der Welt. Das modern konzipierte Museum stellt die Geschichte der französischen Baukunst vom 12. Jh. bis in die Gegenwart anschaulich dar.

Musée de l'Homme

(Westflügel, Eingang: 17, place du Trocadéro, Tel. 01 44 05 72 72, www.museedelhomme.fr, bis 2015 wegen Restaurierung geschl.)

Das Museum des Menschen präsentiert sich ab 2015 in modernisierter Form und mit zwei Abteilungen. Die eine widmet sich der menschlichen Frühgeschichte, die andere betrachtet den Menschen unter biologischen, evolutionären und gesellschaftlichen Aspekten. Darüber hinaus widmet sich die Sammlung wie bisher der wissenschaftlichen Forschung.

Vom Palais de Chaillot hoch über der Seine hat man einen schönen Blick auf den Eiffelturm

Schon durch seine Architektur macht das Musée du Quai Branly neugierig

Musée de la Marine

(Westflügel, Tel. 01 53 65 69 69,
www.musee-marine.fr,
Mo, Mi–Fr 11–18, Sa–So 11–19 Uhr)

Das *Marinemuseum* ist vor allem berühmt für seine Sammlung von Schiffsmodellen. Die ältesten stammen aus der Zeit von Jean-Baptiste Colbert, der alle großen Schöpfungen des französischen Schiffbaus in Modellform aufbewahren ließ. Die Tradition existiert heute noch. Modelle aus dem 17./18. Jh. sind zu bestaunen, das letzte Segelschiff der französischen Marine, die ›Valmy‹ (1847), ein prächtiges Modell aus Ebenholz, Elfenbein und Silber, das erste Panzerschiff (1859) und das Atom-U-Boot ›Le Redoutable‹; ferner alte Navigationsinstrumente, Seekarten, Gemälde, Galionsfiguren und Taucheranzüge.

Von der halbrunden **Place du Trocadéro** mit dem Reiterstandbild des Marschall Foch (1851–1929) strahlen die breiten Avenuen des eleganten 16. Arrondissements aus. Hinter hohen Mauern liegt der **Friedhof von Passy**, wo Edouard Manet, Berthe Morisot, Fernandel und Claude Debussy beigesetzt wurden (Eingang: 2, rue du Commandant-Schlœsing).

49 Musée du Quai Branly

 Architektonisch spannendes Museum zu Füßen des Eiffelturms, das die ethnologischen Sammlungen der Pariser Museen unter einem Dach vereint.

37, quai Branly, 7e Arr.,
Tel. 01 56 61 70 00
www.quaibranly.fr
Di/Mi, So 11–19, Do–Sa 11–21 Uhr
Métro 9: Alma-Marceau

Der renommierte Architekt *Jean Nouvel* entwarf das 2006 eröffnete Museum am Ufer der Seine als lang gestreckten Bau auf Pfählen in einem Garten am Fluss. Gut 300 000 Objekte aus dem Musée de l'Homme und Musée national des Arts d'Afrique et d'Océanie sind hier vereint, 3500 davon werden in der permanenten Schau gezeigt. In einem Halbdunkel verbreitet der Ausstellungsraum eine Atmosphäre weihevoller Ruhe. Fülle und Reichtum der Kollektion mögen an Forscherdrang und Sammelleidenschaft vergangener Jahrhunderte erinnern, an die Kolonisation und ihre Folgen. Die Exponate aus Afrika, Asien, den Amerikas, Australien und Ozeanien aber können in der fantasievoll inszenierter Ausstellungsarchitektur ihre ganze Magie frei entfalten.

Die Sammlungen zu **Ozeanien** macht den Anfang. Sie zeigt Exponate aus Papua-Neuguinea, Neukaledonien, Neusee-

La Dame de Fer

Gustave Eiffel (1832–1923), als Gustave Boenickhausen in Dijon geboren, hatte sich schon vor der Errichtung des Eiffelturms durch kühne Brückenkonstruktionen einen Namen gemacht. Später baute er die Glaskuppel des Kaufhauses Bon Marché in Paris und das Eisengerippe für die Freiheitsstatue von New York.

Eiffel und sein Mitarbeiter Koechlin gewannen den 1. Preis (1,5 Mio. Francs), den die Regierung für das Eingangstor zum Champ-de-Mars ausgesetzt hatte. Die Ausführung des Projekts kostete 7,8 Mio. Francs. In der Rekordzeit von zwei Jahren wurde ab Januar 1887 der Turm fertiggestellt. Die 18 000 vorgefertigten Eisenteile waren von Eiffels Ingenieurteam mit solcher Präzision berechnet worden, dass sie bei der Montage auf einen Zehntelmillimeter genau aufeinander passten.

Die **Weltausstellung** von 1889, gleichzeitig Hundertjahrfeier der Revolution, wurde zu einem riesigen internationalen Erfolg. Sie stärkte das Selbstbewusstsein der Nation, war es doch gelungen, den mit über 300 m damals höchsten Turm der Welt zu errichten, ein Symbol des technischen Fortschritts. Die leichte, winddurchlässige Struktur, ihre aerodynamische Form stellten den Höhepunkt des Eisenbaus dar. Erst 1932 übertrumpfte das Empire State Building mit seinen 449 m den Eiffelturm.

Bald erkannte man die Modernität und die Poesie der filigranen Konstruktion. Für **Robert Delaunay** wurde der Turm zur ›stählernen Muse‹. Er machte ihn zum Motiv einer Serie von Gemälden (1910/11), die den Eindruck von Dynamik und schwindelerregender Höhe einzufangen suchten. Auch Utrillo, Dufy, Signac und Chagall ließen sich von ihm inspirieren, ebenso die Poeten Apollinaire, Cocteau und Blaise Cendrars. Mit der Erfindung der drahtlosen Kommunikation entdeckte man auch die nützlichen Aspekte. 1898 wurde von der Spitze des Eiffelturms die erste Funksendung ausgestrahlt. Heute besitzt sie eine meteorologische Station und eine Fernseh- und Radioinstallation, durch die der Turm weitere 21 m höher geworden ist.

land, von Vanuatu und den Salomonischen Inseln, darunter Masken, Statuen und Schmuck von abstrakter Schönheit.

Zu den Zeugnissen **australischer** Aborigines gehören Malereien auf Kork, deren Ornamente Landschaften und Orte, Mythen und Traumbilder symbolisieren.

Die Präsentation **Asiens** erschließt die ganze Vielfalt der Kulturen eines riesigen Kontinents, vornehmlich mit Objekten des 20. Jh. Besonders reich ist der Bestand an Textilien, Schmuck und Tempelkunst.

Die Sammlung **afrikanischer** Objekte umfasst Hochzeitsgewänder aus Ägypten, erstaunliche christliche Kunst aus Äthiopien, Keramik aus Südafrika. Kamerun, Mali, Senegal und der Kongo steuern Masken und Holzfiguren bei, deren gleichen schon Picasso und seine Weggefährten inspirierten.

Die **Kulturen Amerikas** sind mit indianischen Federhauben und Totempfählen vertreten, mit Artefakten der Maya und Azteken. Die mit geometrischen Mustern tätowierte Aktfigur *La Chupicuaro* aus Mexiko fungiert als Signum des Museums. Kunst aus Brasilien und von den Karibischen Inseln offenbart die engen Bande, welche mit Afrika bestehen. In den Kultobjekten des Voodoo leben die alten Rituale fort und werden mit christlichem Brauchtum vermischt.

50 Tour Eiffel

Gustave Eiffel errichtete das technische Bravourstück als Eingangstor zur Weltausstellung von 1889. Heute ist es das Wahrzeichen der Stadt.

Champ-de-Mars, 7e Arr.
Tel. 08 92 70 12 39
www.tour-eiffel.fr
Mitte Juni–Aug. tgl. 9–0.00,
sonst 9.30–23 Uhr (letzte Fahrt zur obersten Plattform Mitte Juni–August 23, sonst 22.30 Uhr)
Zur Vermeidung von Wartezeiten empfiehlt sich der Vorab-Online-Kauf eines elektronischen Tickets
Métro 6: Bir-Hakeim

Weltberühmt ist er, der Eiffelturm, und sein elegantes Eisengerüst zieht alljährlich 6 Mio. Besucher an. *Gustave Eiffels* technisches Wunderwerk wurde als Entrée der Weltausstellung von 1889 errichtet und sollte eigentlich nach dem Ende der Schau demontiert werden. Unglaublich, aber wahr, der Turm war heftig umstritten und erntete Spottnamen wie

50 Tour Eiffel

La Tour Eiffel – der graziöse Turm gilt als ein Wunderwerk der Weltarchitektur

›tragische Laterne‹ oder ›Kathedrale der Alteisenhändler‹. Charles Garnier, Émile Zola, Paul Verlaine und Guy de Maupassant gaben sogar ein Manifest heraus, mit dem sie gegen den »unnützen und ungeheuerlichen Eiffelturm« protestierten. Heute wird die Baugeschichte auf seiner ersten Plattform stolz dokumentiert, im *Feroscope* erfährt man auch Interessantes über Technik und Instandhaltung. Die mittlere Plattform in 115 m Höhe eignet sich am besten, um das großartige Panorama von Paris zu studieren. An klaren Tagen, besonders eine Stunde vor Sonnenuntergang zeichnen sich die Monumente mit bestechender Klarheit ab. Von der obersten Plattform in 276 m Höhe schweift der Blick bis zu 67 km über Paris, seine Vororte und die Ile-de-France. Durch eine Scheibe kann man in das kleine Apartment blicken, das sich Gustave Eiffel einrichten ließ. Und für die Statistik: 1665 Stufen führen hinauf. Der Eiffelturm wiegt 10 100 t. In der Sommerhitze wächst er bis zu 15 cm und bei starkem Wind schwankt seine Spitze max. 12 cm.

51 Champ-de-Mars

Brav symmetrische Parkanlage zu Füßen des Eiffelturms, ursprünglich Exerzierfeld der École Militaire.

7e Arr., Métro 6: Bir-Hakeim

Der große Freiraum, der heute erschöpfte Touristen und die Bewohner des angrenzenden, eleganten Stadtviertels erfreut, diente über die Jahrhunderte den verschiedensten Zwecken. Jacques-Ange Gabriel legte ihn 1765–67 als militärisches Übungsfeld und Paradeplatz an, noch bevor die schlossartige Fassade der angrenzenden École Militaire [s. Nr. 52] vollendet war. Ab 1780 fanden auf dem **Marsfeld** Pferderennen statt. 1783 erlebte es erste Versuche der Ballonfliegerei und dann die Festlichkeiten der Revolution: Am 14. Juli 1790 feierte man mit dem Fest der Föderation den ersten Jahrestag des Sturms auf die Bastille [s. S. 66]. Eine Messe wurde am ›Altar des Vaterlandes‹ zelebriert, und die 300 000 anwesenden Bürger, allen voran Ludwig XVI., schworen den Treueeid auf die Verfassung. Vier Jahre später wurde am 8. Juni 1794 das ›Fest des Höchsten Wesens‹ gefeiert, von Robespierre angeregt und vom Maler Jacques-Louis David in Szene gesetzt. Auf dem Marsfeld fanden auch die meisten der **Pariser Weltausstellungen** zwischen 1855 und 1937 statt. Durch die weiten Bögen des Eiffelturms sieht man am anderen Ufer die Kolossalarchitektur des Palais de Chaillot [s. Nr. 48], ein Relikt der Weltausstellung von 1937.

Im östlich angrenzenden Wohnviertel sind schöne Architekturbeispiele des Art Nouveau erhalten, der französischen Variante des Jugendstils. In der **Avenue Rapp** befindet sich auf Nr. 29 eines der Hauptwerke von Jules Lavirotte, ein

Champ-de-Mars mit der schlossähnlichen École Militaire und dem Montparnasse-Turm

wahres Delirium von Pflanzenranken und erotisch angehauchten Figuren, raffinierte Verbindung der Fantasien des Art Nouveau mit dem Pomp der Belle Époque. Man sollte auch nicht versäumen, einen Blick auf den **Square Rapp** zu werfen, wo ähnliche architektonische Wunder zu bestaunen sind.

Am südlichen Ende des Marsfeldes erhebt sich seit dem Jahrtausendwechsel **Le Mur pour la Paix**, die Friedensmauer. Inspiriert von der Klagemauer in Jerusalem wird das Monument auf Säulen und Glaswänden mit Friedensbotschaften von Besuchern aus aller Welt beschriftet.

52 École Militaire

Ein klassisches Bauwerk für die von Ludwig XV. ins Leben gerufene königliche Kriegsakademie.

1, place Joffre, 7e Arr.,
Métro 8: École Militaire

Ludwig XIV. hatte für verwundete Soldaten das Hôtel des Invalides geschaffen, sein Enkel, Ludwig XV., gründete in unmittelbarer Nähe eine Militärschule für 500 Söhne mitteloser Adelsfamilien, die er dort zu qualifizierten Offizieren ausbilden ließ. Die Idee dazu stammte von der Marquise de Pompadour. Der Hofarchitekt Jacques-Ange Gabriel (1698–1782) wurde 1751 mit dem Bau beauftragt, der nichts von einer Kaserne an sich hat.

Die elegante, lang gestreckte **Nordfassade** bildet den imposanten *Point de vue* des Marsfeldes. Den Mittelpavillon überragt eine vierseitige Kuppel. Unter den allegorischen Darstellungen am Gebälk ist Ludwig XV. als Siegerfigur zu erkennen, eines der Bildnisse des Königs, das die Revolution überstand. Der Fassade zum **Ehrenhof** (Place de Fontenoy) gehen Kolonnaden mit Doppelsäulen voran. Vornehm und klar geordnet, nimmt Gabriels Werk schon den Louis-Seize-Stil vorweg. Dies kommt auch im Inneren, vor allem in der Kapelle, zur Geltung.

Berühmtester Zögling der Kadettenschule war **Napoléon Bonaparte** aus Korsika, der 1784 als 15-Jähriger aufgenommen wurde. Schon 1785 verließ er die Schule als Leutnant der Artillerie. In seinem Zeugnis stand: »Kann es weit bringen, wenn die Umstände ihn begünstigen.« Noch heute wird hier übrigens das Kriegshandwerk gelehrt, in der École Supérieure de Guerre.

53 Maison de l'UNESCO

Aus der Zusammenarbeit von Architekten und Künstlern der Mitgliedsländer entstanden, spiegeln die Gebäude der UNESCO den internationalen Geist der Institution wider. Ein viel bewundertes Architekturmonument der 1950er-Jahre.

7, place de Fontenoy, 7e Arr.,
Tel. 01 45 68 10 00
www.unesco.org
Mo–Fr 9–12.30, 14.30–18 Uhr
Métro 6: Cambronne

Zwanzig Staaten waren 1946 an der offiziellen Gründung der UN-Organisation für Erziehung, Kultur und Wissenschaft beteiligt. Heute wehen die Fahnen von 193 Mitgliedsstaaten vor dem Y-förmigen Hauptgebäude (1953–58), das sich der halbrunden Place de Fontenoy Gabriels vor der École Militaire anpasst. Interessant ist der Konferenzraum, eine 70 m breit ausgreifende Betonkonstruktion (im Inneren von 6 Pfeilern gestützt) mit originellem ›Ziehharmonikadach‹. 1963 kam ein unterirdischer Bürokomplex hinzu, der sich auf sechs lichtspendende Patios hin öffnet. Weltberühmte Künstler trugen zum Dekor bei, darunter die Liegende von Henry Moore, ein Gemälde auf Holz von Picasso und ein Wandteppich nach Entwürfen von Le Corbusier. Im Japanischen Garten befindet sich ein Engelskopf aus einer von der Atombombe zerstörten Kirche in Nagasaki.

54 Hôtel des Invalides

Ludwig XIV. ließ das riesige Gebäude für die Invaliden seiner Kriege errichten. Die Krone dieses Barockbaus bildet die goldglänzende Kuppel des Invalidendoms, unter der sich das Grab Napoleons befindet. Das Armeemuseum zählt zu den größten der Welt.

Esplanade des Invalides, 7e Arr.,
Tel. 08 10 11 33 99
www.invalides.org
April–Okt. tgl. 10–18 Uhr,
Nov.–März tgl. 10–17 Uhr
Métro 8, 13, RER C: Invalides

Festungsartige Gräben und Wälle, Dutzende von Kanonen und eine allgegenwärtige Kriegs- und Sonnenkönigsymbolik empfangen den Besucher, der von der immensen Esplanade auf das Hôtel des Invalides zugeht. Als soziale Instituti-

54 Hôtel des Invalides

Barockpracht – das Hôtel des Invalides mit der imposanten Kuppel des Invalidendoms

on stellte das Hôtel des Invalides zur Zeit seiner Entstehung eine Neuheit dar; vor Ludwig XIV. war das Los der Kriegsinvaliden und der Veteranen in keiner Weise gesichert. Sie konnten bestenfalls in einem Kloster Aufnahme finden, viele jedoch endeten als Bettler und Landstreicher. Als Terrain für das Soldatenheim wählte Ludwig XIV. die Ebene der Grenelle, damals noch außerhalb der Stadt gelegen. Die ersten Pensionäre lebten schon hier, als das Hôtel unter der architektonischen Leitung von Libéral Bruant 1676 fertiggestellt wurde. Bis zu 4000 Personen konnten untergebracht werden. Sie wurden bei militärisch-klösterlicher Zucht versorgt und gepflegt. Heute beherbergt die Stiftung noch an die 100 Invaliden, die im vorbildlich ausgestatteten Hospital betreut werden.

Die strenge Einfachheit der breiten **Nordfassade** (fast 200 m) lockern trophäengeschmückte Lukarnen und das Rundbogenportal auf, dessen Bogenfeld einen reitenden Ludwig XIV. zwischen den Personifikationen von Klugheit und Gerechtigkeit zeigt (im 19. Jh. erneuert).

Der Ehrenhof ist auf allen Seiten von zweistöckigen Arkadengängen eingefasst. Dem Haupteingang gegenüber befindet sich das Portal von **Saint-Louis-des-Invalides**, der von Libéral Bruant begonnenen und von dem jungen, schon erfolgreichen Jules Hardouin-Mansart 1708 vollendeten *Soldatenkirche*. Die dreischiffige, tonnengewölbte Emporenbasilika ist in Harmonie mit den sie umgebenden Gebäuden nüchtern gestaltet.

Durch die Glasscheibe im Chor sieht man in die zweite Kirche, den **Invalidendom**, der zwischen 1842 und 1861 zum Grabmal Napoleons umgestaltet wurde. Hardouin-Mansart folgte dem Wunsch von Ludwig XIV.: Die Königs- und die Soldatenkirche sollten zwar einen gemeinsamen Altar besitzen, der für den König vorgesehene Raum aber in der Art einer Palastkapelle vom Raum der Invaliden getrennt bleiben. Hardouin-Mansart entwarf einen eigenständigen *Zentralbau*, wahrscheinlich als Grablege für Ludwig XIV. Die harmonischen Proportionen der Gesamtanlage stellen Sockel und Kuppel ins Verhältnis 1:1. Der vertikale Elan der Portikussäulen wird in den von Säulen flankierten Pfeilern des Tambours fortgeführt und geht oberhalb der etwas zurückgesetzten Attika in den eleganten Schwung der weiten **Kuppel** über. Mit goldenen Trophäen und Girlanden geschmückt und von einer offenen Laterne bekrönt, ist dies die schönste Kuppel der Pariser Stadtsilhouette, ein Baukörper von wahrhaft majestätischem Gestus.

Der monumentale *Innenraum* des Invalidendoms wurde 1843–61 durch Louis Tullius Visconti umgebaut und in seiner Wirkung stark verändert. Die Malereien an den Pendentifs und in der Kuppel stammen von Charles de Lafosse.

Von einer Marmorbalustrade aus blickt der Besucher hinab auf den gewaltigen *Porphyrsarkophag Napoleons*. Auf Initiative von Bürgerkönig Louis-Philippe war am 15. Dezember 1840 der Sarg Napoleons nach langen Verhandlungen mit den Engländern von der Insel St. Helena nach Paris überführt worden. Ein Trauerzug geleitete die sterblichen Überreste des Staatsmanns durch den Arc de Triomphe und über die Champs-Élysées zum Invalidendom, wo er in sieben ineinandergestellten Särgen bestattet wurde.

Im Umgang der Krypta kann man eine Dokumentation studieren, welche die

54 Hôtel des Invalides

großen Verdienste Napoleons im Bezug auf die Innenpolitik Frankreichs aufzeigt.

In der Cella ruht Napoleon II., der Sohn Napoleons, König von Rom und Herzog von Reichstadt, der 1832 in Wien verstarb und 1940 hierher überführt wurde. In den Seitenkapellen stehen die Grabmäler berühmter französischer Militärs.

Im Hôtel des Invalides ist auch das **Musée de l'Armée** ansässig. Es präsentiert eine Fülle von Waffen, Rüstungen, Uniformen, Karten und Erinnerungsstücken vom Mittelalter bis zum Zweiten Weltkrieg. Besonders die Säle im westlichen Teil, dem *Bâtiment de l'Occident*, sind sensationell. In den Galerien François I. und Henri IV., beides frühere Refektorien mit noch erhaltenen Wandgemälden, sind prächtige Rüstungen, Harnische, extravagante Helme und Waffen zu bewundern (11.–16. Jh.), darunter auch die *Rüstung für Franz I.* und das verzierte Schwert des Königs. Die Rüstung von Heinrich II., *Armure du Dauphin* genannt, trägt die verschlungenen Monogramme des Königs, seiner Gattin Katharina de' Medici und seiner Geliebten Diane de Poitiers. Im Saal *orientalischer* Waffen und Rüstungen sind türkische Helme, chinesische Kriegsbekleidung und japanische Samurai-Rüstungen zu sehen. Im 2. und 3. Stock werden die beiden *Weltkriege* anhand von zahlreichen Dokumenten und Schautafeln illustriert. Im 2. Stock des Ostgebäudes, dem *Bâtiment de l'Orient*, wird in zahllosen Sälen die französische Militärgeschichte vom Ancien Régime bis zum Krieg von 1870/71 dargestellt. Der neueste Ausstellungstrakt des Museums ist ein multimedialer Bereich, der sich dem Leben des Generals und Politikers Charles de Gaulle (1890–1970) widmet.

Das **Musée des Plans-Reliefs** (Tel. 01 45 51 95 05) im 4. Stock des Westflügels zeigt detailgetreue Modelle von Stadtanlagen, Häfen und Festungen, meist im Maßstab 1:600. Die Sammlung dokumentiert die Geschichte des Festungsbaus seit Vauban. Ihr Grundstock geht auf Ludwig XIV. und Ludwig XV. zurück, ein Teil stammt aus dem 19. Jh. Seit den 1950er-Jahren ist sie der Öffentlichkeit zugänglich und steht heute sogar unter Denkmalschutz.

La Rive Gauche – das linke Seineufer

Wie das Marais hat auch das Viertel **Faubourg Saint-Germain** eine große aristokratische Vergangenheit. Hier war es der Hochadel, der sich in der ersten Hälfte des 18. Jh. luxuriöse Residenzen errichtete. Noch im 19. Jh. vereinte Faubourg Saint-Germain das distinguierte Paris. Damals erlebte das Viertel eine Hoch-Zeit der *literarischen Salons*, Madame de Staël und Madame Récamier gaben den Ton an. Heute haben Minister, Botschafter und Kulturattachés den Adel abgelöst, und man steht in diesem schwerbewachten *Diplomatenviertel* oft vor verschlossenen Portalen. Die prächtigsten Palais stehen an der Rue de Varenne, aber auch an der Rue de Grenelle und Rue de Lille finden sich reizvolle Fassaden. Rue des Saints-Pères, Rue de l'Université und Rue du Bac sind ein Paradies für Antiquitätensammler. Mit dem **Musée d'Orsay** besitzt das Viertel außerdem eine bedeutende kulturelle Attraktion.

Bereits in Schulbüchern ist nachzulesen, in welchen Cafés von **Saint-Germain-des-Prés** Jean Paul Sartre und Simone de Beauvoir stundenlang hinter ihren Tassen hockten und an ihren Manuskripten feilten. Das Saint-Germain der Existenzialisten, der Cabarets und *Caves*, in denen Boris Vian und Juliette Greco auftraten, ist zur Legende geworden. Die Cafés ›Les Deux Magots‹, ›Le Flore‹ und die Buchhandlung ›La Hune‹ zehren von ihrem Ruhm. Mehr noch als im Quartier Latin findet man hier den prickelnden Charme der Rive Gauche: Lebenskunst, intellektuelles und künstlerisches Flair. Saint-Germain ist das Viertel der Antiquariate, Kunstbuchhandlungen und Galerien, die sich in den Innenhöfen alter Häuser der Rue Mazarine und der Rue de Seine verstecken. Auch heute noch gibt sich das Viertel gern einen Hauch linksintellektuell. Erinnerungen an die Französische Revolution haben hier überlebt: In der Cour du Commerce-Saint-André druckte Marat seinen radikalen *Ami du peuple*, im Nebenhaus tüftelte Doktor Guillotin an einer »philanthropischen Maschine zum Enthaupten«.

Montparnasse, das Viertel, das in den 1920er-Jahren der ›Parnass‹ der Künstler war, hat unter dem Baueifer der 1960er- und 1970er-Jahre gelitten und dabei fast seine Identität verloren. Heute ist es ein Ort der Kontraste, überragt vom *Montparnasse-Turm* mit seinen 59 Etagen – Symbol der Verwandlung eines Stadtteils. Um den *Friedhof* dagegen, am Boulevard Montparnasse und in den Seitenstraßen hat das Viertel sein Gesicht bewahrt.

Früher waren hier die Spelunken, die außerhalb der Zollgrenze von Paris Wein ausschenkten. Die populäre Atmosphäre und billige Hinterhofbehausungen machten die wenig anziehende Gegend für Künstler attraktiv. Einige der **Ateliers** und **Künstler-Quartiere** gibt es heute noch. Picasso, Modigliani, Soutine, Léger, Zadkine, Max Jacob, Foujita, Chagall, das berühmte Modell Kiki – alle landeten hier in den Jahren vor oder nach dem Ersten Weltkrieg. Die Bistros am Carrefour Vavin waren der Treffpunkt: ›La Rotonde‹, in der man Lenin und Trotzki antreffen konnte, ›Le Dôme‹, wo ab 1933 auch die Emigranten aus Deutschland saßen, das extravagante ›Select‹ – heute alles aufpolierte Lokale, in denen das Paris ›bon chic, bon genre‹ verkehrt. Authentischer sind die zahllosen rustikalen Crêperien dieses traditionellen Viertels der Bretonen.

Ein Stadtviertel der Bildung war einst das **Quartier Latin**. Im Mittelalter bildete es sich zum Pariser Zentrum der Schulen, Kollegien und der Universität heraus, doch ist Latein heute wohl die einzige Sprache, die man hier nicht mehr hören kann. Lateinisch und streng scholastisch wurde damals das gesamte Wissen der Epoche vermittelt. Um der Autorität des Bischofs zu entgehen, hatten es einige Lehrer der Domschule, unter ihnen Abélard, vorgezogen, sich am linken Ufer, auf dem Mont Sainte-Geneviève einzurichten. Die verschiedenen kleinen Unterrichtszentren schlossen sich zur ›Universitas‹ zusammen, die ab 1231 unmittelbar dem Papst unterstellt war. Jahrhundertelang zog das Quartier Latin die Intellektuellen ganz Europas an. Das studentische Leben beschränkt sich heute zwar nicht mehr nur auf dieses Viertel, seit die Pariser Universität in mehrere Einzeluniversitäten aufgeteilt und dezentralisiert wurde. Doch die großen Elitegymnasien, viele Institute und Bibliotheken, das ehrwürdige **Collège de France** und die **Sorbonne** setzen die mittelalterliche Tradition fort. Unzählige Verlage und Buchhandlungen sorgen nach wie vor für eine gewisse intellektuelle Atmosphäre. Oft genug hieß es, dass das Quartier Latin nicht mehr das sei, was es einmal war. Gleichwohl bleibt es eines der belebtesten Viertel der Stadt. Noch spät abends sind die Caféterrassen des ›Boul' Mich‹ bevölkert und studentisch-nonchalant und kosmopolitisch geht es immer noch zu. Eine heroische Stunde erlebte das Quartier Latin im Mai 1968, als der revolutionäre Funke von der Universität Nanterre auf die Sorbonne übersprang und das Viertel zum Schauplatz von wüsten Auseinandersetzungen zwischen Studenten und Polizei wurde.

Zu allen Jahreszeiten besitzt der **Jardin des Plantes** seinen Charme, ein wenig altmodisch und provinziell, am Rande eines bürgerlichen, ruhigen Wohnviertels gelegen. Gleich nebenan erstreckt sich das *Universitätszentrum Jussieu*, dessen studentisches Leben auch in die Cafés und Buchhandlungen der Umgebung ausstrahlt. Hier, in der Nähe der Universität und der großen *Moschee*, fand man ein genügend weltoffenes Klima für die Errichtung des **Arabischen Kulturzentrums**. Auch in der **Rue Mouffetard** und den umliegenden alten Gassen herrscht abends eine angenehme, gelöste Atmosphäre.

Institutionen wie das berühmte Café de Flore machen den Charme der Rive Gauche aus

Musée Rodin – Werke des Bildhauers schmücken das Hôtel Biron und seinen idyllischen Garten

55 Musée Rodin

Ideales Ambiente für die Werke Auguste Rodins: die hellen Räume und der schöne Park des 1728–31 erbauten Hôtel Biron.

79, rue de Varenne, 7e Arr.,
Tel. 01 44 18 61 10
www.musee-rodin.fr
Di–So 10–17.45 Uhr, Mi – 20.45 Uhr
Métro 13: Varenne, Invalides

Alle Hauptwerke Auguste Rodins (1840–1917) befinden sich in diesem Rokokopalais, dem **Hôtel Biron**, in dem der Bildhauer von 1908 bis zu seinem Tod einen Teil des Erdgeschosses bewohnte. 1911 kaufte es der französische Staat und stellte es verschiedenen Künstlern zur Verfügung. Zu den Bewohnern gehörten Henri Matisse, Jean Cocteau und Rainer Maria Rilke, der 1908–11 Rodins Sekretär war. Rodin vermachte sein Gesamtwerk dem Staat, und bereits 1919, zwei Jahre nach seinem Tod, wurde das Musée Rodin eröffnet, nicht ohne heftigen Widerstand. Über die Grenzen des Landes hinaus berühmt und mit großen offiziellen Aufträgen betraut, blieb Rodin bis zu seinem Lebensende und darüber hinaus der skandalumwitterte Einzelgänger, dessen freizügiges, schockierend eigenwilliges Werk den Vertretern der akademischen Tradition ein Dorn im Auge war.

Im Eingangshof und im Garten stehen die **Skulpturen**, die am stärksten die expressive Vehemenz Rodins zeigen: *Die Bürger von Calais, Der Denker, Ugolino* sowie *Das Höllentor*, an dem Rodin ab 1880 mehr als zwei Jahrzehnte arbeitete und welches ein Resümee seines Werks ist. Den meisten der Figuren, die Rodin in das danteske Thema des *Höllentors* integrierte, gab er später in eigenständigen Skulpturen Leben: *Adam und Eva, Fugit Amor, Der Kuss, Hockende Frau, Danaïde*.

Die ersten Säle zeigen frühe Werke, z. B. den *Mann mit der zerbrochenen Nase* (1864), für den ein Pariser Clochard Modell stand, und *Das Eherne Zeitalter* (1875/76), eine Bronze, deren nervöse Oberflächengestaltung so verblüffte, dass man Rodin nachsagte, er hätte einen Abguss vom lebenden Modell genommen.

Vorbereitende **Studien**, wie zu den *Bürgern von Calais* (1887–95) oder zum *Balzac* (1891–97), lassen etwas erahnen vom Suchen Rodins nach der inneren Wahrheit. Kaum dem groben Steinblock entrissen, zeigen seine Figuren eine ungeheure dramatische Gespanntheit. Ein sinnliches Spiel von Licht und Schatten belebt die sanften Formen der *Danaïde* (1885) und die bewundernswerten Frauenporträts. Ein Saal ist **Camille Claudel** (1864–1943) gewidmet, die als Geliebte und Muse Rodins berühmt wurde, deren eigenes ausdrucksstarkes Werk jedoch erst posthum Anerkennung fand.

Im Kontrast zu den kraftvollen Skulpturen Rodins stehen die feinsinnige Innenausstattung des Hôtel Biron und einige Gemälde, die zur Sammlung Rodins gehörten, darunter *Les Moissonneurs* und *Le Père Tanguy* von Vincent van Gogh und *Paysage de Belle-Isle* von Claude Monet. Das Atelier von Rodin in Meudon, südwestlich von Paris, ist gleichfalls als Museum Rodin aufbereitet und durchaus einen Besuch wert.

56 Palais Bourbon

Der Adelspalast aus dem 18. Jh. mit einem Säulenportikus aus dem Empire und der prunkvollen Innendekoration aus der Zeit der Juli-Monarchie ist zum Sitz der Nationalversammlung geworden.

126, rue de l'Université, 7e Arr.,
www.assemblee-nationale.fr
Métro 12: Assemblée Nationale

Der legitimierten Tochter von Ludwig XIV. und Madame de Montespan, *Louise-Françoise de Bourbon*, gehörte das in den Jahren 1722–28 errichtete Palais, dessen *Gartenterrassen* bis zur Seine reichten. Vom Prinzen Condé wurde es umgebaut und durch das im Westen angrenzende Hôtel de Lassay erweitert, heute Sitz des Präsidenten der Nationalversammlung. 1798, während des Direktoriums, als der Rat der Fünfhundert dort tagte, war das Palais Bourbon zum ersten Mal politischer Versammlungsort.

Napoleon ließ dem Bauwerk zwischen 1803 und 1807 einen von Poyet entworfenen zehnsäuligen **Portikus** vorsetzen, der das Gegenstück zur Tempelfassade der Madeleine am anderen Seineufer bildet. Das Giebelrelief (1842) von Jean-Pierre Corto ist das dritte, das unter den diversen politischen Regimen gefertigt wurde. Im Gegensatz zum unterkühlten Klassizismus der Schaufront, hat die eigentliche **Fassade** des Palais Bourbon (Place du Palais Bourbon) die Eleganz einer römischen Villa.

Eine Besichtigung der Innenräume ist für ausländische Besucher aufgrund der erhöhten Sicherheitsvorkehrungen nicht möglich. Erwähnenswert ist dennoch der berühmte **Hémicycle**, der halbrunde Saal der Nationalversammlung, welcher zur Zeit des Direktoriums eingerichtet und 1826 von Jules de Joly erneuert wurde. Die prächtige **Bibliothek** zieren Eugène Delacroix' Deckengemälde (1838–47), welche auf eigenwillige Weise die Geschichte der menschlichen Zivilisation thematisieren. Die Büchersammlung selbst umfasst 350 000 Bände vornehmlich aus den Bereichen der schöngeistigen Literatur, der Jurisprudenz und der Geschichte. Zudem besitzt die Bibliothek das Originalprotokoll vom Kirchenprozess gegen *Jeanne d'Arc* (1412–31). Die Jungfrau von Orléans, die für Frankreich in den Krieg gezogen war, wurde der Ketzerei beschuldigt und endete auf dem Scheiterhaufen. Nur wenige Jahre später, 1456, wurde sie rehabilitiert. Die Heiligsprechung der Nationalheldin und Schutzpatronin Frankreichs erfolgte im Jahr 1920.

Palais Bourbon – prächtig wie ein Theater ist der Hémicycle, Saal der Nationalversammlung

57 Musée d'Orsay

In einer einstigen Bahnhofshalle von 1900 sind die Meisterwerke der französischen Kunst aus der zweiten Hälfte des 19. Jh. spektakulär in Szene gesetzt. Hauptattraktion ist die weltberühmte Impressionistensammlung.

1, rue de la Légion d'Honneur, 7e Arr.,
Tel. 01 40 49 48 14
www.musee-orsay.fr
Di/Mi, Fr–So 9.30–18,
Do 9.30–21.45 Uhr
Eingang A (Seine-Seite): Besucher ohne Ticket,
Eingang C (Rue de Lille): Besucher mit Ticket oder Museumspass
Métro 12: Solférino, RER C: Musée d'Orsay

Wo früher Passagiere zu den Zügen eilten, wandeln seit 1986 Museumsbesucher verzaubert durch Säle voller Meisterwerke des 19. Jh. Doch zunächst ein Blick zurück in die Geschichte.

Der Architekt Victor Laloux wollte seinen Bahnhof als *Gare Décorative* verstanden wissen, eine mit Stuck und Kassettendekor ausstaffierte Halle, Paradebeispiel für die Architektur des Fin de Siècle. Wie so oft in dieser Zeit ist die gewagte Ingenieurskonstruktion aus Eisen und Glas von repräsentativen Fassaden eingefasst. Der Bahnhof wurde zur Weltausstellung von 1900 eingeweiht und diente der Verbindung von Paris nach Orléans. Doch schon 1939 hatte ihn der Zug der Zeit überholt. Der Bahnbetrieb wurde eingestellt und die Halle stand fortan leer. Nach dem Zweiten Weltkrieg wurde sie als provisorisches Aufnahmelager für zurückkehrende Kriegsgefangene genutzt. Orson Welles drehte hier 1962 den Film zu Kafkas Roman *Der Prozess*.

Die Erlaubnis zum Abriss war schon gegeben, als man sich 1973 entschied, hier ein Museum des 19. Jh. einzurichten, das die Sammlungen des Louvre ergänzen sollte. Die Verwandlung des Bahnhofs in einen Ort der Kunst war kein leichtes Unterfangen. Doch der Mailänder Architektin Gae Aulenti und dem Team ACT (Colboc, Bardon und Philippon) gelang es, ein Museum zu schaffen, dem es weder an plastischer Spannung noch an überraschenden Perspektiven fehlt und das deutlich die moderne von der historischen Architektur unterscheidet. Außergewöhnliche Akzente setzt seit 2011 zudem die Modernisierung der oberen Etagen.

Die Konzeption dieser Sammlung richtet sich heutzutage nicht mehr ausschließlich nach dem Prinzip der Einteilung nach verschiedenen Schulen oder Stilrichtungen. Stattdessen wird beabsichtigt, Werke unterschiedlicher Künstler, Strömungen und Techniken miteinander in Dialog zu setzen. Ein am Informationsstand des Museums erhältli-

Musée d'Orsay – in der Bahnhofshalle stehen Skulpturen, in den Sälen prangen Gemälde

cher Plan informiert über die jeweils aktuelle Platzierung der Werke.

Die leicht ansteigende **Mittelallee** zeigt im wechselnden Licht der Halle die großen Strömungen der *Bildhauerei* zwischen 1850 und 1870. Romantische Werke, wie Antoine Louis Baryes *Löwenskulptur* eröffnen den Parcours. Jules Caveliers *Cornelia* sucht die Inspiration in der römischen Antike, Antonin Merciés *David* in der florentinischen Renaissance. Jean-Baptiste Carpeaux war es dank vieler offizieller Aufträge gegeben, seine fieberhafte Dynamik an den Monumenten des Second Empire (1852–70, Regentschaft Kaiser Napoleons III.) zu verausgaben. *La Danse* schuf er für die Pariser Oper, dieses umfassende Architekturprojekt, an dem 1860–75 eine ganze Künstlergeneration beteiligt war. Am Ende der Mittelallee ist ein großes Modell der Oper im Längsschnitt und das Modell des von George Eugène Haussmann konzipierten zugehörigen Stadtviertels zu sehen.

Hier besteht die Möglichkeit zu den Sälen des Impressionismus hinaufzufahren. Doch erst einmal hier unten weiter in den Sälen neben der Mittelallee auf der Seineseite, die für Wechselausstellungen und Werke der **Schule von Barbizon** reserviert sind. Diese Künstler entdeckten die Natur neu in der Malerei des ›plein air‹, wie auch Camille Corot mit seinen poetischen Landschaften. Jean-François Millet gibt hier mit den *Glaneuses* (1857) ein würdevolles Bild der ländlichen Armut. In dem Bereich findet man auch Tonfiguren von Honoré Daumier und seine Karikaturen von Politikern des ›juste milieu‹.

Begeisterungswürdig sind großformatige Gemälde wie *L'Atelier du Peintre* und *Un Enterrement à Ornans* von Gustave Courbet, Manifeste des Realismus, die den Hohn der Zeitgenossen ernteten (Pavillon Amont). Edouard Manet war die dominierende Persönlichkeit der 1860er-Jahre. Die Frische seiner Gemälde, z. B. in *Le Balcon*, *Olympia* oder *Émile Zola*, bereitete den Impressionismus vor. Paul Cézanne ist mit einigen Frühwerken vertreten, darunter das Porträt seines Malerfreundes *Achille Emperaire* (1867). Claude Monet erstaunt mit einem duftigen zweiteiligen *Déjeuner sur l'herbe*, das er 1865 als Antwort auf Manets Frühstück im Grünen malte.

Am Ende der Saalfolge sind der Orientalismus sowie Kunst und Dekor des Second Empire (1852–70) untergebracht.

Auf der gegenüberliegenden Seite,

In Renoirs ›Tanz auf dem Land‹ von 1883 erscheint seine spätere Frau Aline Charigot

entlang der **Galerie Symboliste** sind Werke der beiden wichtigen Kontrahenten der französischen Malerei der ersten Hälfte des 19. Jhs zu sehen: Ingres und Delacroix, gefolgt von Werken ihrer Schüler. Odilon Redon mit seinen zarten und doch eindringlichen Pastellen und die mythologisch inspirierten Gemälde Gustave Moreaus vertreten dem Realismus abgewandte Bestrebungen. Hier sind auch Einzelgemälde der spätimpressionistischen Künstlervereinigung der Nabis (hebräisch Propheten) zu finden, die sich nach 1900 trennte und deren Mitglieder jeweils individuelle Wege beschritten: Pierre Bonnard (*En Barque*), Maurice Denis, Felix Valotton und Edouard Vuillard (*Jardins Publics*). Im Kontrast zu diesen symbolistischen Tendenzen stehen die Szenen aus dem Nachtleben von Montmartre von Toulouse-Lautrec, genial skizzenhaft auf Karton oder Leinwand gebannt, darunter das berühmte Bild *La Danse au Moulin-Rouge*, 1895.

Im **Pavillon Amont** (Ebene 2) begegnen wir noch einmal den Nabis mit ihren großen Wanddekorationen. Der Jugendstil stellt sich als alle Bereiche der bildenden Kunst und der Arts décoratifs umfassende internationale Bewegung dar (Pavillon Amont Ebenen 2–4). Auf der Terrasse der Skulpturen ist den Werken Auguste Rodins, des Meisters des *Non-finito*, viel Raum gegeben: *Ugolino, Balzac, La muse, La Porte de l'Enfer* – alles Gipsoriginale der Bronzen des Musée Rodin. Dazu gesellen sich Arbeiten von Rodin-Nachfolgern wie Aristide Maillol und Antoine Bourdelle. Auf der Seite der Rue de Lille findet man die Werke der Postimpressionisten.

Auch hier kann das Musée d'Orsay mit einigen Highlights aufwarten, zu denen Gemälde von Paul Cézanne (*Femme á la Cafetière*), Paul Gauguin (*Arearea*) und von Vincent van Gogh gehören, von dem ein ganzer Bilderbogen mit *L'Église d'Auvers-sur-Oise* und mehreren Selbstporträts ausgebreitet wird.

Auf der **obersten Ebene** gelangt man in den Olymp des **Impressionismus**. *Le Déjeuner sur l'herbe* von Manet eröffnet die lange Reihe von Berühmtheiten. Nur einige seien genannt: *Classe de Danse, L'Absinthe* von Edgar Degas, *La Serveuse de Bocks* von Manet, *La Gare Saint-Lazare, Les Meules, Régates à Argenteuil* von Claude Monet, *Le Bal du Moulin de la Galette, La Balançoire* von Auguste Renoir, *Les Toits Rouges* von Pissarro, *L'Inondation à Port-Marly* von Alfred Sisley. Alle diese Bilder fangen hinreißend den Zauber des Augenblicks sowie die leisen Vibrationen des Lichts und der Luft ein. Und an den *Stilleben* Paul Cézannes, die über die Räume verteilt sind, kann man vortrefflich seine künstlerische Entwicklung ablesen.

Neu ist hier auch die Einbeziehung der Plastik. *Petite Danseuse de 14 ans* (1865–81) von Edgar Degas mit ihrer ungewöhnlichen Kombination von Bronze, Tüll und Satin ist ein bezauberndes Beispiel.

Dem **Café Campana**, zu dessen historischem Dekor die riesige Bahnhofsuhr gehört, haben die brasilianischen Designer Fernando und Humberto Campana eine pfiffig-bunte neue Note verliehen. Auf der **mittleren Ebene** illustrieren der pompöse Ballsaal und das **Restaurant** den offiziellen Kunstgeschmack der Dritten Republik (1871–1940).

Wechselausstellungen und *Dossiers*, kleine thematische Zusammenstellungen, die im Rundgang durch das Museum integriert sind, ergänzen dieses überwältigende Panorama von Kunstentwicklungen, die sich allesamt von den idealisierenden akademischen Traditionen jener Zeit lösten, auf reichlich Widerstände stießen und dennoch den Aufbruch in die Moderne wagten.

58 Fontaine des Quatre-Saisons

Ein dem vornehmen Stadtviertel angemessener, prächtiger Brunnen von Edmé Bouchardon.

57, rue de Grenelle, 7e Arr.,
Métro 12: Rue du Bac

Sein geschwungener zweistöckiger Prospekt wirkt wie eine Palastfassade. Der Anlass zu dieser Prachtentfaltung war jedoch ganz einfach: Es ging darum, für das sich schnell entwickelnde Stadtviertel einen *Wasserspeicher* zu errichten. Das Reservoir, das der Fassade vorgesetzt ist, wurde dementsprechend betont. Die Nischenfiguren und Reliefs, die die vier Jahreszeiten darstellen, sind noch ganz im beschwingten Stil der Zeit von Ludwig XV. Der strenge Aufbau weist jedoch schon auf die Rückkehr zum antikisierenden Geschmack hin, der den Stil Louis-Seize kennzeichnet.

Leider kommt der 1746 vollendete Brunnen in der schmalen Rue de Grenelle nicht voll zur Geltung. Er überzeugte auch Voltaire nicht, der spöttelte: »Viele Steine für wenig Wasser.« Nebenan befindet sich das **Musée Maillol** (Hausnr. 61, Tel. 01 42 22 59 58, www.museemaillol.com, Sa–Do 10.30–19, Mo, Fr 10.30–21.30 Uhr) mit einer kleinen Sammlung zeitgenössi-scher Kunst und Werken des Bildhauers Aristide Maillol (1861–1944), die seine rundliche Muse Dina Vierny stiftete.

59 École Nationale Supérieure des Beaux-Arts

Neoklassische Gebäude mit Höfen voll von Kopien antiker Statuen – Erinnerung an die ästhetischen Traditionen der Pariser Kunstakademie.

14, rue Bonaparte, 6e Arr.,
Tel. 01 47 03 50 00
www.ensba.fr
Ausstellungen (Zugang: 13, quai Malaquais): Di–So 13–19 Uhr
Métro 4: Saint-Germain-des-Prés

Monumental und der Zeit entrückt wirkt der große **Hof**, an dessen Eingangstor zwei Meister des 17. Jh. wachen: Nicolas Poussin und Pierre Puget. Mit Ausnahme der Architektur werden hier alle Disziplinen der bildenden Kunst unterrichtet, Malerei, Bildhauerei, Fotografie, Mosaikkunst etc. Während der Studentenunruhen 1968 machte die Kunstakademie übrigens viel von sich reden.

Aus den für ganz Europa vorbildhaften königlichen Akademien des Louvre entstanden, wurde sie 1816 hier untergebracht, in einem ehem. Augustinerkloster aus dem 17. Jh. Die heutigen Gebäude, von Jean-Baptiste Debret und Félix Duban 1820–32 errichtet, umschließen die Reste dieses Klosters. Die frühere Kapelle (im Hof rechts) enthält eine Kollektion von Gipsabgüssen antiker Statuen, die Generationen von Studenten als Vorbilder dienten. An der Fassade der Kapelle ist der kunsthistorisch bedeutende *Mittelrisalit von Anet* aufgestellt, Teil des heute verfallenen Renaissanceschlosses, das Philibert de l'Orme für Diane de Poitiers im Westen von Paris errichtet hatte. Die dreigeschossigen, fein proportionierten Säulenordnungen kündigen ein beliebtes Architekturmotiv der französischen Klassik an. Die Bibliothek ist berühmt für ihre Sammlung von Zeichnungen und Architekturentwürfen.

60 Palais de l'Institut de France

Das schöne Palais von Louis Le Vau ist ein Vermächtnis Kardinal Mazarins. Unter seiner berühmten ovalen Kuppel versammeln sich die ›Unsterblichen‹ der Académie Française und überwachen die Reinheit der französischen Sprache.

23, quai Conti, 6e Arr.,
Tel. 01 44 41 44 41
www.institut-de-france.fr
wegen Umbauten bis vorraussichtlich 2015 keine Führungen
Métro 4: Saint-Germain-des-Prés

Um seinen Nachruf besorgt, bestimmte Kardinal Mazarin (1602–61) vor seinem Tod, dass ein Teil seines Vermögens zur Errichtung eines Kollegs verwendet wer-

Das Palais de l'Institut de France aus dem 17. Jh. birgt die Bibliothèque Mazarine

60 Palais de l'Institut de France

den solle. Es würde junge Adelige aus den vier damals neu zu Frankreich gekommenen Provinzen aufnehmen, daher der Name **Collège des Quatre-Nations**.

Mazarin übertrug die Bauleitung seinem Freund Louis Le Vau, der auch an den gegenüberliegenden Louvrefassaden mitgearbeitet hatte. Die Ausrichtung zum Louvre erklärt die Besonderheit des Palais des Quatre-Nations: Seine **Hauptfassade** öffnet sich, im Gegensatz zu allen vorhergehenden Pariser Bauten, zur Seine hin und bezieht einmalig den Fluss als Stadtlandschaft mit ein. Die berüchtigte Tour de Nesle, die zur Stadtbefestigung Philipps II. August gehörte, musste dem Palais Platz machen. 1667 war es fertiggestellt, elegant und von beeindruckender Wirkung. Auf die geschwungenen **Flügelbauten** mit zwei übereinander gestellten Säulenordnungen folgen die **Eckpavillons**, die durch eine korinthische Kolossalordnung betont sind.

Die **Kapelle**, deren Portikus von einer Kuppel überragt wird, bildet den Blickpunkt. Wie Richelieu in der Sorbonne, ließ Mazarin sich in der Kapelle seines Kollegs bestatten. Das *Grabmal*, von Antoine Coysevox und Jean-Baptiste Tuby nach Entwürfen von Jules Hardouin-Mansart 1689 ausgeführt, ist mit seinem architektonischen Dekor meisterhaft in Szene gesetzt. Außerordentlich schön sind die drei Tugenden zu Füßen des Sarkophags, deren raffinierte Symbolik vor allem in politischem Sinn zu interpretieren ist – als Allegorien der Vorsicht, des Wohlstands und der Treue.

1805 bestimmte Napoleon die Kapelle zum Sitzungsort der fünf Akademien, die zuvor im Louvre getagt hatten und nun im Institut de France zusammengefasst wurden. Die berühmteste ist die **Académie Française** (www.academie-francaise.fr). Die Académie des Sciences und die Académie des Inscriptions et des Belles Lettres wurden beide von Colbert gegründet (1663 bzw. 1666). Letztere hatte dafür zu sorgen, dass die offiziellen Inschriften in gutem Französisch verfasst wurden, nicht mehr in Latein. Die Académie des Beaux-Arts wurde 1816 gegründet, die Académie des Sciences Morales et Politiques im Jahr 1832.

Die **Bibliothèque Mazarine** (www.bibliotheque-mazarine.fr) im Ostflügel des Gebäudes ging aus der Privatbibliothek des Kardinals Mazarin hervor. Sie steht seit 1643 Wissenschaftlern offen und ist die älteste Institution dieser Art in Frankreich. Unter den 600 000 Titeln sind wertvolle Inkunabeln, Manuskripte und Bücher vor allem zur Historie. Das stimmungsvolle Ambiente stammt noch aus dem 17. Jh.

Die Académie Française

Sie war ursprünglich eine Art privater Salon von Gelehrten und Schriftstellern. Seit **Kardinal Richelieu** sich als großzügiger Protektor angeboten hatte, war es allerdings um ihre Unabhängigkeit geschehen. Richelieu bestimmte die Rolle der Académie Française als Pflegerin der französischen Sprache. 1694 erschien die erste Auflage des respektablen Wörterbuchs, an dem die Akademiker immer noch allwöchentlich arbeiten. Zu den 40 ›**Unsterblichen**‹, wie die Akademiemitglieder genannt werden, gehören derzeit Simone Veil, die ehemalige französische Ministerin, Max Gallo, der Schriftsteller und Historiker, und der frühere Staatspräsident Valéry Giscard d'Estaing. Wenig rühmlich für die Akademie ist die Liste derer, die keinen ›Fauteuil‹ (Sitz) bekamen: Molière, als Komödiant nicht salonfähig, Beaumarchais, der Schriftsteller, dem man seine gewagten Geschäfte vorwarf, Diderot, der Voltaire missfiel, Descartes, Pascal, Balzac, Zola, Proust usw. Jedes neu gewählte Mitglied trägt bei seinem festlichen Empfang zum ersten Mal den berühmten ›Habit vert‹, Degen und Zweispitzhut und hält eine geistvolle Rede auf seinen verstorbenen Vorgänger.

61 Saint-Germain-des-Prés

Romanisch-gotischer Bau, einst Teil einer der bedeutendsten Benediktinerabteien Frankreichs. Sein charaktervoller Glockenturm verleiht dem Stadtviertel einen dörflichen Charme.

Place Saint-Germain-des-Prés, 6e Arr., Métro 4: Saint-Germain-des-Prés

Diese älteste der großen Pariser Kirchen steht an der Stelle eines Klosters, das Chlodwigs Sohn Childebert um 543 auf Anraten des hl. Germain, Bischof von Paris, gegründet hatte. Die Basilika diente

61 Saint-Germain-des-Prés

Der prachtvolle frühgotische Chor von Saint-Germain des-Prés ist ein Werk des 12. Jh.

den merowingischen Königen als Grabstätte. Von den Normannen zerstört, wurde sie um das Jahr 1000 wieder aufgebaut. Der noch erhaltene **Turm** gehörte zu dieser romanischen Basilika; er ist einer der ältesten Frankreichs. Baltard setzte ihm im Laufe der Restaurierungsarbeiten des 19. Jh. einen neuen Helm auf. Die beiden anderen Türme, die den Chor flankierten, wurden im vorigen Jahrhundert bis auf die Stümpfe abgetragen. Um 1150 begann man mit dem Bau des schönen frühgotischen **Chors**. Am 21. April 1163 wurde er von Papst Alexander III. geweiht. Am selben Tag legte der Papst auch den Grundstein für Notre-Dame. Wahrscheinlich war es Pierre de Montreuil, der 1245 Marienkapelle, Kreuzgang und Refektorium anbaute, Gebäude, die heute allerdings nicht mehr vorhanden sind.

Ab 1644 wurde das Gewölbe des bis dahin flach gedeckten Mittelschiffs eingezogen. Das farbige Dekor des 19. Jh. veränderte zwar den **Innenraum**, konnte aber der einfachen, klaren Struktur des Raums keinen Abbruch tun. Die großen *Wandgemälde* stammen von dem Ingres-Schüler Hippolyte Flandrin, der Mitte des 19. Jh. zu einem Wiederaufleben der religiösen Malerei beitrug und viele große Aufträge erhielt. Am Eingang zum rechten Seitenschiff ist eine *Maria mit Kind* (um 1340) angebracht, eine meisterlich gearbeitete Marmorskulptur, die möglicherweise aus der Kathedrale stammt. Im linken Querhaus befindet sich das **Grabmal** (1672) von Johann Kasimir, jenem polnischen König, der 1668 abdankte und anschließend Abt von Saint-Germain-des-Prés wurde. In den Nebenapsiden kommen die restaurierten, schönen romanischen *Kapitelle* aus dem 12. Jh. wieder voll zur Geltung.

Die reiche Benediktinerabtei besaß im Mittelalter ausgedehnte Ländereien am Ufer der Seine. Sie war direkt dem Papst unterstellt. Außerhalb der von König Philipp II. August errichteten Befestigungswälle gelegen, bildete sie bis ins 17. Jh. eine Stadt für sich, mit einer Ringmauer, eigener Gerichtsbarkeit und einem Jahrmarkt. Die Abtei trug wesentlich zur Ausdehnung von Paris in Richtung Süden bei. Die Revolution allerdings setzte der traditionsreichen Klostergemeinde ein grausames Ende. 300 Mönche fielen einem Massaker zum Opfer, die berühmte Bibliothek und die Klostergebäude wurden gebrandschatzt, die Königsgräber geplündert.

In dem kleinen Garten nördlich der Kirche erinnern noch einige spärliche

61 Saint-Germain-des-Prés

Das Musée national Eugène Delacroix bietet einen Einblick in das Atelier des Malers

Überreste an die gotischen Gebäude von Pierre de Montreuil. Dort befindet sich auch Pablo Picassos Skulptur *Hommage à Guillaume Apollinaire*.

62 Place de Furstenberg und Musée national Eugène Delacroix

Von dem bezaubernden Plätzchen aus betritt man Wohnung und Atelier des großen Malers der Romantik, Eugène Delacroix.

6e Arr., Métro 4: Saint-Germain-des-Prés

Nicht weit vom Palais der Äbte von Saint-Germain blieb ein kleines Juwel erhalten: die **Place de Furstenberg**, deren Zauber eine alte Straßenlaterne und vier Katalpa-Bäume (Trompetenbäume) ausmachen. Hier scheinen sich alle Spatzen von Paris zu versammeln. Nur die Glocken von Saint-Germain übertönen ihr Gezwitscher. Der Name des Platzes erinnert an Wilhelm Egon von Fürstenberg, einen schwäbischen Adeligen, Parteigänger Ludwigs XIV. und Kardinal von Straßburg, der für seine treuen Dienste vom König die Abtei Saint-Germain erhielt, wo er 1704 starb.

Das bescheidene, aber stimmungsvolle **Musée national Eugène Delacroix** (6, rue de Furstenberg, Tel. 01 44 41 86 50, www.musee-delacroix.fr, Mi–Mo 9.30– 17 Uhr) gibt einen Einblick in die private Welt des Künstlers Eugène Delacroix (1798–1863). Die Räume seines Apartments, in dem er von 1857 bis zu seinem Tod im Jahr 1863 lebte, sind unverändert. Einige seiner Möbel und Mal-Utensilien sind zu sehen, Briefe und Porträts erinnern an seine Beziehung zu George Sand und anderen Persönlichkeiten seiner Zeit. In dem geräumigen Atelier mit Blick auf einen kleinen Garten arbeitete Delacroix an seinen letzten großen Werken und bereitete die Wandgemälde von Saint-Sulpice vor. Hier steht auch noch seine Staffelei. Zeichnungen, Aquarelle, Lithografien und einige Gemälde vermitteln die thematische Vielfalt im Werk dieses Malers, in dem einst Baudelaire den ersten Meister der Moderne erkannte.

63 Saint-Sulpice

Streng gegliedert, zweitürmig, von beeindruckender Größe: Saint-Sulpice ist die ›Kathedrale‹ der Klassik. Berühmt sind ihre Orgel und die Wandgemälde von Delacroix.

2, rue Palatine, 6e Arr.,
Tel. 01 42 34 59 60
http://pss75.fr/saint-sulpice-paris/
tgl. 7.30–19.30 Uhr
Métro 4: Saint-Sulpice

Trotz ihrer langen Baugeschichte macht die Kirche einen einheitlichen Eindruck.

Sechs Architekten lösten sich in rund 150 Jahren ab. 1646 wurde der Grundstein für den Neubau der Pfarrkirche gelegt, den die Abtei Saint-Germain-des-Prés für den rasch anwachsenden *Faubourg* (Vorstadt) errichten ließ. Die ursprünglichen Pläne Christophe Gamars sind vom Grundriss von Notre-Dame inspiriert, mit umlaufendem Seitenschiff, Kapellen, wenig vorspringendem Querhaus und halbrundem Chor. Unter der Leitung von Gilles-Marie Oppenordt wurde 1722 das Querschiff und 1736 das Langhaus im klassischen Stil vollendet. Oppenordt, Hauptvertreter des *Style Rocaille*, entwarf auch eine bewegte Fassade; 1732 wurde ihm aber der Florentiner Servandoni vorgezogen, der eine **Westfassade** im italienischen Stil mit zweigeschossigen Kolonnaden vorschlug. Sein Entwurf wurde zwar nur teilweise ausgeführt, der Giebel wieder abgetragen und die Türme von Chalgrin verändert, trotzdem verkündet die Fassade den Einzug des Klassizismus in Paris.

Der helle **Innenraum** mit den hohen Arkaden, Tonnengewölben, markanten Stichkappen und großen Fenstern wirkt ausgesprochen majestätisch. Seine Ausmaße (118 m Länge, 57 m Breite, 33 m Höhe) stehen denen von Notre-Dame kaum nach. Vieles von der ursprünglichen Ausstattung ging allerdings verloren. Der Stil der großen *Wandgemälde* der Kirche prägte den Begriff ›sulpicien‹: Er bezeichnet fade, akademisch routinierte Kunstübungen. Einzig die beiden berühmten Kompositionen von **Eugène Delacroix** (1. Kapelle rechts) heben sich von diesem Einerlei ab. Es sind Spätwerke, die der Romantiker 1861, bereits schwer krank, nur unter großen physischen Anstrengungen vollendete. *Heliodors Vertreibung aus dem Tempel* steht dem *Kampf Jakobs mit dem Engel* gegenüber, dem Gemälde, das als künstlerisches Testament Delacroix' gewertet wird.

Die **Orgel** mit dem Prospekt von Chalgrin (1776) ist eine der besten Frankreichs; Konzerte, die namhafte Organisten in Saint-Sulpice geben, finden große Beachtung. Ein Geschenk der Republik Venedig sind die beiden auf sonderbaren Rocaille-Sockeln ruhenden und als Weihwasserbecken verwendeten Riesenmuscheln. An den Chorpfeilern thronen Skulpturen von Edmé Bouchardon. Besonders bemerkenswert ist die einfache, würdige *Schmerzensmutter*. Die schöne Eichenholztäfelung in der Sakristei gibt einen Eindruck vom Dekorationsstil, den Oppenordt für die Kirche vorgesehen hatte.

Saint-Sulpice begeistert mit klassischen Säulenarkaden im Schatten eleganter Türme

Vom Jardin du Luxembourg geht der Blick auf das Palais du Luxembourg, heute Sitz des Senats

64 Palais du Luxembourg und Jardin du Luxembourg

Den herrlichen Park verdanken die Pariser Maria de' Medici, die nach dem Tod Heinrichs IV. Sehnsucht nach ihrer Heimat hatte und sich eine Art Palazzo Pitti mit italienischen Gärten wünschte. Das Palais du Luxembourg ist heute Sitz des Senats.

15, rue de Vaugirard, 6e Arr.,
Tel. 01 42 34 20 00
www.senat.fr
Palais: Führungen jeweils ein Sa im Monat nach Voranmeldung,
Tel. 01 44 54 19 30, visites-conferences
@monuments-nationaux.fr
RER B: Luxembourg

Die florentinisch wirkenden Fassaden mit ihrer groben Bossierung und die Kuppel über dem Eingangspavillon sollen nicht täuschen: Das Palais, das Salomon de Brosse für Maria de' Medici ab 1615 baute, ist ganz und gar französisch. Der Plan entspricht dem vieler Schlösser der Île de France, mit einem **Corps de Logis** zum Garten hin, zwei niedrigen Seitenflügeln und einer einstöckigen Galerie, die das mit Eckpavillons betonte Geviert zur Straßen hin abschließt.

Das 19. Jh. brachte viele Veränderungen. Von der ursprünglichen Innenausstattung des Palasts bestehen nur noch die Wandvertäfelungen, die in der Salle du Livre d'Or untergebracht sind. Die Bilder der von *Rubens* gemalten Medici-Galerie befinden sich im Louvre, die Galerie wurde von Chalgrin durch ein schönes Treppenhaus ersetzt. Während der Revolution diente das Palais als Gefängnis. Später fanden hier die Sitzungen des Direktoriums und des Konsulats statt.

1836 fügte man an der Gartenseite, stilistisch im Einklang mit der vorhandenen Architektur, einen Vorbau an, und das Palais wurde endgültig zum Sitz des französischen **Senats**, der das zweite gesetzgebende Organ neben der Nationalversammlung ist. Er tagt in einem halbrunden, von den anerkannten Künstlern der Zeit dekorierten Sitzungssaal. Der staatliche Auftrag für die Wandgemälde der **Bibliothek** fiel, wie für die Nationalversammlung, dem damals so umstrittenen Avantgardisten Eugène Delacroix zu, dem hier einmal mehr zugute gekommen sein soll, dass er der uneheliche Sohn Talleyrands war – so sagte man.

Die *Fresken* (1840–45) sind jedenfalls Meisterwerke französischer Monumentalmalerei. Sie haben Dantes *Göttliche Komödie* und Themen der antiken Mythologie zum Inhalt.

Le Petit Luxembourg im Westen gab dem Palais den Namen. Es gehörte dem Grafen von Luxemburg und ist heute Residenz des Senatspräsidenten.

Das **Musée du Luxembourg** (19, rue de Vaugirard, Tel. 01 40 13 62 00, www.museeduluxembourg.fr) veranstaltet Wechselausstellungen, die oft die Kunst der Renaissance zum Thema haben.

TOP TIPP Die weitläufigen Anlagen des gepflegten **Jardin du Luxembourg** reichen im Süden bis zum Observatorium (17. Jh.) mit seiner markanten Kuppel. Fantasievoller als der Tuileriengarten und die Gartenkunst ›à la française‹, liegt sein Charme in der Vielfalt. Besonders beliebt sind die Plätze um das große Bassin, in dem Kinder kleine Holzboote segeln lassen. Von den italienischen Fantasien des ersten Gartens blieb nur die **Fontaine Médicis**, ein bezauberndes Nymphäum. Liebespaare haben dort ihre Rendezvous, genauso wie Acis und Galatea, die der Riese Polyphem überrascht: Die Skulpturengruppe stammt aus dem 19. Jh. Von den zahlreichen **Statuen** im Park seien Dalous emphatisches Delacroix-Denkmal und die kleine Ausgabe der Freiheitsstatue genannt.

65 L'Odéon – Théâtre de l'Europe

Eine ›moralische Anstalt‹ aus dem Jahrhundert der Aufklärung, antikisierend und streng, heute einem europäischen Repertoire gewidmet.

6, place de l'Odéon, 6e Arr.,
Ticket-Tel. 01 44 85 40 40
www.theatre-odeon.fr
Métro 4, 10: Odéon

Das Theater, 1782 mit Jean Racines *Iphigenie in Aulis* eingeweiht, stellte der Comédie-Française, die zuvor auf dürftigen, provisorischen Bühnen spielen musste (u. a. Rue de l'Ancienne-Comédie), zum ersten Mal einen angemessenen Rahmen zur Verfügung. Die Architekten Marie-Joseph Peyre und Charles de Wailly planten nicht nur das Gebäude, sondern auch den halbrunden Vorplatz mit den Fassaden der umliegenden Häuser und die fünf Straßenzüge, die auf das Theater zulaufen und seinen imposanten Portikus zur Geltung bringen. Die dorischen Säulen, der waagerechte Fugenschnitt der Wände und umlaufende Gesimse sind der einzige Schmuck des blockartig wirkenden Bauwerks, beispielhaft für den klassizistischen Stil der Zeit vor der Revolution. Neu ist die Konzeption des Innenraums, der erstmals ein rundes Parkett vorsah und damit den Abstand zwischen Bühne und Publikum reduzierte. Zweimal abgebrannt, wurde das Theater so gut wie unverändert wieder aufgebaut. Das **Deckengemälde** ist ein Hauptwerk von André Masson (1965).

Noch vor der Revolution wurde hier *Figaros Hochzeit* uraufgeführt (1784) und brachte Beaumarchais stürmischen Applaus und die Verhaftung ein. Den Namen Odéon erhielt das Haus 1797, dem klassizistischen Geschmack der Zeit folgend. Von diesem Zeitpunkt ab war es vor allem dem Musiktheater vorbehalten. Ab 1959, unter der Leitung von **Jean-Louis Barrault**, wurden im Odéon mit großem Erfolg moderne Stücke gespielt. Im Mai 1968 und mit Barraults Duldung besetzten die Studenten das Theater, Inbegriff bürgerlicher Bildungsinstitutionen, und probten Kulturrevolution. 1969 wurde das Haus wieder eröffnet –

Ein Literatenviertel

Das Stadtviertel zwischen dem Jardin du Luxembourg und dem Boulevard Saint-Germain mit seinen zahlreichen spezialisierten Buchhandlungen ist voller literarischer Erinnerungen. An der **Place de l'Odéon Nr. 1** war früher das berühmte **Café Voltaire**, das die Romantiker und Symbolisten besuchten und das zwischen den Weltkriegen zum Treffpunkt der in Paris gestrandeten ›Lost Generation‹ wurde: Scott Fitzgerald, T. S. Eliot, Ezra Pound, Ernest Hemingway, Sinclair Lewis und Gertrude Stein. George Sand wohnte in der **Rue Racine Nr. 3**. Im Haus **Nr. 26** der **Rue de Condé** schrieb Pierre-Augustin Caron de Beaumarchais den ›Barbier von Sevilla‹, und Joseph Roth fristete sein armseliges Emigrantendasein in der **Rue de Tournon**. Der Luxembourg-Garten gefiel den Poeten. Rainer Maria Rilkes Karussell stand hier, George Sand, Charles Baudelaire und Paul Verlaine, die in den Alleen flanierten, sind durch Statuen verewigt.

65 L'Odéon – Théâtre de l'Europe

Musée Bourdelle – Bourdelle, ein Schüler Rodins, schuf energiegeladene Denkmäler

ohne Jean-Louis Barrault. Das Repertoire ist international – klassisch wie auch modern – und oft in der Originalsprache, im Sinne des 1983 von Giorgio Strehler initiierten Théâtre de l'Europe.

66 Val-de-Grâce

Ein Kirchenbau von römisch-barocker Plastizität – auf französischem Boden eine Seltenheit.

1, place Alphonse-Laveran, 5e Arr., RER B: Port-Royal

Mit 36 Jahren immer noch kinderlos, hatte Anna von Österreich, die Gemahlin Ludwigs XIII., die Errichtung einer Dankeskirche und eines Klosters für die Benediktinerinnen der Rue Saint-Jacques gelobt. Der lang ersehnte Thronfolger und zukünftige Ludwig XIV. legte 1645 selbst den Grundstein. Später diente das Kloster der Königinmutter als geruhsamer Witwensitz und Ort der Einkehr, wo sie ihre Intrigen gegen den Kardinal Richelieu spinnen konnte.

Zunächst wurde François Mansart mit der Planung betraut. Aber schon ein Jahr später entschloss sich Anna von Österreich, Jacques Lemercier, dem Architekten Richelieus, die Weiterführung zu übertragen. Der römisch beeinflusste Lemercier gab Mansarts Projekt mit wenigen Veränderungen barocken Schwung.

An der **Fassade** fügte er die Voluten hinzu und eine Attika über dem korinthischen Portikus. Der **Kuppel** verlieh er Dynamik, indem er sie durch einen Tambour erhöhte und mit starken Pilastern, vorspringenden Gesimsen, Genien und Flammenvasen rhythmisierte. Nach der noch Kapelle der Sorbonne ist dies Lemerciers zweiter Kuppelbau in Paris, einer der interessantesten Frankreichs, dem Land der Klassik, in dem der italienische Barock nie Fuß fassen konnte.

Erstaunlich ist außerdem der reiche Dekor des **Innenraums**, mit schönen Kassetten im Tonnengewölbe, Reliefs der Tugenden über den Arkaden, Evangelistenmedaillons in den Pendentifs. Der Bildhauer Michel Anguier stellte hier seine römische Schulung unter Beweis. Auch Pierre Mignard, von dem das *Deckengemälde* stammt, lässt über seine italienische Inspiration keinen Zweifel. Der Baldachin wurde lange Zeit dem italienischen Bildhauer Bernini zugeschrieben, ist aber von Mansart und Le Duc.

Während der Französischen Revolution wurde das Kloster aufgelöst und fungierte fortan als Militärkrankenhaus. Val-de-Grâce untersteht noch heute dem Sanitätsdienst der Armee. Seit 1850 werden dort die französischen Militärärzte ausgebildet.

67 Cimetière Montparnasse

Nicht ganz so malerisch wie der Friedhof Père-Lachaise, aber ebenso reich an berühmten Namen und sonderbaren Grabmonumenten.

Boulevard Edgar Quinet, 14e Arr., Métro 4, 6: Edgar Quinet oder Raspail

Zu Füßen der Hochhäuser von Montparnasse liegt die friedliche, mäßig begrünte Totenstätte in einem mit Gärten nicht verwöhnten Viertel. Hier war schon einige Jahre vor der Revolution ein Friedhof, damals noch außerhalb des Stadtzentrums gelegen. Der heutige mit seinen schnurgeraden Alleen wurde 1824 eröffnet. Bis 1883 fanden hier die Hingerichteten ihre letzte Ruhestätte.

Der Friedhof ist in 30 Sektionen (frz. division, im folgenden Div. abgekürzt) eingeteilt. Einen Plan mit den Gräbern der großen Persönlichkeiten erhält man wochentags am Haupteingang.

Gleich am Eingang (20. Div.) findet man die stets mit Blumen geschmückte Grabstätte von Simone de Beauvoir und Jean-Paul Sartre. An der Avenue de l'Ouest, im israelitischen Friedhof, ruht der litauische Maler Chaïm Soutine (5. Div.). Charles Baudelaire liegt neben dem verhassten Schwiegervater Aupick im bescheidenen Familiengrab (6. Div.). Doch an den Dichter der *Fleurs du Mal* erinnert auf der anderen Seite des Friedhofs (an der Mauer, Avenue Transversale) noch ein eigenes Monument. Es stammt von J. de Charmoy, der auch das Grabmal des Literatur- und Kunstkritikers Charles Augustin Sainte-Beuve gestaltet hat und diesen grimmig von seiner Säule herabblicken lässt (17. Div.).

Nicht weit vom Rond-Point, im Zentrum des Friedhofs, befindet sich das Grab von Serge Gainsbourg (1. Div.). Die Pilgerstätte wirkt – mit Blumen, Gedichten, Gitanes-Paketen und Plüschtieren überhäuft – fast fröhlich. Nördlich davon ruhen Samuel Beckett (11. Div.), der am Montparnasse wohnte, Charles Garnier, der Architekt der Oper (11. Div.), und der Komponist Saint-Saëns (13. Div.). In der Nähe befindet sich auch das Grab der Filmschauspielerin Jean Seberg (13. Div.), unvergesslich in *À Bout de Souffle* und *Bonjour Tristesse*. Constantin Brâncuşis Grab liegt gleich gegenüber in der 18. Sektion. Seine berühmte Skulptur *Der Kuss* steht auf einem Grab jenseits der mitten durch den Friedhof verlaufenden Rue Emile-Richard. Auf dieser Seite findet man auch die Ruhestätte des Komponisten César Franck und des Schriftstellers Guy de Maupassant (26. Div.).

68 Musée Bourdelle

Atelier und Wohnung des Rodin-Schülers Antoine Bourdelle. Viel Pathetisch-Monumentales aus dem Werk des Bildhauers.

18, rue Antoine-Bourdelle, 15e Arr.,
Tel. 01 49 54 73 73
www.bourdelle.paris.fr
Di–So 10–18 Uhr
Métro 4, 12, 13: Montparnasse Bienvenüe

Neben Maillol ist Antoine Bourdelle (1861–1929) einer der Hauptvertreter der Skulptur in der Nachfolge Rodins. Als Lehrer an der Académie de la Grande-Chaumière war er nicht ohne Einfluss. Man mag vom naiven Pathos seiner Werke und den konstruierten, archaischen Formen halten, was man will: Das Museum, bestehend aus Haus, Atelier und Garten des Künstlers, hat einen eigentümlichen Reiz, etwas Persönliches und Rustikales, das sich trotz der An- und Umbauten erhalten hat. Bourdelle lebte und arbeitete hier von 1884 bis zu seinem Tod im Jahr 1929.

68 Musée Bourdelle

Die Ausstellung erlaubt, die verschiedenen Stadien der Bildhauerarbeit zu verfolgen, vom Entwurf über den Gipsabguss bis zum vollendeten Werk. Die Figur *Héraclès Archer* (1909) machte Bourdelle berühmt. Die beiden Viktorien in der großen Halle, für das Beinhaus am Hartmannsweilerkopf im Elsass entworfen, das Monument General Alvears, des Befreiers Argentiniens, und die Statue des polnischen Dichters und Freiheitskämpfers Adam Mickiewicz zeigen, welcher Art die offiziellen Aufträge waren, mit denen Bourdelle betraut wurde. Die Porträts sind eine Hommage an bewunderte Künstler: Ingres, Carpeaux, Rodin natürlich und Beethoven, den er von 1887 bis 1929 nicht weniger als 62-mal darstellte. Zentauren und Siegesgöttinnen bevölkern Garten und Höfe.

69 La Ruche

Was für Montmartre das ›Bateau-Lavoir‹ darstellte, war für Montparnasse ›La Ruche‹: eine ärmliche Behausung für heute berühmte Künstler.

2, passage de Dantzig, 15e Arr.,
www.la-ruche.fr
Métro 13: Porte de Vanves

Hinter dem schmiedeeisernen Tor und viel Grün verbirgt sich ein runder Ziegelpavillon mit chinesisch anmutendem Dach und karyatidengeschmücktem Eingang. Dies war einer der magischen Orte der Kunst vor dem Ersten Weltkrieg. In den dreieckigen Kammern der Ruche oder in einem der anderen Ateliers der Kolonie lebten damals Lipchitz, Zadkine, Henri Laurens, Archipenko, Robert Delaunay, der glücklose Modigliani und Fernand Léger, der von der Exzentrik des Milieus unberührt blieb.

Eine zweite Generation folgte, darunter viele ostjüdische Einwanderer: Marc Chagall, Chaïm Soutine, Epstein, Kisling, alles große Namen der École de Paris. »Man krepiert dort oder wird berühmt«, sagte später Chagall.

›La Ruche‹ war ursprünglich ein Pavillon für die Weltausstellung von 1900. Der erfolgreiche Bildhauer Alfred Boucher (1859–1934) kaufte ihn und ließ ihn in der Passage de Dantzig für junge Künstler aufstellen, die er seine ›Bienen‹ nannte (la ruche = Bienenkorb) und die er, so gut es ging, unterstützte. Seit 1970 steht der Bau unter Denkmalschutz, und die Künstler, die heute hier arbeiten, sind längst keine armen Teufel mehr.

70 Catacombes

Ein Abstieg in die Unterwelt der Pariser Steinbrüche, zu Millionen von Totengebeinen.
Place Denfert-Rochereau, 14e Arr.
Tel. 01 43 22 47 63,
www.catacombes-de-paris.fr
Di–So 10–17 Uhr
Métro 4, 6 und RER B: Denfert-Rochereau

Die Pariser Katakomben waren nicht wie die im alten Rom Zuflucht verfolgter Christen. Sie entstanden erst Ende des 18. Jh., als man sich endlich entschloss, den großen Friedhof der Unschuldigen Kinder [s. Nr. 21] neben den Markthallen aufzulösen, da dieser einen gefährlichen Infektionsherd darstellte. Von 1787 bis 1860 überführte man nachts die Gebeine, auch von den vielen anderen Friedhöfen der Stadt hierher.

Vor dem ehemaligen Zollhaus des Architekten Ledoux, das früher ›la Barrière de l'Enfer‹ (›das Tor zur Hölle‹) hieß, steigt man 90 Stufen in 25 m Tiefe hinab und folgt dann bei einer Raumtemperatur von 14 °C den endlosen, heute elektrisch beleuchteten Gängen der an sich schon beeindruckenden *Steinbrüche*. Sie hatten über Jahrhunderte den hochwertigen Kalkstein geliefert, aus dem die Pariser Kirchen, Klöster und Palais gebaut wurden. »Halt an, hier ist das Reich des Todes«, ist eingemeißelt auf der Tür zu den Katakomben zu lesen. Säuberlich sind hier die *Gebeine* von rund 6 Mio. Verstorbenen aufgestapelt, in modrigen Galerien und Sälen, in denen es von der Decke tropft. Dekorative Reihen von Totenköpfen und gekreuzten Schenkelknochen zieren die Gebeinwände und zeigen, dass man Sinn für das Schöne hatte. Inschriften wie »Jedes Leben hat seinen Tod, jeder Tod hat sein Leben« geben Stoff zum Philosophieren.

In einem runden Saal, der ›Rotunde der Schienbeine‹, wurde 1897 von ausgesuchten Ästheten ein mitternächtliches Konzert gegeben. Auf dem Programm standen Requiems und der Totentanz von Saint-Saëns. Unschwer sich vorzustellen, dass die Pariser Szene die Katakomben für sich entdeckt hat.

Wer den Reiz des Makabren zu schätzen weiß, sollte die Katakomben von Paris aufsuchen

71 Musée Zadkine

In dem versteckten Haus mit Atelier und Garten lebte und arbeitete der russisch-französische Bildhauer.

100 bis, rue d'Assas, 6e Arr.,
Tel. 01 55 42 77 20
www.zadkine.paris.fr
Di–So 10–18 Uhr
Métro 4, 12: Notre-Dame-des-Champs, Port-Royal und RER B: Vavin

Eine der Künstlerfiguren aus der großen Zeit des Montparnasse ist **Ossip Zadkine** (1890–1967). Er kam 1908 nach Paris und fand seine erste Behausung, wie so viele Künstlerimmigranten, in der Ruche [Nr. 69]. 1928 zog er schließlich in das kleine Haus vom Ende des 19. Jh. um, das er seine ›Folie d'Assas‹ nannte und das, von seiner Frau der Stadt Paris vermacht, später zum Museum wurde.

Im Garten, in dem die Skulpturen zwischen den Bäumen zu wachsen scheinen, hat sich seit Zadkines Tod kaum etwas verändert. Wie andere Künstler des Montparnasse empfing Zadkine seine Schüler im Atelier und unterrichtete an der Académie de la Grande-Chaumière, der berühmten Kunstschule. Das Museum dokumentiert die Entwicklung des Künstlers von den ersten archaisch wirkenden, direkt in den Stein gehauenen Skulpturen bis zu den abstrakten Werken der 1960er-Jahre. Der kubistische Einfluss zu Beginn der 1920er-Jahre zeigt sich bei Plastiken wie *Femme à l'Éventail* und *Accordéoniste*. Die späteren Werke entwickeln die kubistische Grundstruktur des Wechsels von konkaven und konvexen Formen weiter. *La Ville Détruite* (1948–51), eine Art *Guernica* der Nachkriegszeit mit großer expressiver Geste, ist Zadkines berühmtestes Werk.

72 Saint-Julien-le-Pauvre

Hinter den Bäumen des Square Viviani versteckt, wirkt Saint-Julien-le-Pauvre heute wie eine kleine Dorfkirche. Im Mittelalter machte sie als universitäres Zentrum der Domschule von Notre-Dame Konkurrenz.

Rue Saint-Julien-le-Pauvre, 5e Arr.,
www.sjlpmelkites.fr
Métro 4: Saint-Michel

Die frühgotische Kirche, 1165–1220 errichtet, steht an der Stelle eines merowingischen Klosters am Pilgerweg nach Santiago de Compostela. Als sich im 12. Jh.

72 Saint-Julien-le-Pauvre

das Universitätsleben von der Domschule von Notre-Dame löste und auf das rechte Seineufer verlagerte, wurde Saint-Julien-le-Pauvre bald zu einem Zentrum des entstehenden Quartier Latin. Die feierlichen Sitzungen der Universität fanden in der Kirche statt.

Fassade und Tonnengewölbe stammen aus dem 17. Jh. Original erhalten sind das nördliche Seitenschiff und der **Chor** mit seinem sechsteiligen Gewölbe, den Rundpfeilern, Spitzbogenarkaden und den schönen akanthus- und harpyengeschmückten Kapitellen. Seit 1889 gehört die Kirche der melchitischen (griechisch-katholischen) Gemeinde mit ihrem an Weihrauch und Messgesang reichen Ritus. Die Ikonostase, typische Einrichtung der orthodoxen Kirche, trennt den Gemeinderaum vom Allerheiligsten.

Vom **Square Viviani** bietet sich ein malerischer Blick auf Notre-Dame. Hier steht einer der ältesten Bäume von Paris, eine von dem Naturforscher Jean Robin 1601 gepflanzte ›Falsche Akazie‹, heute in bedauernswertem Zustand. Um die Kirche gruppieren sich Häuser und Gassen von mittelalterlichem Reiz.

Der breite, fünfschiffige **Innenraum** setzt deutlich das 1450 errichtete Langhaus und die Seitenschiffe vom 1495 vollendeten Chor ab. Langhaus und Kapellen besitzen Kreuzrippengewölbe, der Chor ein kompliziertes System von Stern- und Dreistrahlgewölben. Außergewöhnlich fein gearbeitet sind die Pfeiler des **Chorumgangs**, achteckig, mit reliefbetonten Kanten. Am Mittelpfeiler laufen die Kanten spiralförmig um den Säulenschaft. Ohne Kapitele gehen die Säulen direkt in das palmenartige Gewölbe über. Robert Delaunay versuchte 1909/10, die Dynamik dieser Architektur in einer Serie von Gemälden festzuhalten. Äußerst fantasievoll sind auch die Schlusssteine und das Laub- und Rankenwerk der Chorkapitelle.

Wie in vielen Pariser Kirchen wurde das Innere von Saint-Séverin im 17. Jh. verändert. Der Chor erhielt damals ein Dekor, das wenig Gespür für das gotische Formempfinden zeigt. Jean Bazaine schuf 1966 die *Fenster* der Chorkapellen, während die strahlenden Obergadenfenster auf das 15. Jh. und die Fenster der ersten drei Joche auf das 14. Jh. zurückgehen.

73 Saint-Séverin

Eine der schönsten gotischen Kirchen von Paris. Der Chorumgang ist ein Meisterwerk des Style Flamboyant.

1, rue des Prêtres-Saint-Séverin,
5e Arr., www.saint-severin.com
Métro 4: Saint-Michel

Angeblich steht die Kirche an der Stelle der Kapelle des hl. Severin, eines Einsiedlermönchs, der hier im 7. Jh. gelebt haben soll. Das heutige Gebäude wurde in der ersten Hälfte des 13. Jh. begonnen, aber erst gegen 1530 vollendet. Im 19. Jh. brachte man das **Portal** der abgerissenen Kirche Saint-Pierre-aux-Bœufs hierher und setzte es an die Westfassade. Sein Pflanzendekor ist typisch für die Pariser Kirchen des 13. Jh. Die **Südfassade** von Saint-Séverin, gegenüber den Beinhäusern des alten Friedhofs aus dem 15. Jh., ist besonders reich dekoriert. An Maßwerk, Fialen und Wasserspeiern stellten die Steinmetzen des ausgehenden Mittelalters ihr Können unter Beweis. Kapellen mit kleinen Giebeln bilden einen malerischen Zackenkranz rings um die Kirche.

74 Musée de Cluny

Die gewaltigen römischen Thermen und das spätgotische Hôtel de Cluny als Zeugen der Geschichte bergen eine Sammlung mittelalterlicher Kunst.

6, place Paul-Painlevé, 5e Arr.,
Tel. 01 53 73 78 16
www.musee-moyenage.fr
Mi–Mo 9.15–17.45 Uhr
Métro 10: Cluny – La Sorbonne

Die imposanten Ruinen der **Thermen** hielt man früher für die Überreste des Palasts der römischen Kaiser oder der merowingischen Könige. Sie sind das bedeutendste Zeugnis, das Paris aus seiner gallisch-römischen Vergangenheit besitzt. Um 200 n. Chr. errichtet, fielen die Thermen schon 100 Jahre später den einfallenden Barbaren zum Opfer. Im 14. Jh. kaufte die mächtige burgundische Abtei Cluny das Gelände und ließ darauf ein Stadtpalais errichten; auf den römischen Ruinen entstand ein Obst- und Gemüsegarten. Nach mehrfachem Besitzerwechsel erstand Alexandre du Sommerard, ein leidenschaftlicher Sammler mittelalterlicher Kunst, 1833 das Hôtel de Cluny. 1844 wurde daraus ein **Museum**,

Das Musée de Cluny zeigt mittelalterliche Kunst in historischem Gemäuer

das die Thermen mit einbezog und sie vor dem endgültigen Verfall rettete.

Das **Hôtel de Cluny**, wie es heute zu sehen ist, entstand 1485–1510 im Flamboyantstil und ist eines der schönsten Beispiele mittelalterlicher Profanarchitektur. Eine hohe, von Zinnen bekrönte Mauer schirmt es nach außen ab. Sehr elegant wirkt der Hof der Dreiflügelanlage. Treppentürme, Arkaden, Wasserspeier und die kunstvoll verzierten Lukarnen sind Bestandteile der äußerst prunkvollen Gestaltung, die ahnen lässt, mit welcher Opulenz sich die Kirchenfürsten des Spätmittelalters umgaben.

Am **Treppenturm** ist ein verspielter Dekor aus Jakobsmuscheln und Spruchbändern zu sehen, der auf den Erbauer Abt Jacques d'Amboise Bezug nimmt. Hier kommen die hochkarätigen Kunstgegenstände des sympathisch gestalteten Museums gut zur Geltung.

Nebenan lädt ein mittelalterlicher Garten zum Flanieren im Freien ein. Auf dem Boden sind hier und da auf Platten Pfotenabdrücke von solchen Tieren zu sehen, die auch auf dem Teppich ›Die Dame mit dem Einhorn‹ vorkommen.

Die mittelalterlichen **Wandteppiche**, die zahlreiche Säle schmücken, gehören zu den schönsten Frankreichs. Die berühmteste Teppichserie des Museums aber ist die der *Dame à la Licorne* (*Die Dame mit dem Einhorn*), für die eigens ein Rundsaal eingerichtet wurde. Die Gobelins wurden Ende des 15. Jh. vermutlich in einem Brüsseler Atelier gefertigt.

Zu den fragilsten Kunstgegenständen gehören die **Stoffe** koptischer, sassanidischer und byzantinischer Herkunft, die ältesten unter ihnen gehen auf das 3. Jh. zurück. Die berühmte byzantinische Seidenarbeit mit der Darstellung einer Quadriga (Ende 8./Anfang 9. Jh.) gehörte zum Schatz des Aachener Doms. Unter den gestickten Objekten sind die Leoparden aus dem englischen Wappen (14. Jh.) und die Mitren aus der Sainte-Chapelle (14./15. Jh.) hervorzuheben.

Viele **Skulpturen** des Museums stammen aus Pariser Kirchen. In der Vorhalle zu den Thermen steht der Besucher den 20 monumentalen Königsköpfen (1210–30) der Westfassade von Notre-Dame gegenüber. 1793 von den Revolutionären abgeschlagen, wurden sie 1977 zufällig wiedergefunden. Obwohl sie stark beschädigt sind, haben sie nichts von ihrer Ausdruckskraft verloren. Weiter seien genannt die Köpfe der Westfassade von Saint-Denis (vor 1140), eindrucksvoll in ihrer archaischen Strenge, und die vier Apostelstatuen der Sainte-Chapelle (1245–48), die die allmähliche Entwicklung der gotischen Skulptur zum verfeinerten höfischen Stil zeigen.

74 Musée de Cluny

Das Restaurant Tabac de la Sorbonne bietet Logenplätze mit Blick auf die Kapelle

Der *Basler Altar* (Anfang 11. Jh.), ein mit Blattgold überzogenes Antependium, ein Geschenk Kaiser Heinrichs II. für den Dom von Basel, ist eines der wertvollsten Werke des Museums. Daneben sind Glasfenster, Elfenbeinschnitzereien, Möbelstücke, eine reiche Sammlung von Goldschmiedearbeiten, Spielzeug und Rüstungen zu sehen. Die **Abtskapelle** mit ihrem auf schlanken Pfeilern ruhenden, maßwerkverzierten Netzgewölbe ist ein Kleinod des Flamboyantstils.

Von der römischen Thermenanlage ist vor allem das geräumige Kaltbad, *Frigidarium*, zu sehen, wo die Lutetier (bei den Römern hieß Paris *Lutetia*) sich nach Gymnastik und Schwitzbad mit einem Sprung ins Kaltwasserbecken erfrischten. Der Raum bewahrt noch sein hohes Gewölbe. Die Wände besitzen keine Marmorverkleidung mehr und zeigen das für die Zeit typische *Opus mixtum*, die abwechselnde Verwendung von Stein und Ziegel. Schiffskonsolen am Gewölbeansatz lassen vermuten, dass die Korporation der Seineschiffer (Nauten) die Thermen errichteten. Hier sind auch die Blöcke des sog. *Nautenpfeilers* aufgestellt, die 1711 unter dem Chor von Notre-Dame gefunden worden waren. Auf dem Jupiter geweihten Votivpfeiler der Pariser Flussschiffer sind nicht nur römische Götter, sondern auch gallische Gottheiten dargestellt, ein bemerkenswertes Zeugnis religiöser Toleranz. Westlich des Kaltbads schließt das Warmbad, *Tepidarium*, an, in dem Wannen mit lauwarmem Wasser standen. Das südwestlich folgende Schwitzbad, *Caldarium*, ist eine Ruine.

Die Dame mit dem Einhorn

Mit unzähligen Blumen übersät, gehört dieses Werk zu den ›Mille Fleurs‹, den Tausendblütenteppichen, wie sie in Flandern und an der Loire gewoben wurden. Alle sechs Szenen der vermutlich Ende des 15. Jh. gefertigten Serie ›Dame à la Licorne‹ zeigen eine Dame auf einer blauen Insel, oft in Begleitung einer Dienerin, kostbar und immer wieder anders gekleidet, mit variantenreichem Kopfputz. Ein Löwe, das Wappentier der Stifterfamilie Le Viste aus Lyon, und ein Einhorn umgeben sie. Beliebtes Fabeltier des Mittelalters, war das **Einhorn** ein Symbol für Keuschheit und Tugend, dem sich nur junge Mädchen nähern durften. Fünf der Szenen stellen die Sinne, aber auch irdische Sinnesfreuden dar. Die sechste, unter der Devise ›**A mon seul désir**‹ [siehe Abb. links], symbolisiert den endgültigen Verzicht auf alle Vergnügungen. Die Dame legt selbstlos ein Schmuckstück in eine Schatulle zurück. Die Poesie, die von den zart verblassten Teppichen ausgeht, hat als Erste Prosper Mérimée und George Sand fasziniert; sie entdeckten das vergessene Meisterwerk auf Schloss Boussac im Limousin (Département Creuse).

75 La Sorbonne

Eine der hervorragenden Stätten europäischen Geisteslebens. Die Kapelle der Universität ist ein Hauptwerk französischer Barockarchitektur.

47, rue des Écoles, 5e Arr.,
www.sorbonne.fr
Mo–Fr 9–17 Uhr
Métro 10: Cluny – La Sorbonne

Der Domherr Robert de Sorbon, Beichtvater Ludwigs des Heiligen, gründete 1253 ein Kolleg für »mittellose Lehrer und Studenten« der Theologie. So bescheiden waren die Ursprünge der Sorbonne, die bis zur Französischen Revolution Sitz der theologischen Fakultät der Pariser Universität und jahrhundertelang das Zentrum der Religionswissenschaft war. Sie spielte nicht nur eine geistige, sondern auch eine wichtige – nicht immer rühmliche – politische Rolle, sprach sich im Hundertjährigen Krieg für Heinrich V. von England aus, verurteilte die Jungfrau von Orléans, bekämpfte den Protestantismus und die Ideen der Aufklärung. Während der Revolution wurde sie geschlossen. Napoleon I. ließ sie 1806 neu erstehen und im Verlauf des 19. Jh. entwickelte sie sich zum Zentrum der französischen Hochschulen.

Eine eigene tradierte Gesetzgebung sichert ihre Autonomie, die im Mai 1968 zum ersten Mal verletzt wurde, als die Polizei in das Gebäude eindrang und einige Studenten verhaftete. Heute werden ausschließlich geisteswissenschaftliche Fächer an der Sorbonne gelehrt. Trotz Bildungskrise und studentischer Unzufriedenheit ist ihr internationales Renommée beträchtlich.

Das **Universitätsgebäude** enstand im späten 19. Jh. Seine langen Korridore und zahllosen Säle sind mit allegorischen Bilderzyklen dekoriert, Werke anerkannter Künstler der Zeit. Puvis de Chavannes ist als einziger heute noch bekannt. Von ihm stammt das Wandgemälde des Amphitheaters, *Der heilige Hain*, ein träumerisch-feierliches Idealbild der Wissenschaften. Die Monumentaltreppe und das Amphitheater können auf Voranmeldung (Tel. 01 40 46 23 49, visites.sorbonne@ac-paris.fr) besichtigt werden.

Von den Gebäuden, die Kardinal Richelieu als Provisor der Sorbonne errichten ließ, existiert nur noch die **Kapelle**. 1635 von Jacques Lemercier begonnen, geht dieser noch etwas zahme Kuppelbau dem von Val-de-Grâce [Nr. 66] voran, der bereits die Dynamik italienischen Barocks besitzt. Das marmorne **Grabmal Richelieus** in der Kapelle, von Girardon 1694 nach Zeichnungen von Le Brun ausgeführt, stellt den Kardinal auf dem Sterbebett dar, von der Frömmigkeit gestützt und von der Wissenschaft beweint.

75 La Sorbonne

Neben der Sorbonne, an der Rue Saint-Jacques, setzt das 1530 unter Franz I. gegründete **Collège de France** die Tradition der öffentlichen und unentgeltlichen Vorlesungen fort, die dort von erstklassigen Wissenschaftlern gehalten werden. Unter ihnen waren bzw. sind Jules Michelet, Henri Bergson, Jacques Lacan, Raymond Aron, Frédéric Joliot-Curie, Roland Barthes, Claude Lévi-Strauss und Pierre Boulez.

76 Panthéon

Gedenkstätte bedeutender französischer Männer und einer Frau. Ausdruck der Klarheit und Rationalität des ›Siècle des Lumières‹.

Place du Panthéon, 5e Arr.,
Tel. 01 44 32 18 00
www.monuments-nationaux.fr
April–Sept. tgl. 10–18.30,
Okt.–März tgl. 10–18 Uhr
Métro 10: Cardinal-Lemoine,
RER B: Luxembourg

Ganz ohne falsche Bescheidenheit überragt das Panthéon, der Ehrentempel der Nation, das Quartier Latin. Zur Rue Soufflot und zur eigens angelegten Place du Panthéon hin demonstriert er seine ganze Monumentalität. Als größter *Sakralbau* des 18. Jh. geplant, gab ihm die Französische Revolution erstmals seine heutige Bestimmung. Ludwig XV. hatte 1744 den Neubau der Kirche Sainte-Geneviève gelobt, falls er von schwerer Krankheit genesen würde. **Jacques-Germain Soufflot** (1713–80) wurde mit dem Bau beauftragt. Ab 1757 arbeitete er mehrere Pläne aus, die immer größere, kühnere Kuppeln über den vier Kreuzarmen der Kirche vorsahen. 1764 legte der König schließlich den Grundstein. Die Bodenbeschaffenheit des ehemaligen römischen Siedlungsgebiets erwies sich aber als problematisch, sodass sich die Bauarbeiten verzögerten. Als man 1778 mit der Errichtung der Kuppel begann, tauchten schon die ersten Risse an Säulen und Wänden auf. Soufflot soll darüber vor Gram gestorben sein. Seine Mitarbeiter führten den Bau bis 1790 zu Ende, nicht ohne die Pläne abzuändern.

Von den Zeitgenossen wurde Soufflots in der Tat revolutionäres Werk als »das erste Beispiel vollkommener Architektur« empfunden. Es verdankt einiges Christopher Wrens Londoner St. Paul's Cathedral (erbaut 1675–1710), die schon von der neuen klassizistischen Auffassung zeugte, und stellt Soufflots ernsthafte Kenntnis der antiken Architektur, die er bei seinem Italienaufenthalt studiert hatte, unter Beweis. Ein **Portikus** zitiert das römische Pantheon; korinthische, durch Stufen erhöhte Säulen säumen das Innere, wodurch der Raumeindruck antiker Tempelarchitektur entsteht. Außergewöhnlich für seine Zeit war Soufflots Bestreben, die Eleganz der griechischen Säulenordnung mit der Leichtigkeit und Transparenz der Gotik zu verbinden. Tatsächlich hat Soufflot als ausgezeichneter Architekturtheoretiker die Druckverteilung der riesigen Kuppel nach gotischem Muster konzipiert. Strebebögen sind sorgfältig im Mauerwerk versteckt. Aus statischen Gründen hatte man aber darauf verzichten müssen, die die Kuppel stützenden Pfeiler in Säulen aufzulösen.

1791 wurden die großen Fenster, die dem Innenraum strahlende Helligkeit verliehen hatten, zugemauert und das soeben zum ›Panthéon Français‹ umgetaufte Monument seiner Bestimmung als Mausoleum angepasst. Die so entstandenen Wandflächen boten später den Künstlern der Dritten Republik, darunter Puvis de Chavannes, Gelegenheit zu einem großen **Freskenzyklus**, der ihrem Streben nach Monumentalität entsprach. Thema ist das Leben der hl. Genoveva.

Trotz aller Veränderungen ist der **Innenraum** mit seiner akzentuierten Folge von Kuppelgewölben und Gurtbögen noch immer beeindruckend. Die emphatische Skulpturengruppe *La Convention* stammt von François Sicard. Die **Kuppel** besteht wie die des Invalidendoms aus drei Schalen.

In der **Krypta** wird mit audiovisuellen Mitteln sehr anschaulich die architektonische und politische Geschichte des Monuments erläutert. In den grabeskühlen Galerien findet man das Ehrendenkmal von Jean-Jacques Rousseau, die Urne mit dem Herzen von Léon Gambetta, das Monument zu Ehren Voltaires, die Gräber von Jean Jaurès und Émile Zola. Der Graf von Mirabeau war 1791 der erste, der hier bestattet wurde; Voltaire, Joseph Bara, Jean-Jacques Rousseau und Jean Paul Marat folgten. Die politischen Verhältnisse änderten sich jedoch, Mirabeau und Marat mussten 1794 bzw. 1795 wieder ausziehen. Während der Restauration ab 1814 wurde das Panthéon abermals zur Kirche. Anlässlich des pompösen Staatsbegräbnisses von Victor Hugo wurde es

1885 erneut und endgültig seiner republikanischen Bestimmung übergeben. Jean Moulin (1889–1943), eine große Figur des französischen Widerstands, René Cassin (1887–1976), der Verteidiger der Menschenrechte, Jean Monnet (1888–1979), einer der Initiatoren der Europäischen Gemeinschaft sowie der Schriftsteller und Politiker André Malraux (1901–76) gehören zu den jüngeren Auserwählten, die in das Panthéon eingingen. Seit 1995 ruht auch eine Frau in der Gesellschaft der berühmten Männer: Marie Curie (1867–1934), die Physikerin, Chemikerin und zweifache Nobelpreisträgerin polnischer Abstammung. 2002 wurde auch Alexandre Dumas (1802–70), Autor von ›Die drei Musketiere‹ und ›Graf von Monte Christo‹, ins Panthéon verlegt.

Das Panthéon dient seit 1791 als Grabstätte der großen Persönlichkeiten der Nation

77 Bibliothèque Sainte-Geneviève

Sainte-Geneviève ist die große literarische Bibliothek der Universität Paris.

10, place du Panthéon, 5e Arr.,
Tel. 01 44 41 97 97
www-bsg.univ-paris1.fr
Sept.–Juni Mo–Sa 10–18, Juli–15. Aug. Mo–Sa 13–18 Uhr
Métro 10: Cardinal-Lemoine;
RER B: Luxembourg

Der Grundstock der heute etwa 2 Mio. Bände umfassenden Bibliothek stammt

77 Bibliothèque Sainte-Geneviève

aus der ehemaligen Abtei Sainte-Geneviève. Zu ihren Beständen gehört auch die literarische **Sammlung Jacques Doucet**. Der Modeschöpfer, Freund vieler Künstler und Schriftsteller, vermachte sie 1929 der Pariser Universität. Sie umfasst u. a. Manuskripte von Charles Baudelaire, Arthur Rimbaud, André Gide und André Breton. Die Bibliothek besitzt auch eine bedeutende Sammlung von Handschriften und Wiegendrucken.

Die Geisteswissenschaften haben hier Tradition: An der Stelle der Bibliothek Sainte-Geneviève stand früher das Kolleg Montaigu. Es hatte einen ausgezeichneten Ruf, war aber berühmt für seine strenge Zucht, der sich Ignatius von Loyola, François Rabelais, Erasmus von Rotterdam und Johannes Calvin unterzogen.

Im 1844–50 entstandenen **Lesesaal** (Zutritt nur mit Leserkarte oder auf Anfrage) sieht man das kühne schmiede- und gusseiserne *Bauskelett*, das Labrouste hier erstmals an einem öffentlichen Gebäude verwendete. Das Rahmenwerk des Saals bildet mit dem Dach eine zusammenhängende Konstruktion, die vom Mauerwerk nur umkleidet wird und mit seinem leichten Tonnengewölbe auf schlanken Säulen sehr ästhetisch wirkt.

Schönheit mit Dreh: Wendeltreppen und Lettner von Saint-Etienne-du-Mont

78 Saint-Etienne-du-Mont

Ein eigenwilliger Kirchenbau im Übergang von der Gotik zur Renaissance. Der schöne Lettner ist der einzige in Paris erhaltene.

Place Ste-Geneviève, 5E Arr.
Métro 10: Cardinal-Lemoine

Neben dem steifen Panthéon wirkt die fantasievolle Fassade dieser Kirche geradezu ausgelassen. Der große Zustrom von Schülern und Studenten im rasch anwachsenden Universitätsviertel erforderte 1492 die Errichtung einer neuen Pfarrkirche. Sie wurde neben die Kirche der Abtei Sainte-Geneviève gebaut, von der nur noch der Turm vorhanden ist (er überragt das heutige Lycée Henri-IV).

Als erstes entstand 1530–35 der Chor, Querhaus und Schiff waren 1585 vollendet. Die **Fassade** wurde erst ab 1610 an das der Struktur nach gotische, obendrein asymmetrische Langhaus angebaut – ein schwieriges Unterfangen, das Claude Guérin einfallsreich löste. Drei übereinander gestaffelte Giebel mischen in spielerischen Kombinationen Elemente der späten Renaissance mit gotischem Formengut. Das triumphbogenartige *Portal* wird überragt von einem Segmentgiebel mit einer gotischen Fensterrose. Darüber erinnert ein ungewöhnlich steiler Giebel an gotische Wimperge.

Schick geschachtelt – die Pforte zum Arabischen Kulturinstitut mit Blick auf die Südfassade

Der asymmetrische, seitlich der Achse platzierte *Turm* setzt das Tüpfelchen aufs i. 1861 wurde die Fassade von Baltard ein erstes Mal erneuert.

Der helle **Innenraum** wirkt wie der einer Hallenkirche, da die Seitenschiffe fast die Höhe des Mittelschiffs besitzen. Am Netzgewölbe der Vierung beeindruckt ein tief hängender *Schlussstein*. Schlanke Säulen, Rundbogenarkaden im Langhaus und ein origineller Laufgang, der nur im Querhaus unterbrochen wird, sind die augenfälligen Renaissance-Elemente. Der **Lettner**, der den Bereich des Klerus von dem der Laien trennte, wurde gleichzeitig mit dem Chor errichtet. Elegant überbrückt er den Zugang zum Chor und geht zu beiden Seiten in eine Wendeltreppe über. Sein fein ziselierter Dekor hat nichts Gotisches mehr. Man nimmt an, dass der Entwurf von Philibert de l'Orme stammt, dem ersten bedeutenden Architekten der französischen Renaissance. Die beiden **Seitenportiken** (1600–05) sind von Pierre Biard, der an der Grande Galerie des Louvre mitgearbeitet hat. Zur Ausstattung der Kirche gehören die Kanzel von Germain Pilon (1651) und der Orgelprospekt aus dem 17. Jh. Der Mathematiker, Physiker und Philosoph Blaise Pascal sowie der Dramatiker Jean Racine sind in der Kirche begraben.

Die **hl. Genoveva** wird hier heute noch verehrt. Ihr Schrein in der zweiten Chorkapelle birgt die 1802 wiedergefundenen Reste vom ursprünglichen Grab der Beschützerin von Paris, der die Horden Attilas keine Angst einjagten. Die Glasfenster (19. Jh.) der Kapelle erzählen ihre Lebensgeschichte.

79 Institut du Monde Arabe

Dem kulturellen Austausch zwischen Orient und Okzident gewidmet. Eine interessante Architekturschöpfung mit subtilen Anspielungen auf arabische Bautraditionen. Das Museum zeigt die Vielfalt der arabischen Kunst.

1, rue des Fossés-Saint-Bernard, 5e Arr.
Tel. 01 40 51 38 38
www.imarabe.org
Di–Do 10–18 Uhr, Fr 10–21.30 Uhr, Sa, So 10–19 Uhr
Métro 7, 10: Jussieu

Wie ein Schiffsbug legt sich das Gebäude an den Seine-Quai. Der steile Einschnitt zwischen den beiden Flügeln von Jean Nouvels puristischer Konstruktion weist in Richtung der Île de la Cité und auf den Chor von Notre-Dame. Mithilfe eines fotografischen Verfahrens erscheint die Silhouette der gegenüberliegenden Île Saint-Louis an der *Nordfassade* und unterstützt so die harmonische Einfügung

79 Institut du Monde Arabe

Institut du Monde Arabe – orientalische Kulturgeschichte einfallsreich präsentiert

des Gebäudes in seine Umgebung. Die *Südfassade* hingegen ist eine elektrotechnische Variation der traditionellen Gitter aus gedrechseltem Holz, die in arabischen Häusern das Sonnenlicht filtrieren. Die silbrigen Platten enthalten Tausende von Fotozellen zur automatischen Steuerung der Lichtverhältnisse im Inneren. Den *Bücherturm*, ein Turm von Babel en miniature, nimmt man durch die transparente *Westfassade* wahr.

1980 unterzeichnete Frankreich mit 19 arabischen Staaten ein Abkommen zur Gründung des **IMA** (Institut du Monde Arabe), dessen Aufgabe es ist, die Kenntnis der arabisch-muslimischen Zivilisation und den kulturellen Austausch zu fördern. 1987 wurde dieses ›Centre Pompidou der arabischen Kultur‹ eingeweiht. Politische Spannungen und Diskussionen über ideologische Inhalte und das Budget, zu dem Frankreich ursprünglich 50 %, inzwischen aber wesentlich mehr beiträgt, gaben jedoch immer wieder Anlass zu Unstimmigkeiten. Das IMA veranstaltet wissenschaftliche Kolloquien, Dichterlesungen, Konzerte, Ausstellungen und verfügt mit seinen 27 000 m² auch über eine große *Bibliothek* (85 000 Bücher und Dokumente, 1300 Periodika), audiovisuelle Einrichtungen und eine gut sortierte Buchhandlung.

Das **Museum** zeigt in seiner 2012 neu gestalteten Dauerausstellung Zeugnisse der islamischen Welt, die in der Zeit ihres größten Einflusses von Spanien bis Indien reichte. Die Sammlung beginnt auf der siebten Etage mit einer Vorstellung der vorislamischen Kultur und belegt den regen Austausch, der in dieser Region schon im 1. Jahrtausend v. Chr. stattfand. Um der Diversität und Komplexität der arabisch-muslimischen Welt und den multiplen kulturellen Einflüssen Rechnung zu tragen, ist die Präsentation dann eher thematisch als chronologisch angelegt. Auch einige gut gewählte zeitgenössische Werke finden dabei ihren Platz. Die Religionen und religiösen Praktiken von Judentum, Christentum und Islam, der drei monotheistischen Religionen, die in der Region entstanden sind, die Stadt mit ihren Monumenten und Aktivitäten, das tägliche Leben und seine Feste, der Austausch von Wissen, dies sind einige der Themen. Es gibt Handschriften, Teppiche, Keramik, Fliesen, kostbare Hochzeitsgewänder, Schmuck und Musikinstrumente zu sehen. Eine schöne Sammlung von Astrolabien zeugt von der Blüte der Wissenschaften. Dieses astronomische Instrument, das seit Beginn des 6. Jh. in der arabischen Welt belegt ist und noch im 19. Jh. verwendet wurde, kam im 11. Jh. über Spanien nach Europa.

Dezent aber geschickt werden sensorielle Mittel, Licht, Ton und Bild, eingesetzt, um den Besucher auf den facettenreichen und in mancher Hinsicht geheimnisvollen arabisch-muslimischen Kulturkreis einzustimmen.

80 Jardin des Plantes

1626 aus dem ›Königlichen Garten für Heilpflanzen‹ hervorgegangen, wurde im 18. Jh. aus dem Jardin des Plantes ein berühmtes Forschungsinstitut. Zusammen mit dem Naturgeschichtlichen Museum ist er eine Attraktion für Groß und Klein.

Eingang Rue Linné oder Place Valhubert, 5e Arr.,
Tel. 01 40 79 56 01
www.jardindesplantes.net
im Sommer tgl. 7.30–20 Uhr,
im Winter tgl. 8–17.30 Uhr
Métro 5, 7, 10, RER C: Gare d'Austerlitz oder Jussieu

Alte Bäume, schnurgerade Alleen und grünspanüberzogene Statuen großer Naturwissenschaftler machen den Reiz dieses der **Wissenschaft** geweihten Gartens aus. Nach Belieben kann man den Alpengarten, ein von einem Bronzepavillon überragtes Labyrinth, die Gewächshäuser für tropische Pflanzen und Kakteen (Mi–Mo, im Sommer 10–18, im Winter 10–17 Uhr) oder den botanischen Lehrgarten besuchen. Während der langen Zeit, in der Graf Buffon mit seiner Leitung betraut war (1739–88), entwickelte sich der damalige *Jardin du Roi* zu einem einflussreichen Zentrum der Naturforschung. 1793, während der Revolution, entstand daraus das Muséum National d'Histoire Naturelle. Die staunenden Pariser konnten hier zum ersten Mal Elefanten, Giraffen und Bären sehen. Geoffroy Saint-Hilaire, Jean-Baptiste de Lamarck, Bernard Germain de Lacépède, Georges Cuvier und Antoine Henri Becquerel machten das Forschungsinstitut weltberühmt.

Das üppige Grün des alten Gartens bildet den Rahmen für die kleine, liebenswerte **Menagerie** (tgl. im Sommer 9–18, im Winter 9–17 Uhr), die Rainer Maria Rilke zu seinem berühmten Gedicht *Der Panther* inspirierte.

TOP TIPP Die Sammlungen des **Muséum National d'Histoire Naturelle** (Tel. 01 40 79 54 79, www.mnhn.fr, Mi–Mo 10–18 Uhr) sind in den Gebäuden am südlichen Gartenrand untergebracht. Hauptanziehungspunkt ist seit 1994 die *Grande Galerie de l'Évolution*, ein naturgeschichtliches Museum in der einstigen zoologischen Galerie (Zugang: 36, rue Geoffroy-Saint-Hilaire), einer großartigen Hallenkonstruktion des 19. Jh. Unter den Projekten des früheren Staatspräsidenten François Mitterrand ist dies eines der gelungensten, was die diskrete Restaurierung und Modernisierung der Halle, aber auch was die dynamische Aufbereitung der Themenbereiche anbelangt. Von wechselnden Lichteffekten und Naturlauten begleitet, wird hier die Diversität des Lebens, seine Entwicklungsgeschichte und das Eingreifen des Homo sapiens in die Naturräume der Erde aufregend und informativ inszeniert. Die **Galerie des Enfants** führt Kinder spielerisch an diese Thematik heran.

In der *Galerie de Minéralogie et de Géologie* (im Südwesten) sind u.a. Kristalle und Objekte aus dem Besitz der französischen Könige ausgestellt. In den *Galeries de Paléontologie et d'Anatomie Comparée* (im Osten) kann man Skelette von Mammuts, Ichtyosauriern und Riesenhirschen bestaunen sowie Tausende von Fossilien, rekonstruierte Skelette und Lebensbilder urzeitlicher Tierarten.

81 Arènes de Lutèce

Die Reste dieses riesigen Amphitheaters sind ein eindrucksvolles Zeugnis aus gallo-römischer Zeit.

Eingang Rue de Navarre, 5e Arr., Métro 7: Place Monge

Zu großen Teilen ergänzt, sind die Eingänge, Sitzränge und die breite Bühne heute gut zu erkennen. Dennoch bedarf es einiger Fantasie, um sich vorzustellen, dass

Arche Noah – die Grande Galerie de l'Evolution im Muséum National d'Histoire Naturelle

81 Arènes de Lutèce

In der Rue Mouffetard ist täglich Marktbetrieb – besonders rege am Sonntag

hier Theaterstücke aufgeführt und Zirkusspiele veranstaltet wurden. Wie viele solcher Anlagen war auch diese **Theater** und **Arena** zugleich. Der äußere Aufbau muss den Arenen von Arles oder Nîmes ähnlich gewesen sein, die Ausmaße des weiten inneren *Ovals* (52 x 46 m) sind jedoch nur mit denen des Kolosseums in Rom zu vergleichen. Die Arena konnte 15 000 Personen aufnehmen. Wahrscheinlich wurde sie Ende des 1. Jh. erbaut. Mit dem Eindringen der Barbaren Ende des 3. Jh. begann ihr Verfall. Schließlich geriet das Monument völlig in Vergessenheit. Erst 1869, als man die Rue Monge anlegte, wurden seine Überreste wiederentdeckt.

Einige Steinblöcke, die man an der Mauer des angrenzenden Parks aufstapelte, tragen die Namen der gallisch-römischen Würdenträger, die einst darauf Platz nahmen. Heute kann man hier den Nachkommen der Lutetianer beim friedlichen Boulespiel zuschauen.

82 Mosquée

Ein Zentrum islamischer Kultur im spanisch-maurischen Stil.

2, place du Puits-de-l'Ermite, 5e Arr.
Tel. 01 45 35 97 33
www.mosquee-de-paris.org
Sa–Do 9–12 und 14–18 Uhr
Métro 7: Place Monge

Ein grüner Halbmond setzt ein Zeichen über dem Eingang der Moschee, zu der am Freitag die Mitglieder der großen muslimischen Gemeinde von Paris zum Gebet strömen. Die **Hauptmoschee** Frankreichs wurde 1922–26 errichtet. Ihren Hof ziert ein Brunnen der, zusammen mit den filigran dekorierten Arkaden, an den berühmten maurischen Innenhof der Alhambra in Granada, Spanien erinnert. Ein bewundernswertes *Mosaikfries* an den Wänden ist mit Koranversen versehen. In den **Gebetssaal** darf man bei der Besichtigung nur einen Blick werfen. Der vielfältige Dekor seiner Kuppeln stammt von Künstlern und Handwerkern aus den maghrebinischen Ländern. Auch die anderen Säle schmückten Kunsthandwerker aus dem Nahen Osten und Afrika, mit libanesischen Holzvertäfelungen, persischen Teppichen und nordafrikanischer Kupferschmiedekunst. Der Moscheenkomplex umfasst auch das muselmanische Institut und eine umfangreiche Bibliothek mit einigen kostbaren Ausgaben des Koran.

An der Rue Geoffroy-Saint-Hilaire unweit der Moschee findet man neben einem kleinen Basar auch ein orientalisches Dampfbad, *Hammam* (www.la-mosquee.com), außerdem ein Restaurant mit Café, wo man bei orientalischer Musik starken Pfefferminztee schlürfen, süßes arabisches Gebäck und andere typische Speisen genießen kann.

83 Rue Mouffetard

In der uralten Gasse, die von Saint-Médard zur Place Contrescarpe ansteigt, wird täglich (außer montags) ein farbenfroher Markt abgehalten.

5E Arr., Métro 7: Censier-Daubenton

Besonders am Sonntagvormittag ist der **Markt** der ›Mouffe‹ ein Vergnügen. Buntes, knackig frisches Gemüse und Obst, vielerlei Käsesorten, Fisch und Geflügel sind im unteren Teil der Straße verlockend aufgebaut. Das Spektakel hat etwas Mittelalterliches. Da wird mit viel Aufhebens die Ware angepriesen, Kirchgänger kommen aus Saint-Médar, Clochards und Straßenmusikanten sind mitten im Gedränge. Weiter oben folgen griechische Restaurants (abends mit Musik), Buchhandlungen und Boutiquen, die der Straße ihren von jeher lebhaften Charakter verleihen. Schon die Einwohner des römischen Lutetia nahmen diesen Pfad nach Süden. 1254 wurde die Rue Mouffetard zum ersten Mal urkundlich erwähnt. Lange Zeit war sie eine unansehnliche und zwielichtige Gasse.

Die **Gebäude** am Anfang der Straße sind alt, schief und verwinkelt. Viele stammen aus dem 16. Jh. und wurden restauriert. Einige weisen sogar noch schöne alte Ladenschilder auf. Die Kneipe im **Haus Nr. 122** trägt den verlockenden Namen ›À la Bonne Source‹ (Zum guten Quell). Das Haus ›Du Vieux Chêne‹ (**Nr. 69**) ziert das Relief einer Eiche. Am **Haus Nr. 14** winkt das gemalte Schild ›Au Nègre Joyeux‹. Etwa auf halber Strecke zweigt die schmale Rue du Pot-de-Fer ab, deren Straßenbild von den Terrassen zahlreicher Restaurants dominiert wird.

84 Manufacture Nationale des Gobelins

Seit über 300 Jahren werden hier in fast unveränderter Technik die weltberühmten Tapisserien gewebt.

42, avenue des Gobelins, 13e Arr.
Tel. 01 44 08 53 49
www.mobiliernational.culture.gouv.fr
Führungen Di–Do 13 Uhr,
Tickets über Tel. 08 92 68 46 94 oder www.fnac.com
Métro 7: Les Gobelins

Je nach Vorlage schafft ein Weber pro Jahr 1–8 m² eines Bildteppichs. Hier wird nicht nach Herstellungskosten und Rentabilität gefragt. Seit ihrer Gründung ist die **Gobelin-Manufaktur** eine Prestigeangelegenheit der Nation. Die Teppiche sind nicht verkäuflich, sie sind dem Staat vorbehalten und werden allenfalls als offizielle Staatspräsente verschenkt.

Die nach der Manufaktur Gobelins genannten Wandteppiche werden am vertikalen Webstuhl, dem *Hautelissestuhl*, gefertigt. Die Vorlagen bestellt der Staat bei prominenten Künstlern: Einst waren es Charles Le Brun, Pierre Mignard, Antoine Coypel, François Boucher, später haben u. a. Pablo Picasso, Marcel Gromaire, Marc Chagall und Jean Lurçat Entwürfe geliefert. In der 1664 gegründeten Manufaktur von **Beauvais** wird am horizontalen Webstuhl, dem *Basselissestuhl*, gearbeitet. Sie befindet sich seit 1940 ebenso hier wie die Teppichmanufaktur **Savonnerie**, welche 1604 gegründet und 1826 dem Haus Gobelin angeschlossen wurde. Eine umfangreiche Sammlung von Tapisserien ist übrigens heute im Louvre [Nr. 9] zu besichtigen.

Echte Gobelins

Jean Gobelin, der der Wirkteppichmanufaktur seinen Namen gab, war gar kein Weber, sondern Färber. Er richtete seine Werkstatt im 15. Jh. am Ufer der **Bièvre** ein, einem Flüsschen, das heute unterirdisch zur Seine fließt und dessen Wasserqualität früher von den Färbern geschätzt wurde.

Colbert ließ 1662 mehrere Pariser Webateliers in den Gobelins zusammenfassen und übergab Charles Le Brun die Leitung dieser ›Manufacture Royale des Tapisserie et des meubles de la Couronne‹. Wenig später kamen eine Kunstschreinerei, eine Goldschmiede und eine Teppichknüpferei hinzu, die wesentlich zur Ausbildung des Louis-Quatorze-Stils beitrugen. Zu Colberts Zeiten beschäftigten die Gobelins 250 Weber, heute sind es nur noch 20. Der **Nachwuchs** für dieses hoch qualifizierte Kunsthandwerk wird in der Manufaktur selbst in einer vierjährigen Lehrzeit ausgebildet. Um mehrere Höfe gruppiert, waren die Ateliers und Wohnungen ein kleines Dorf für sich, so wie es heute noch zu sehen ist, mit einer Kapelle aus der Zeit von Ludwig XV. und einer Colbert-Statue.

Nördliche Innenstadt – das Paris der Händler und kleinen Leute

Zwischen der Madeleine mit ihren Luxusgeschäften und der Place de la République, dem traditionellen Schauplatz von Gewerkschaftskundgebungen, werden die Abgründe, die die Pariser ›beaux quartiers‹ von den Vierteln der einfachen Leute trennen, besonders deutlich sichtbar. **Les Grands Boulevards**, das ist in Wirklichkeit eine einzige, verkehrsreiche Arterie und die Schlagader des Stadtteils. Von einer Kreuzung zur anderen ändert sich ihr Name und mit ihm der Charakter des Viertels. Sie durchquert den geschäftigsten Teil der **Rive Droite**, in dem sich alle Aktivität konzentriert: Börse, Banken, das Auktionshaus Drouot, das Viertel der Druckereien und der emsige Sentier, Umschlagplatz des französischen Prêt-à-porter. Hier spürt man den Puls der Metropole pochen.

Ludwig XIV. hatte die früheren Stadtwälle abtragen und an deren Stelle die Grands Boulevards anlegen lassen, breite baumbestandene Chausseen. Im 18. Jh. kamen diese Straßenzüge in Mode. Das Théâtre des Italiens feierte Triumphe. Es gab dem **Boulevard des Italiens** seinen Namen. Dort flanierte die elegante Welt, die Boulevardiers und die Dandys, die ihre englischen Bärtchen und die neueste Krawattenmode spazieren führten. Hier sah man die ersten Krinolinen. Auch heute sind die Grands Boulevards bis spät nachts belebt. Die Opernbesucher beschließen den Abend in den eleganten Cafés am Boulevard des Capucines. Von der Rue Drouot nach Osten wird die Atmosphäre bunt, fast vorstädtisch. Passagen blicken auf den Boulevard, auf Kinos, Theater, Lotterien und Bistros. Der alte Zauber des **Musée Grévin**, des berühmten Wachsfigurenkabinetts, zieht noch immer in seinen Bann und das 1794 gegründete **Musée des Arts et Métiers** in der Abtei von St-Martin-de-Champs fasziniert mit wichtigen Erfindungen.

Bergaufwärts geht es zum **Montmartre:** Sacré-Cœur, Place du Tertre und ›Moulin Rouge‹ gehören zum üblichen Parcours der Touristenbusse. Doch zum Glück besitzt Montmartre nicht nur diese Klischeeansichten, sondern ist ein kontrastreiches, lebendiges Viertel geblieben, das sich seinen dörflichen Charakter erhalten hat. Seine Geschichte reicht weit zurück. Der 130 m hohe Hügel, die *Butte*, war von jeher den Göttern geweiht, bereits zur Zeit der Kelten. ›Mons Mercurii‹ hieß er unter römischer Herrschaft. Der hl. Dionysius, der Schutzheilige von Paris, und zwei seiner Gefolgsleute sollen im 3. Jh. am Fuß der Butte enthauptet worden sein. Aus dem Namen ›Mons Martyrium‹ wurde ›Montmartre‹. An derselben Stelle (heute Rue Yvonne-Le-Tac) gründete Ignatius von Loyola 1534 den Jesuitenorden. Die **Pariser Kommune** nahm am 18. März 1871 auf dem Montmartre ihren Ausgang. Sie wollte um keinen Preis das besiegte Paris den Deutschen übergeben. 171 Kanonen waren an der Stelle von Sacré-Cœur postiert. In den Steinbrüchen und Stollen, die die Butte aushöhlen, fanden die Kommunarden Unterschlupf.

Damals war Montmartre ein populäres Ausflugsziel. Das fröhliche Treiben in einem der Gartenlokale fing Renoir 1876 in seinem bezaubernden, weltberühmten Gemälde *Le Moulin de la Galette* ein. Die Mühle, unter deren Flügeln das Volk tanzte, besteht noch, nicht weit entfernt von einer zweiten, der *Moulin du Radet* (zwischen der Rue Lepic und der Avenue Junot). Früher klapperten an die 30 Mühlen auf der Butte. Allgegenwärtig ist noch die Erinnerung an die **Künstler**, die in diesem volkstümlichen Viertel lebten. Daumier und Courbet fühlten sich hier zu Hause, ebenso Baudelaire, Zola und Maupassant. Place Pigalle war ein Treffpunkt der Malermodelle. Im **Lapin Agile** und im **Bateau-Lavoir** regierte vor 1908 die ›Bande à Picasso‹.

Die **Rue Lepic** bietet einen guten Einstieg in das Viertel. Lebhaft und geschäftig geht es im unteren Teil zu, im Viertel der einfachen Leute. Weiter oben, nach einer langen Schleife, wird die Straße bürgerlicher. Steile Treppen führen hinüber zur **Avenue Junot,** vorbei an beneidenswert schön gelegenen Wohnhäusern aus den 1920er- und 1930er-Jahren. Dort steht Tristan Tzaras Haus, 1926 von dem österreichischen Avantgarde-Architekten Adolf Loos gebaut (Haus Nr. 15). Eine fast dörfliche Idylle findet man an der **Rue des Saules**. Der Besucher, der dort treppauf, treppab den steilen Gassen folgt, wird in der Rue de l'Abreuvoir das winzige rosa Haus wiedererkennen, das Utrillo gemalt hat. Die **Rue Saint-Vincent** hat der berühmte Chansonnier Aristide Bruant besungen. Unten an der Métrostation Barbès-Rochechouart beginnt das *Afrikanerviertel*. Hier wird das Straßenbild ärmlich und exotisch. Für Montmartre sollte man sich Zeit nehmen und, wenn man Lust hat, abends wiederkehren und sich von der Erotik-Glimmer-Illusion der Place Blanche oder der Place Pigalle gefangen nehmen lassen. Doch längst nicht mehr alle Lokale sind dort nur auf Striptease und Touristennepp spezialisiert.

Im Pariser Osten liegen die traditionell volkstümlichen Viertel **Belleville**, **Ménilmontant**, **La Villette** – Namen, die an die Nachkriegsfilme von Marcel Carné erinnern. Seit dem frühen 20. Jh. wohnen hier Immigranten aus Afrika, der Karibik und aus Asien. Bereits seit den 1970er-Jahren wurden im Pariser Osten ganze Straßenzüge umfassend restauriert und postmodern überarbeitet, mit mehr oder minder Geschick, doch mit allenthalben deutlich steigenden Mietpreisen. Zugleich etablierte sich in Belleville damals eine rege Kunstszene, wovon nicht nur Ateliers und Galerien Zeugnis ablegen, sondern auch die Street Art, ganze Hauswände voller elaborierter Graffiti.

Moulin Rouge – noch heute schwingen hier Tänzerinnen in Glitzerkostümen die Beine

85 La Madeleine

Die Kirche La Madeleine: ein behäbiges Monument mit bewegter Geschichte.

8e Arr., Métro 8, 12, 14: Madeleine

Bei einem Spaziergang entlang der Rue Royale sieht man bereits von Weitem die imposante Tempel-Fassade der Kirche **La Madeleine** (www.eglise-lamadeleine.com, tgl. 9.30–19 Uhr). Von 1764, dem Jahr der Grundsteinlegung, bis 1845, der endgültigen Weihe, zog sich das Hin und Her über Architektur und Bestimmung des Gebäudes hin. Pierre Contant d'Ivry zeichnete den ersten Entwurf nach dem Vorbild Saint-Louis-des-Invalides. Sein Nachfolger Guillaume Couture glich den Plan dem der Kirche Sainte-Geneviève (dem heutigen Panthéon) an. Während der Revolution bestand kein Bedarf mehr an Gotteshäusern. 1806 entschied Napoleon, aus dem begonnenen Bau einen Ruhmestempel für seine Armee zu machen. Man wählte den Entwurf eines von korinthischen Säulen gesäumten Tempels, der von Napoleon selbst in eine Kirche umgewandelt wurde. Das Dekor des dämmrig-feierlichen, eher profan wirkenden Hallenraums stammt aus den Jahren 1830–40. Die *Maria Magdalena* am Hochaltar, von Engeln umringt, ist ein Werk des Italieners Carlo Marochetti. Am Eingang links sieht man die *Taufe Christi* von François Rude.

An der **Place de la Madeleine** verlocken die Auslagen der feinsten Delikatessengeschäfte der Stadt.

Augenweiden künstlerischer Art bietet die **Pinacothèque de Paris** (28, place de la Madeleine sowie 8, rue Vignon, Tel. 01 42 68 02 01, www.pinacotheque.com, Sa–Di, Do 10.30–18.30, Mi, Fr 10.30–21 Uhr) in ihren beiden nah beinander gelegenen Häusern. Die Werke der Sammlung sind nach Themen angeordnet, und zwar quer durch alle Jahrhunderte: Zu sehen sind Meisterwerke von Rembrandt, van Dyck, Tiepolo, Courbet, Monet, Modigliani, Picasso und Pollock. Außerdem bietet die Pinacothèque bemerkenswerte Wechselausstellungen.

86 Opéra National de Paris – Palais Garnier

Grandioser Musentempel des Second Empire, ein Paradebeispiel des triumphierenden Eklektizismus.

8, rue Scribe, 2e und 9e Arr.
Tel. 08 92 89 90 90
www.operadeparis.fr
Foyer, Zuschauerraum und
Museum: 16. Juli–5. Sept. tgl. 10–18, sonst tgl. 10–17 Uhr,
Führungen: Mi, Sa, So 11.30, 15.30 Uhr, Juli, Aug. tgl.
Métro 3, 7, 8: Opéra

86 Opéra National de Paris – Palais Garnier

Die Tempelfassade von La Madeleine setzt einen markanten Akzent an der Rue Royal

Seit langem fehlte in Paris ein großes Opernhaus, in dem die im Jahr 1669 von Ludwig XIV. gegründete königliche Musikakademie ihre endgültige Bleibe finden konnte. 1858 beschloss Napoleon III. die Errichtung der Oper im Zentrum eines neuen Geschäftsviertels, das von Baron Haussmann geplant wurde. Aus 171 vorgeschlagenen Projekten votierte man einstimmig für das von **Charles Garnier**, einem bislang unbekannten Architekten aus der Provinz. Da man im Zuge der Bauarbeiten auf Grundwasser stieß, musste ein riesiges Betonbecken gebaut werden, dessen Gewölbe das ganze Gebäude trägt. Die Kuriosität eines ›Sees‹ unter der Oper beflügelt seitdem die Fantasie und gab Gaston Leroux Stoff zu seinem Roman *Das Phantom der Oper*. Die Einweihung des Opernhauses erfolgte erst 1875.

Mit Wonne variierte und kombinierte Garnier historische Stilelemente, in dem Maße, dass Kaiserin Eugénie befand, der Bau habe überhaupt keinen Stil. Garnier ließ sich u. a. von Victor Louis' Oper in Bordeaux und von der französischen und italienischen Palastarchitektur des 17. und 18. Jh. anregen. An der **Fassade** sind die Louvre-Kolonnade und die Rundbogenarkaden von der Place de la Concorde zwar zitiert, aber von anderen Schmuckmotiven übertönt. Gleichwohl wirkt der Bau harmonisch und klar konzipiert: ein traditionelles Theater ›à l'italienne‹, das unter seinem dekorativen Reichtum eine Eisenkonstruktion verbirgt. Die gedrungene Hauptfassade beherrscht die Perspektive der Avenue de l'Opéra, die Haussmann als Auffahrtsallee konzipierte. Die grünkupferne, goldverzierte **Flachkuppel** des Zuschauerraums überragt der Giebel des Bühnenhauses (60 m hoch), gekrönt von der Figur des Apollon, der eine Lyra hält.

Ganz der Architektur untergeordnet, wurde das ikonografische Programm von Garnier selbst orchestriert und Bildhauern und Malern anvertraut, die, wie er, die offiziell anerkannte Kunst vertraten. Von den geflügelten Pferden, imperialen Adlern und Allegorien der Musik und Dichtung, die an dem Gebäude ringsum zu sehen sind, hebt sich erfrischend unakademisch Carpeaux' Figurengruppe *Der Tanz* ab (rechts an der Hauptfassade). Ihre unverhüllte ›Gewagtheit‹ verursachte ei-

Feinkost mit Stil präsentieren Delikatessenläden wie Hédiard an der Place de la Madeleine

Opéra National de Paris – Palais Garnier

Das imposante Palais Garnier ist heute vor allem Bühne für Ballett-Inszenierungen

nen Skandal. Die Verfechter der öffentlichen Moral beschmierten sie so gründlich mit Tinte, dass das Original, heute im Musée d'Orsay, noch Spuren davon zeigt.

Im **Inneren** entfaltet sich eine vielfarbige Pracht. Sie erreicht ihren Höhepunkt mit dem schwungvollen Treppenhaus, in dem das elegante großbürgerliche Publikum sich selbst in Szene setzen konnte. *Galerien* und *Balkone* geben von allen Seiten den Blick frei, erlauben zu sehen und gesehen zu werden. Kostbare Materialien – Onyx und Marmor – steigern die Wirkung. Eine Galerie mit schimmernden venezianischen Mosaiken führt zu dem ganz in Altgold getauchten Großen Foyer, dessen Plafond eine Bilderfolge von Paul Baudry schmückt. Im Vergleich zu den repräsentativen Foyers wirkt der Zuschauerraum eher klein. Er besitzt nur 2100 recht gedrängte Plätze. Auf Veranlassung von André Malraux wurde das ursprüngliche Deckengemälde durch ein Werk von *Marc Chagall* ersetzt, das in lebhaften Farben Figuren aus berühmten Opern und Balletten über dem riesigen Lüster tanzen lässt.

Seit Eröffnung der Bastille-Oper ist das Palais Garnier hauptsächlich der Ballettkunst vorbehalten und greift damit auf die große Tradition der Ballets Russes zurück, die von 1919–29 unter Sergej Diaghilew den Parisern und der Welt herausragende Künstler wie Anna Pawlowa, Vaclav Nijinsky, Serge Lifar und George Balanchine vorstellten und damit Ballettgeschichte schrieben.

Bibliothek und **Museum** der Oper sind im rechten Seitenpavillon, dem Pavillon de l'Empereur, untergebracht. Das Museum lässt etwas von der Magie großer Abende wiederauferstehen, erinnert an die Ära der Ballets Russes und zeigt Bühnenbildentwürfe und Kostüme von Picasso, Braque und Léon Bakst.

87 Opéra Comique

Ein überschäumend dekoriertes Theater, in dem neben der französischen Oper des 19. Jh. vor allem die leichte Muse zu Hause ist.

1, place Boïeldieu, 2e Arr.,
Tel. 01 42 44 45 40
www.opera-comique.com
Métro 8, 9: Richelieu-Drouot

Die Komische Oper, auch ›Salle Favart‹ genannt, trägt den Namen des genialen Singspielautoren **Charles Simon Favart** (1710–92). Er war ab 1757 Direktor der Opéra Comique und mit einer geistvollen und viel umworbenen Schauspielerin verheiratet, die als Madame Favart berühmt wurde.

Das heutige Opernhaus steht an der Stelle des *Théâtre des Italiens* von 1783. Es wendet seine karyatidengeschmückte **Hauptfassade** nicht dem Boulevard zu, sondern der Place Boïeldieu. Die italienischen Komödianten wollten zeigen, dass sie nichts mit den Possenreißern auf den Boulevards gemein hatten. 1838 und 1887 ging das Théâtre des Italiens in Flammen auf. Louis Bernier ist der Architekt des heutigen, 1898 eingeweihten Hauses, an dessen herrlicher Belle-Époque-Dekoration Gervex, Maignan, Falguière und Benjamin Constant beteiligt waren. Jacques Offenbach (1819–80) gab hier sein Debut als Cellist. Seine Operetten könnten keinen schöneren Rahmen finden. Das bewegte Leben der Madame Favart lieferte Offenbach übrigens Stoff für eine seiner komischen Opern (*Madame Favart*, 1878 uraufgeführt).

88 Musée Grévin

Berühmtes, viel besuchtes Wachsfigurenkabinett, in dem Szenen aus der französischen Geschichte und aktuelle Persönlichkeiten in einem prächtigen Belle-Époque-Rahmen zu bestaunen sind.

10, boulevard Montmartre, 9e Arr.,
Tel. 01 47 70 85 05
www.grevin.com
tgl. 10–18.30 Uhr
Métro 8, 9: Grands Boulevards

Auge in Auge steht man der Prominenz unserer Zeit gegenüber: Brad Pitt, George Clooney, Cecilia Bartoli, Penelope Cruz, Barack Obama und natürlich vielen Stars des französischen Fernsehens. Es ist in Frankreich eine regelrechte Auszeichnung, ins **Musée Grévin** aufgenommen zu werden. In dieser *Welt des Scheins* ist mehr authentisch, als man glaubt: z. B. die Sitzbadewanne, in der Marat gerade von einer wüst dreinblickenden Charlotte Corday erstochen wird, oder der Wachsabdruck von Victor Hugos Händen. Napoleons und Joséphines *Salon de la Malmaison* ist stilecht bis hin zum Kaffeelöffel. Neben den Episoden aus der französischen Geschichte ist auch Kinogeschichte festgehalten, mit der obligaten Marilyn Monroe über dem Entlüftungsschacht und Syl-vester Stallone in Aktion.

Die Idee zu diesem Museum hatten der Karikaturist Alfred Grévin und der Journalist Arthur Meyer. Sie wollten, dass ihre Zeitgenossen die berühmten Persönlichkeiten der Epoche ›hautnah‹ sehen konnten. Das war 1882. Im Jahr 1900 kam das schöne kleine **Theater** dazu, das heute unter Denkmalschutz steht, und 1904 der verrückte **Palais des Mirages**, der zuvor auf der Weltausstellung das Publikum in den nächtlichen Dschungel, in die Alhambra und die geheimnisvolle Welt des Fernen Ostens entführt hatte.

Neben dem Musée Grévin, am Boulevard Montmartre, beginnt die liebenswürdig-altmodische **Passage Jouffroy** (1845–47), in der es Nettes und Kitschiges zu kaufen gibt.

Musée Grevin – auf Tuchfühlung mit den Stars und Sternchen im Wachsfigurenkabinett

89 Palais Brongniart

Der bürgerliche Kapitalismus des frühen 19. Jh. hat sich hier ein Monument gesetzt.

28, place de la Bourse, 2e Arr.,
Tel. 01 83 92 20 20
www.palaisbrongniart.com
Métro 3: Bourse

Das ursprünglich rechteckige, von glatten korinthischen Säulen umstandene Palais entstand nach Plänen von Alexandre-Théodore Brongniart ab 1808 als ›Tempel des Geldes‹ für die 1724 gegründete **Wertpapierbörse**. Seine Architektur ist ein Zeugnis des etwas steifen Klassizismus, den das Empire hervorgebracht hat. Zu Beginn des 20. Jh. wurde der Bau um zwei Flügel kreuzförmig erweitert. An den Freitreppen sitzen vier allegorische Figuren, die Handel, Gerechtigkeit, Landwirtschaft und Industrie darstellen.

Inzwischen gehört die Pariser Börse zum internationalen Börsenbetreiber NSYE Euronext, der 2006 durch die Fusion der europäischen Mehrländerbörse Euronext mit der New York Stock Exchange entstand. Nach dem Umzug der Börse in die Rue Cambon Nr. 39 dient das Palais Brongniart heute als Messe- und Konferenzzentrum.

90 Place du Caire

Der Euphorie nach Napoleons Ägyptenfeldzug verdankt der Platz seinen Namen und eine exotische Hausfassade. Das emsige Stadtviertel, Zentrum des Textilgroßhandels, versorgt Europa mit Pariser Modechic.

2e Arr., Métro 3: Sentier

1799 stand es noch günstig um die Kriegsgeschicke Bonapartes in Ägypten. In diesem Jahr wurden die Rue, Place und Passage du Caire angelegt, ein Jahr später die Rue du Nil. Gelehrte begleiteten Napoleon auf seinem Feldzug und gründeten das *Institut d'Égypte*. Zeichner und Maler hielten detailgetreu die Ansichten von Pyramiden und Tempeln fest und ließen Frankreich die pharaonische Kultur entdecken. Das **Haus Nr. 2** an der Place du Caire zeigt neben gotisch-venezianisch anmutenden Arkaturen ein damals hoch aktuelles Dekor mit Hieroglyphenreliefs, Hathorskulpturen und Lotussäulen. Es ist eines der wenigen Bauwerke aus der Zeit der Revolution.

An der Stelle des kleinen Platzes und der früher auch ägyptisch dekorierten **Passage du Caire** befand sich im Mittelalter die berüchtigte ›Cour des Miracles‹, das Reich der Landstreicher, Bettler und Gauner, in das sich kein Ordnungshüter wagte. Victor Hugo schildert es in seinem *Glöckner von Notre-Dame*.

Bemerkenswert sind der Platz und das umliegende Viertel **Sentier** auch in anderer Hinsicht, vor allem wochentags, wenn man das rege Geschäftstreiben beobachten kann: Lieferwagen blockieren den Verkehr, Stoffballen werden geschleppt, Kleiderstapel auf Handwagen transportiert. In einem kleinen Umkreis, in dem ein Grossist auf den anderen folgt, spielt sich ein großer Teil des französischen **Prêt-à-porter-Geschäfts** ab (über 40 % aller französischen Exporte an Damenbekleidung). Schneidereien und Großhändler beschäftigen ein Heer von Einwanderern. Dem Außenstehenden bleibt diese Welt, die mit dem schnellen Rhythmus der Mode lebt, allerdings verschlossen.

Einladung zum Schaufensterbummel – die Passage Jouffroy mit dem Flair des 19. Jh.

Die Porte Saint-Martin ist – ebenso wie die Porte Saint-Denis – Blickpunkt des Stadtviertels

91 Porte Saint-Denis und Porte Saint-Martin

Zwei Triumphbögen als würdevoller Empfang von Ludwig XIV. am Eingang der Stadt.

Boulevard Saint-Denis und Boulevard Saint-Martin, 10e Arr.,
Métro 4, 8, 9: Strasbourg – Saint-Denis

Nach der Niederlegung der Befestigungswälle, an deren Stelle die Grands Boulevards entstanden, baute man, um die Grenze von Paris zu markieren, nicht mehr Stadttore, sondern repräsentative, symbolische Triumpharchitekturen. Die Porte Saint-Denis und die Porte Saint-Martin, an zwei damals wichtigen Ausfallstraßen nach Norden gelegen, sind die einzigen noch erhaltenen.

Als Vorbild haben sie natürlich die römischen Triumphbögen, doch sind sie von eigenwilliger, gänzlich französischer Art. Die **Porte Saint-Denis** wurde von der Stadt Paris bestellt und von François Blondel 1672 ausgeführt, ohne die üblichen Säulen, aber mit pyramidalen Reliefflächen. In ihrer staffagehaften Erscheinung erinnert die Porte Saint-Denis an die Schaugerüste, die man häufig bei Festen aufstellte. Der **Skulpturenschmuck**, von François Girardon begonnen und von Michel Anguier vollendet, feiert die Siege, die Ludwig XIV. im selben Jahr in den Niederlanden errungen hatte. Darunter sind allegorische Figuren des besiegten Rheins und Hollands auf der Südseite zum Boulevard.

Die **Porte Saint-Martin**, von den Schöffen der Stadt in Auftrag gegeben, wurde zwei Jahre später von Pierre Bullet, einem Schüler Blondels, entworfen. Seine nicht weniger martialische Dekoration zeigt den König als Herkules, über die Tripelallianz triumphierend. Damit sollte an die Eroberung von Besançon (Südseite) erinnert werden. Die Bildhauer Martin Desjardins, Étienne Le Hongre, Pierre Legros und Gaspar Marsy waren im Übrigen auch am Skulpturendekor des Schlosses von Versailles beteiligt.

92 Musée des Arts et Métiers

Das 1794 gegründete Museum setzt die Geschichte des wissenschaftlichen und technischen Fortschritts faszinierend in Szene.

60, rue Réaumur, 3e Arr.,
Tel. 01 53 01 82 00
www.arts-et-metiers.net
Di, Mi, Fr–So 10–18, Do 10–21.30 Uhr
Métro 3, 4, 11: Arts et Métiers oder Réaumur-Sébastopol

Das bereits 1794 gegründete und in der Abtei von St-Martin-des-Champs eingerichtete Museum fasziniert die Besucher: Alle wichtigen Erfindungen und großen Entdeckungen seit dem 16. Jh. werden in der mittelalterlichen Abtei samt Kirche präsentiert, darunter das originale *Foucaultsche Pendel*, mit dem Léon Foucault (1819–68) 1851 in Paris die Erdrotation nachwies. Neben wissenschaftlichen Instrumenten wird die Entwicklung von Werkstoffen, Bautechnik, Kommunikation (z. B. Cinematograph der Brüder Lumière, 1895), Energie (Batterie von Alessandro Volta, 1799), Mechanik sowie Transport und Verkehr dokumentiert.

93 Canal Saint-Martin

Nostalgischer Ausflug in ein kleinstädtisches Paris.

10e Arr., Métro 3, 5, 8, 9, 11: République

Einige Schleppkähne fahren heute noch auf dieser Wasserstraße durch Paris. Die baumbestandenen Quais mit Schleusen und schmalen Metallstegen versprechen Spaziergänge voller Charme. Der 1825 eingeweihte Kanal bildet mit dem Canal de l'Ourcq und dem Canal Saint-Denis eine Abkürzung der großen Seineschleife, die Paris umschließt. Während des Zweiten Kaiserreichs ließ man den Abschnitt zwischen Bastille und République allerdings kurzerhand überdecken, um rasch Truppen in die berüchtigten Vorstädte im Pariser Osten schicken zu können.

Oben: *Sacré-Cœur – die Wallfahrtskirche auf dem Montmartre ragt über grüne Wiesen auf und bietet von der Kuppel Paris-Panoramen*

Links unten: *Der Canal Saint-Martin lädt zu geruhsamen Entdeckungsreisen ein*

Von der Place de la République entlang dem Kanal nach Norden ist noch etwas von der volkstümlichen Atmosphäre der Arbeiterviertel zu spüren, die Marcel Carné in seinem Film *Hôtel du Nord* festgehalten hat. Von dem inzwischen renovierten Hotel steht noch die unscheinbare, zur Kinogeschichte gehörende Fassade (102, quai de Jemmapes, www.hoteldunord.org), nicht weit vom hübschen Square des Récollets. Viele der Werkstätten, Fabriken und Lagerräume, die es um die Wende zum 20. Jh. am Kanal gab, wurden durch Siedlungen ersetzt, gelungene Beispiele modernen Wohnungsbaus (zwischen dem Quai de Jemmapes und der Rue de la Grangeaux-Belles). Östlich vom Kanal, an der Place du Colonel-Fabien, hat die Zentrale der Kommunistischen Partei Frankreichs ihren Sitz, in einem Gebäude von Oscar Niemeyer mit geschwungener Glasfassade – zweifelsohne politische Transparenz symbolisierend.

Vom Bassin de la Villette im Norden bis zum Bassin de l'Arsenal, dem Hafenbecken an der Bastille, wo der Kanal in die Seine mündet, kann man dieses ganz andere Paris auch per Schiff entdecken.

94 Sacré-Cœur

Nicht zu übersehende, leuchtend weiße Zuckerbäckerkirche auf dem höchsten Punkt von Montmartre, die sich bei Einheimischen und Touristen großer Beliebtheit erfreut.

Parvis du Sacré Coeur, 18e Arr.,
Tel. 01 53 41 89 00
www.sacre-coeur-montmartre.com
Basilika tgl. 6–22.30,
Kuppel Mai–Sept. 8.30–20 Uhr, Okt.–April 9–17 Uhr
Métro 2: Anvers

Die Pariser Kommune war in einem Blutbad niedergeschlagen und der Krieg gegen Preußen verloren, da betrieben um das Seelenheil des Volks besorgte katholische Kreise die Errichtung eines nationalen *Mahnmals*, das sich hoch über der Stadt erheben sollte. 1873 beschloss die Nationalversammlung den Bau, und mit großem Elan wurden die nötigen Geld-

Place du Tertre – Erinnerungsstücke an Paris bietet der Markt für Kunst und Kunsthandwerk

mittel durch eine landesweite Spendenaktion aufgebracht. Der Kirchenbau, in dem sich Nationales und Religiöses verband, konnte nicht monumental genug sein. Der Architekt Paul Abadie zog alle Stilregister, die ihm geeignet erschienen: Heraus kam ein byzantinisch-maurisch-gotisch-romanisches Gemisch. Der Stil der Kuppelkirchen Aquitaniens, der Heimat Abadies, spielt auch mit hinein. Insbesondere die von Abadie restaurierte Kirche Saint-Front in Périgueux diente als Modell.

Die Bauarbeiten begannen 1876. Im Jahr 1905 fügte Lucien Magne den 94 m hohen, oft als Minarett bezeichneten **Campanile** an. 1919 wurde die Kirche dem ›Heiligen Herzen Jesu‹ geweiht, ein Kult, der auf Montmartre schon im 17. Jh. existierte. Im Campanile hängt eine der größten Glocken, die je gegossen wurden, ›la Savoyarde‹, von vier Gemeinden in Savoyen gestiftet und 19 t schwer. Die beiden tapferen Reiter links und rechts über dem Portal sind Ludwig der Heilige und die Jungfrau von Orléans. Wer sich mit dem Touristenstrom durch das **Kircheninnere** schieben lässt, kann in der Apsis das riesige Mosaik mit der Heiligen Dreifaltigkeit im Zentrum bewundern. Wirklich zu empfehlen ist der Aufstieg zur **Kuppel**, von der aus man einen Blick in die Kirche werfen und vor allem ein großartiges Panorama weit über Paris hinaus genießen kann. Unterhalb von Sacré-Cœur, auf den Terrassen und Stufen des *Square Willette*, sonnen sich Besucher, verkaufen afrikanische Händler Souvenirs und betteln Kinder um etwas Kleingeld.

95 Saint-Pierre de Montmartre

Schlicht und bescheiden steht die kleine Kirche, eine der ältesten von Paris, mitten im touristischen Trubel um Sacré-Cœur.

2, rue du Mont-Cenis, 18e Arr., Métro 2: Anvers

An dieser Stelle soll es zur Zeit der Merowinger ein Heiligtum zu Ehren des hl. Dionysius gegeben haben, und zwar als Nachfolgebau eines römischen Tempels. Vier schwarze Marmorsäulen – zwei innen am Eingang und zwei im Chor – stammen aus dieser uralten Kultstätte. 1134 gründeten Ludwig VI. der Dicke und seine Frau Adelaide von Savoyen dann ein Benediktinerinnenkloster in dem die Königin ihren Lebensabend verbrachte. 1147 weihte Papst Eugen III. die bis auf die drei westlichen Langhausjoche fertiggestellte Kirche. Es war ein einfaches Gebäude, das von den Anfängen der Gotik in der Île-de-France zeugt. Das Kloster wurde im 17. Jh. aufgelöst.

Das kräftige **Kreuzrippengewölbe** im Chorjoch ist eines der ältesten von Paris. Ende des 12. Jh. wurde die romanische, mit einer Halbkalotte abgeschlossene Apsis durch eine neue, elegante ersetzt, an der besonders die schlanken Dienste auffallen. Im 15. Jh. erneuerte man die Gewölbe des Mittelschiffs im Langhaus und in der Vierung. Aus der Erbauungszeit stammen die sonderbar klobig wirkenden rechteckigen Triforiumsöffnungen. Einige schöne **Kapitelle** romanischer Tradition sind am Choreingang erhalten. Die modernen Fenster sind Werke von Max Ingrand (1953).

96 Place du Tertre

Vormittags ein Platz mit dörflicher Atmosphäre, nachmittags und abends Atelier der Porträtisten.

18e Arr., Métro 2: Anvers

Ihre Staffeleien stehen dicht gedrängt. Über 100 Maler aller Nationalitäten verteidigen hier eisern ihren gewinnbringenden Standplatz und wollen glauben machen, dass die künstlerische Tradition von Montmartre noch existiert. Der willige Tourist kann sich porträtieren lassen, meist in Form einer Kohlezeichnung oder eines Scherenschnitts. Er kann aber auch – je nach Geschmack – ein kleines Aquarell oder gar eine echte Utrillo-Kopie in Öl erstehen. Ringsum machen sich Cafés und Restaurants die besten Plätze streitig. Trotz allem sollte man aber nicht versäumen, die schönen alten, niedrigen **Häuser** zu betrachten, die dem ehemaligen Gemeindeplatz von Montmartre seinen Charme verleihen. Das Bürgermeisteramt befand sich auf Nr. 3.

97 Au Lapin Agile

Eine der legendären Künstlerkneipen, Relikt des um die Wende zum 20. Jh. noch ländlichen Montmartre.

22, rue des Saules, 18e Arr.,
Tel. 01 46 06 85 87
www.au-lapin-agile.com
Métro 12: Lamarck-Caulaincourt

Wenige Schritte unterhalb des letzten Weinbergs von Montmartre, dessen Trauben ein recht herbes Bouquet besitzen, trifft man an der steilen Rue des Saules auf den ›Lapin Agile‹, das frühere ›Cabaret des Assassins‹ (Kabarett der Mörder). Sein von André Gill gemaltes Aushängeschild, ein Hase, der aus einem Kochtopf hüpft, hat ihm seinen Namen gegeben: aus ›Lapin à Gill‹ wurde schnell ›Lapin Agile‹ (flinker Hase). Das **Kabarett** gehörte eine Zeit lang *Aristide Bruant*, dem Chansonnier des frechen ›Chat-Noir‹, dessen Spezialität es war, sein begeistertes, meist bürgerliches Publikum zu beschimpfen. Toulouse-Lautrec hat seine imposante Erscheinung verewigt. Später übernahm Bruants Freund Frédéric Gerard das Kabarett. Auf seiner Gitarre zupfend, sang dieser allabendlich die gleichen freizügigen Lieder und ging schon zu Lebzeiten als Père Frédé in die Montmartrer Geschichte ein. Von 1900 bis 1914 war das Lapin Agile Treffpunkt der Bohème, die auf der Butte wohnte: Picasso, Maurice de Vlaminck, Émile Bernard, Georges Courteline, der melancholische Francis Carco, der Schriftsteller und Vagabund Mac Orlan, Théophile-Alexandre Steinlen, Apollinaire und Max Jacob – die meisten damals noch unbekannt und mittellos. Manchmal erschien auch ein bärtiger Rotschopf und machte Skizzen: Vincent van Gogh. Und der spätere Leiter des berühmten Montmartrer Théâtre de l'Atelier, Charles Dullin, deklamierte Gedichte. Auch heute noch treten hier, in fast unverändertem Dekor, Künstler vor meist touristischem Publikum auf.

Der Chansonnier Aristide Bruant, von Toulouse-Lautrec trefflich festgehalten

Mit Blumen geschmückt – Heinrich Heines Grab auf dem Cimetière de Montmartre

98 Musée de Montmartre

In diesem schönen Haus mit Garten hatten viele Künstler ihr Atelier. Erinnerungen an die Welt der Kabaretts und der Bohème.

12/14, rue Cortot, 18e Arr.,
Tel. 01 49 25 89 39
www.museedemontmartre.fr
tgl. 11–18 Uhr
Métro 12: Lamarck-Caulaincourt

Das Haus aus dem 17. Jh. gehörte einst Rosimond, einem Schauspieler aus Molières Truppe. Auguste Renoir mietete hier 1876 ein Atelier mit Blick auf den Garten, wo er im selben Jahr *La Balançoire* (*Die Schaukel*, Musée d'Orsay) malte. Später folgten Suzanne Valadon mit ihrem Sohn Maurice Utrillo, der mystische Émile Bernard, Maximilien Luce und Maurice Delcourt, beide Anarchisten und Maler. Fotos, Plakate u. a. Erinnerungsstücke ergeben ein anekdotisches ›bric-à-brac‹. Das Original des Ladenschilds, das dem Lapin Agile seinen Namen gab, ist hier zu sehen, Werke von Théophile Steinlen (u. a. sein Plakat für ›Le Chat Noir‹) und Zeichnungen von Francisque Poulbot, dem Zille des Montmartre, der die frechen Buben des Viertels treffend darstellte. Das ›Café de l'Abreuvoir‹, in dem Maurice Utrillo treuer Kunde war, wurde rekonstruiert, der Garten nach Gemälden Renoirs wieder angelegt.

99 Cimetière de Montmartre

Eine eiserne Brücke überspannt die pompösen Grabdenkmäler an den schattigen Alleen dieser malerischen Totenstadt. Viele berühmte Künstler ruhen hier.

20, avenue Rachel, 18e Arr.,
Tel. 01 53 42 36 30
Mitte März–Okt. Mo–Fr 8–18, Sa 8.30–18, So 9–18, Nov.–Mitte März Mo–Fr 8–17.30, Sa 8.30–17.30, So 9–17.30 Uhr
Métro 2, 13: Place de Clichy

Der 1798 eröffnete Friedhof ist einer der schönsten von Paris. In dieser Oase der Stille wandert der Spaziergänger zwischen neugriechischen Tempelchen und pseudogotischen Kapellen, die sich die wohlhabenden Bürgerfamilien als Andenken gesetzt haben, vorbei an melancholischen Statuen von Trauernden und Büsten gewichtiger Persönlichkeiten. Am Haupteingang findet man eine Liste mit allen Berühmtheiten, die es erlaubt, ihre Gräber ausfindig zu machen. Der Wärter gibt einem aber auch bereitwillig Auskunft. Zur Orientierung ist im Folgenden jeweils die Sektion genannt (frz. division, hier abgekürzt Div.).

Gleich am Eingang (1. Div.) befindet sich das efeubegrünte Grab der beiden großen Schauspieler Lucien († 1925) und Sacha Guitry († 1957), Vater und Sohn. Émile Zola († 1902) ehrt ein wuchtiges Jugendstilgrabmal aus rotem Porphyr (20. Div.). Nicht weit davon das Grab von

Hector Berlioz († 1869), ein modernes Monument aus schwarzem Marmor. An Jean-Baptiste Greuze († 1805), den Maler sentimentaler Rokokobilder, erinnert *Das Mädchen mit dem zerbrochenen Krug* (27. Div.). Gleich daneben liegen Heinrich Heine und seine Frau. »Wo wird einst des Wandermüden letzte Ruhestätte sein…«, dieses Heinegedicht ist auf dem Sockel zu lesen. Das Grab des 1856 im Pariser Exil Gestorbenen ist immer mit Blumen geschmückt. Am Grabmal des Bildhauers und Malers Victor Brauner († 1966) sieht man eines seiner Werke (4. Div.). Edgar Degas, de Gas geschrieben († 1917), ruht in einem einfachen Familiengrab, das als einzigen Schmuck ein Bronzemedaillon trägt. Eine ganze Epoche Pariser Lebens ist mit den Namen von Francisque Poulbot († 1946) und Jacques Offenbach († 1880; 9. Div.) verbunden. Etwas weiter ruhen Henry Beyle, genannt Stendhal († 1842), der seine Grabinschrift »Er schrieb, liebte, lebte« lange vor seinem Tod selbst verfasste (30. Div.) und Louise Weber, ›la Goulue‹ († 1929), die Erfinderin des French Cancan (31. Div.). Toulouse-Lautrec hat sie, ihr schwarz bestrumpftes Bein schwingend, dargestellt.

100 Le Bateau-Lavoir

Eine nichtssagende Fassade an der hübschen Place Emile-Goudeau: Das war das Bateau-Lavoir, Geburtsstätte des Kubismus, ein ›haut-lieu‹ der Avantgarde vom Beginn des 20. Jh. bis zum Ersten Weltkrieg.

13, place Emile-Goudeau, 18e Arr.,
Métro 12: Abbesses

Ein von der Gesellschaft zur Erhaltung des alten Montmartre mit historischen Fotos ausgestattetes Schaufenster ist das einzige, was auf den mythischen Ort der **Moderne** hinweist. Das ›Bateau-Lavoir‹ war nichts anderes als eine dürftige Baracke, deren eigenartige Architektur sich den Zufälligkeiten des steilen Terrains fügte, mit einer Etage zur Rue Ravignan und drei Etagen zur Rue Garreau. **Picasso** übernahm 1904 das Atelier, das zuvor Paco Durio bewohnt hatte. In der von einem alten Ofen beheizten Kammer, umgeben von neukaledonischen Plastiken, malte er 1907 die *Demoiselles d'Avignon* – ein Hieb mit der Axt in das damalige ästhetische Gedankengebäude. Damit begann das Abenteuer des Kubismus.

Picasso teilte zu dieser Zeit Zimmer und Bett mit **Max Jacob**, einer schlief nachts, der andere tagsüber. Jacob soll den Namen ›Bateau-Lavoir‹ (Waschboot) erfunden haben – sicher in Anspielung auf die unkomfortablen Verhältnisse, die denen der Waschstege am Seine-Ufer glichen.

Einige Jahre fieberhaften künstlerischen Schaffens erlebten hier in dieser Zeit auch Juan Gris, Kees van Dongen, Auguste Herbin, Modigliani, Georges Braque, André Salmon, Francis Carco, Mac Orlan und Guillaume Apollinaire.

101 Musée de la Vie Romantique

Erinnerungen an George Sand, den Maler Ary Scheffer und dessen künstlerisch-literarischen Salon in einer bezaubernden, italienisch anmutenden Villa aus der Zeit der Restauration.

16, rue Chaptal, 9e Arr.,
Tel. 01 55 31 95 67
www.vie-romantique.paris.fr
Di–So 10–18 Uhr
Métro 2, 12: Pigalle

Das Haus, dem ein Hof mit Wintergarten (etwas überrestauriert) und eine schöne Allee vorangehen, ist eine der letzten authentischen Residenzen dieses ehemals mondänen Stadtviertels, ›la Nouvelle-Athènes‹ genannt. Im 19. Jh. lebten hier viele Schriftsteller, Maler, Schauspieler und Musiker und es war eines der Pariser Zentren der romantischen Bewegung. Der Niederländer *Ary Scheffer* (1795–1858) war damals einer der erfolgreichsten Maler, treuer Orleanist und zu Louis-Philippes Zeiten mit vielen offiziellen Aufträgen betraut, später aber in Vergessenheit geraten. Zu seinen Gästen zählten Chopin, George Sand, Delacroix, Liszt, Ingres, Lamartine, Turgeniew und Ernest Renan, der Scheffers Nichte heiratete. Deren Enkelin vermachte das Haus 100 Jahre später dem französischen Staat.

Die *Ausstellung* wirkt mit ihrem Sammelsurium von Dingen, die an George Sand erinnern (u.a. Porträts, Möbel, Schmuck) herrlich altmodisch und ein wenig zusammengewürfelt. Die Schriftstellerin lebte von 1839 bis 1847 nicht weit von hier, in der Rue Pigalle und am Square d'Orléans. Neben der Villa befinden sich die beiden geräumigen **Ateliers** von Ary Scheffer, in denen viele seiner großformatigen Werke entstanden.

102 Musée national Gustave-Moreau

Das von Gustave Moreau selbst konzipierte Museum umfasst die Hinterlassenschaft des Symbolisten: Gemälde, Aquarelle und Zeichnungen und das Apartment des Künstlers mit Gegenständen, die ihm teuer waren.

14, rue de la Rochefoucauld, 9e Arr.,
Tel. 01 48 74 38 50,
www.musee-moreau.fr
Mo, Mi, Do 10–12.45, 14–17.15,
Fr–So 10–17.15 Uhr
Métro 12: Trinité oder Saint Georges

Kaum ein Museum gibt so ergreifend und persönlich die Atmosphäre des Fin de Siècle und das Universum eines Künstlers wieder, in dem sich antike und biblische Helden, Chimären, Einhörner und sinnliche Frauengestalten tummeln.

Mehr als 50 Jahre lang häufte **Gustave Moreau** (1826–98) seine Arbeiten in diesem *Hôtel Particulier* an. Vier Jahre vor seinem Tod ließ er die beiden großen Atelierräume im 2. und 3. Stock einrichten und durch eine herrlich geschwungene Wendeltreppe verbinden. In Hinblick auf ein zukünftiges Museum begann er, seine Werke zu ordnen, einigen noch den letzten Pinselstrich zu geben, neue zu entwerfen. Alle je von ihm behandelten Themen sind vertreten, was so gut wie einzigartig in der Kunstgeschichte ist: unzählige Gemälde in sehr großem Format, viele unvollendet, dicht gehängt bis zur Decke. Die Zeichnungen, unter Glas und Rahmen, kann der Besucher selbst ›durchblättern‹; die Aquarelle sind an Schiebetafeln angebracht.

Im **2. Stock** nehmen einige große Kompositionen den von Moreau vorgesehenen Platz ein, darunter *Les Prétendants* (Die Freier), eine spektakuläre Anhäufung von Menschenleibern in einem Saal mit korinthischen Säulen. Dieses Bild beschäftigte den Maler über drei Jahrzehnte hinweg immer wieder.

Im **3. Stock** sind einige von Gustave Moreaus berühmtesten Werken zu sehen: *Jupiter et Sémélé*, leuchtend farbig, und *Salomé dansant* (Tanzende Salome), deren Körper geheimnisvolle Zeichnungen zieren. Seine fantastischen Interpretationen mythologischer Themen machten Moreau zu einem in den aristokratischen und literarischen Kreisen geschätzten Maler. Oscar Wilde, Marcel Proust, Claude Debussy bewunderten ihn. Rouault, Matisse, Marquet und Manguin waren seine Schüler. Nach seinem Tod war der Künstler jahrzehntelang beinahe vergessen. Die Surrealisten aber entdeckten in ihm einen geistigen Vater.

Neben den Atelierräumen richtete Moreau auch das **Appartement** im 1. Stock, in dem er mit seinen Eltern lebte, mit rührender Sorgfalt als Museum ein.

103 Cimetière du Père-Lachaise

Der größte Pariser Friedhof, sentimentale und politische Wallfahrtsstätte, Freilichtmuseum der Skulpturen, Geschichtsbuch und nostalgischer Spaziergang in einem.

Boulevard de Ménilmontant,
11e und 20e Arr.
Tel. 01 55 25 82 10
Mitte März–Okt. Mo–Fr 8–18, Sa 8.30–18, So 9–18, Nov.–Mitte März Mo–Fr 8–17.30, Sa 8.30–17.30, So 9–17.30 Uhr
Métro 2, 3: Père-Lachaise

Diese sehr romantische, 1804 eingeweihte Totenstätte trägt den Namen des Beichtvaters von Ludwig XIV., Père de La Chaize. Er wohnte in einem Schlösschen, das sich im 17. Jh. auf dem hügeligen Terrain befand. Offiziell heißt die Anlage **Cimetière de l'Est**. 44 ha groß, von einer Mauer umgeben und von schönen, gewundenen Alleen durchzogen, bildet der Friedhof eine Stadt in der Stadt, mit dicht gedrängten Grabkapellen, bombastischen Mausoleen, Obelisken und steinernen, pathetischen Schönheiten. Um den neuen Gottesacker für die Pariser attraktiv zu machen, überführte man einige große Persönlichkeiten hierher. Auf diese Weise wurden die Freunde Molière († 1673) und La Fontaine († 1695) vereint (25. Div.) und auch Héloïse († 1164) und Abélard († 1142), das berühmte Liebespaar aus dem Mittelalter (7. Div.). Obgleich längst nicht mehr nachweisbar ist, ob es die Überreste der verehrten Personen sind, pilgern noch heute romantisch gesinnte Paare zu diesem Grab.

Am **Haupteingang** erhält man einen *Plan* mit den Namen von etwa 200 hier begrabenen Berühmtheiten, der wegen der Größe dieser Nekropole sehr hilfreich ist (insgesamt 97 Sektionen, frz. division, hier mit Div. abgekürzt). Der älteste und schönste Teil des Friedhofs befindet sich in der Nähe des Haupteingangs.

Musée national Gustave-Moreau – der Symbolist richtete sein eigenes Museum ein

Nicht weit von der Avenue Principale (4. Div.) liegen Colette († 1954) und Alfred de Musset († 1857). Sehenswert ist das Monument für den Maler Paul Baudry († 1886) mit seinen theatralischen Bronzefiguren von Antonin Mercié (4. Div.). Oberhalb des Monument aux Morts von Bartholomé befinden sich die Friedhofskapelle und das tempelartige Grabmonument für Adolphe Thiers, der die Pariser Kommune niederschlagen ließ. Am Tag, an dem sich die ›Blutige Woche‹ des Jahres 1871 jährt, wird das Mausoleum oft noch mit rachsüchtigen Inschriften versehen. An der Avenue de la Chapelle erhebt sich das schöne Grabmal für Théodore Géricault († 1824), dem Maler des Floßes der Medusa, der mit Palette und Pinsel in nachdenklicher Haltung dargestellt ist (12. Div.). Auf dem Grab Chopins († 1849) kauert eine schöne Trauernde (11. Div.). Unweit vom Rond Point liegt das Grab (6. Div.) des US-amerikanischen Rockidols Jim Morrison († 1971). Der rebellische Poet und Leadsänger der Band ›The Doors‹, dem Oliver Stone 1991 einen Film widmete, verstarb wenige Monate nach seiner Übersiedlung nach Paris unter ungeklärten Umständen.

Ebenso unter den großen Unsterblichen befindet sich Madame Lamboukas († 1963), im Volk nur als ›die Piaf‹ bekannt (97. Div.). An ihrem stets blumenüberhäuften Grab findet man bis heute immer wieder ihre treuen Bewunderer, die gern von der Sängerin erzählen. Von dort ist es nicht mehr weit zur Mur des Fédérés, der Friedhofsmauer, an der die letzten Kämpfer der Kommune, die sich hier verschanzt hatten, niedergeschossen und gleich verscharrt wurden. Dieser Ort ist eine Wallfahrtsstätte der französischen Linken. Ergreifende Mahnmale des Zweiten Weltkriegs und der Konzentrationslager von Sachsenhausen, Auschwitz, Buchenwald und Mauthausen säumen die Avenue Circulaire.

Das Grab von Oscar Wilde († 1900) bewacht eine geflügelte Sphinx, ein eigenartiges Werk des Bildhauers Jacob Epstein (89. Div.). Nicht weit vom Colombarium (44. Div.) ruhen Simone Signoret († 1985) und Yves Montand († 1991).

Unweit des Friedhofs befindet sich das winzige **Musée Édith-Piaf** (5, rue Crespin-du-Gast, Tel. 0143555272, nach Voranmeldung Okt.–Mai Mo–Mi 13–18 Uhr), eine Privatwohnung voller sentimentaler Erinnerungen an die große französische Chanson-Sängerin Edith Piaf (1915–63).

Kommune, Künstler und Exoten

Die Gemeinde **Belleville** entstand erst im 18. Jh. Bei der Eingemeindung nach Paris 1860 war Belleville, inzwischen allerdings rapide angewachsen, immer noch vorwiegend ein **Handwerkerort**, in dem vor allem Schuhe angefertigt wurden. Auch heute gibt es noch einige Werkstätten. Wie am Faubourg Saint-Antoine war es die arme, ihres sozialen Standes sehr bewusste Bevölkerungsschicht, welche die führende Rolle bei allen Aufständen spielte. Als 1871 Versailler Truppen die **Pariser Kommune** niederschlugen, gab es unter den Aufständischen von Belleville, die als letzte die Waffen niederlegten, Tausende von Opfern. Schon in den 1830er-Jahren hatte sich eine Gruppe der frühsozialistischen Saint-Simonisten in diesem Viertel angesiedelt.

Gutbürgerliche Pariser rümpfen über Belleville die Nase. Es ist jedoch nachgewiesen, dass viele spezifisch pariserische Ausdrücke aus dem deftigen Argot des alten Belleville entstanden sind. Auch der ›Spatz von Paris‹ stammt aus diesem Viertel: **Edith Piaf** kam »in tiefster Armut auf den Stufen« eines Hauses der Rue Jouye-Rouve zur Welt, wie die Inschrift besagt. Sie wurde in die Welt des Pariser Chansons, der Bals Musettes und des ›flonflon‹ (Gassenhauer) geradezu hineingeboren, denn Belleville war früher eine traditionelle Gegend der Schenken, Spelunken und populären Tanzlokale.

104 Belleville

Das einstige Arbeiter- und Handwerkerviertel beeindruckt heute mit kultureller Vielfalt und viel Kunst.

20e Arr., Métro 2, 11: Pyrénées oder Belleville

Auch das ist Paris, und es lohnt sich, es kennenzulernen. Sein herber Charakter stellt sich jedoch nicht in touristischen Sehenswürdigkeiten dar, sondern will erst entdeckt werden, mit seinen steil ansteigenden Gassen, dunklen Hinterhöfen und schmalen Passagen, die die Bewohner als ihre Gärten betrachten. Dieses fast provinzielle Belleville findet man im höher gelegenen Teil des Viertels, an der Rue Jouye-Rouve, an der Rue du Transvaal oder der Rue des Cascades, wo Marcel Carnés berühmter Vorkriegsfilm *Quai des Brumes* (Hafen im Nebel) gedreht wurde. Alte, verwinkelte Häuser, viele aus Ziegel, werden dort von hohen Mietskasernen überragt.

Im Zuge des ›Projet de l'Est Parisien‹ wurde der **Parc de Belleville** angelegt. Von hier bietet sich ein herrlicher Ausblick auf die Stadt, fast so schön wie vom Montmartre, der die Anhöhe von Belleville nur um wenige Meter überragt. Wie am Montmartre ist auch der Untergrund von Belleville durchlöchert: Jahrhundertelang baute man hier Gips ab und trieb dafür tiefe Schächte in den Hügel.

Weiter unten, an der Métro-Station Belleville, liegt das kosmopolitische Viertel, in dem Immigranten aller Hautfarben leben, und viele junge Künstler, die sich hier Ateliers eingerichtet haben. In den

Schaufenstern mancher Geschäfte kann man die Kreationen alternativer Modedesigner bewundern. Koschere Konditoreien und Couscous-Restaurants existieren hier einträchtig nebeneinander. Fliegende Händler richten sich auf dem Trottoir ein, immer so, dass sie bei Ankunft der in diesem Stadtviertel zahlreich vertretenen ›Flics‹ schnell mit ihrer Ware das Weite suchen können. Große Restaurants der asiatischen Gemeinde locken mit ihren Neonreklamen. **Märkte** gibt es an vielen Wochentagen in verschiedenen Straßen. So findet am Dienstag- und Freitagvormittag ein exotischer Basar auf dem Boulevard de Belleville statt.

105 Parc des Buttes-Chaumont

Ein erstaunlicher Landschaftspark aus dem 19. Jh. Voraussichtlich bis Ende 2014 wird er renoviert.

19e Arr., Mai–Aug. tgl. 7–22, Sept. tgl. 7–21, Okt.–April tgl. 7–20 Uhr
Métro 7b: Buttes-Chaumont

Grotten, Felsen, Wasserfall und Tropfsteinhöhlen: Nicht jeder weiß, dass es all das in Paris gibt. Unter der Leitung von Adolphe Alphand, dem Ingenieur und Landschaftsarchitekten von Napoleon III., entstand 1866/67 dieses künstliche Paradies. Alphand verdankt Paris auch die Parkanlagen des Bois de Vincennes und des Bois de Boulogne. Um das Wohl der arbeitenden Massen besorgt und deren Groll fürchtend, ließ der Kaiser im Zuge der radikalen Stadtsanierung Haussmanns diese grünen Lungen schaffen, von denen Paris noch heute profitiert.

Im Mittelalter war der ›kahle Hügel‹ (›mont chauve‹, daher Chaumont) eine üble Gegend, in der der Balladendichter François Villon und viele zwielichtige Gestalten hausten und wo der berüchtigte ›Gibet de Montfaucon‹ stand, ein riesiger Galgen (1760 abgerissen).

Die Schöpfer des **Gartens** machten sich das terrassenartige, bewegte Gelände zunutze und ließen eine Anlage in der pittoresken Tradition englischer Landschaftsgärten entstehen, in der kleine Monumente nicht fehlen durften. Das hübscheste darunter, ein rundes **Tivoli-Tempelchen**, steht auf der 50 m hohen Felseninsel in der Mitte eines Sees. Von dort oben blickt man über das Viertel Belleville und den Nordosten der Stadt.

106 Parc de la Villette

Anstelle des alten Schlachthofs und Viehmarkts ist ein futuristischer Freizeitpark entstanden mit einem spannenden Wissenschafts-, Technik- und Industriemuseum sowie einem interessanten Musikzentrum und Musikmuseum, das auch Kindern gefällt.

19e Arr., www.villette.com
Métro 5, 7: Porte de la Villette oder Porte de Pantin

Das 35 ha große Areal im Nordosten der Stadt, das der *Canal de l'Ourcq* durchfließt, ist nicht mehr wiederzuerkennen. Seit dem Second Empire und bis vor 35 Jahren war dort das Gelände des Schlachthofs und des Viehmarkts, ›la cité du sang‹. Von hier wurde ganz Paris mit Fleisch beliefert. Dazu kamen kleine Industrien, die sich entlang des Kanals angesiedelt hatten, und La Villette zu einer wenig anziehenden Gegend machten.

Ende der 1950er-Jahre beschloss man, die baufälligen Hallen des Schlachthofs durch eine moderne Anlage zu ersetzen. Die Beton- und Stahlstruktur für die neuen Hallen war noch nicht vollendet, als 1974 die Arbeiten eingestellt wurden, da sich das Projekt als unrentabel und veraltet erwiesen hatte. Ein Riesenskandal, aus dem schließlich das Bestmögliche gemacht wurde: Aus dem Schlachthofskelett am nördlichen Rand des Parc de la Villette wurde die **Cité des Sciences et de l'Industrie** (30, avenue Corentin-Cariou, Tel. 01 40 05 70 00, www.cite-sciences.fr, Di–Sa 10–18, So 10–19 Uhr). Nach den Plänen des Architekten Adrien Fainsilber wurde um die schon bestehende Konstruktion das Museum erbaut, das größte seiner Art weltweit und mehr als dreimal so groß wie das Centre Pompidou. Mit der Géode, der silbrigen Kinokugel, ebenfalls von Fainsilber entworfen, ist sie seit ihrer Eröffnung 1986 die Hauptattraktion des Freizeit-, Kultur- und Technikparks. Fainsilber wählte für die architektonische Konzeption der Cité drei Hauptelemente: Wasser, Licht und Vegetation. Wie eine Wasserburg ist das Museum von Gräben umgeben, in denen sich die mächtigen Trägerbalken spiegeln. Zwei drehbare Lichtkuppeln auf dem Dach schicken über ein elektronisch gesteuertes Spiegelsystem Tageslicht ins Innere. An der Südfassade stellen hohe Gewächshäuser die Verbindung zum angrenzenden Parc de la Villette (s. S. 137) her.

Parc de la Villette

Die Cité, die dem wachsenden Universum technischer Informationen gerecht werden will, versteht sich nicht als ein herkömmliches Museum, sondern als eine ›Stadt‹, die sich fortwährend weiterentwickelt. Sie lässt den Besucher selbst experimentieren, will Neugierde wecken und Staunen hervorrufen über die Welt, die uns umgibt.

In der bis unters Dach offenen *Eingangshalle* (mit Informationsstand) gleitet der Besucher auf verglasten Rolltreppen nach oben zur ständigen Ausstellung **Explora**, die sich auf der obersten Ebene befindet. Sie ist in drei Ausstellungszonen aufgeteilt: ›Die bedeutenden technologischen und industriellen Bereiche entdecken‹ (Südgalerie), ›Die Welt verstehen und verständlich machen‹ (Nordgalerie), ›Das Universum, die Erde und das Leben erforschen‹ (Nordbalkon und Zwischengeschosse). Auf 30 000 m² ist dies ein faszinierender Experimentierraum, in dem anhand von Multimedia-Vorführungen, Computerbildschirmen und Modellen wissenschaftliche oder technische Sachverhalte spielerisch verständlich gemacht werden.

Das **Planetarium** (2. Ebene, Di–Sa 10–18, So 10–19 Uhr) entwirft über den Köpfen der Zuschauer einen Himmel mit 10 000 Sternen und gibt eine informative, aufregend präsentierte Einführung in unser Sonnensystem.

Die **Cité des Enfants** (Starttermine Di–Fr 10, 11.45, 13.30, 15.15 Uhr, Sa/So 10.30, 12.30, 14.30, 16.30 Uhr) ist den Kindern vorbehalten. Es gibt spezielle Bereiche für die Zwei- bis Siebenjährigen und die Fünf- bis Zwölfjährigen. Dort können sie etwa das organisierte Leben eines echten Ameisenhaufens beobachten, lernen, wie ein Computer programmiert wird, entdecken, wie ihr eigener Körper funktioniert, und ihre fünf Sinne erkunden.

La Géode (Ticket-Tel. 01 40 05 79 99, www.lageode.com, Di–So 10.40–20.40 Uhr), die zauberhafte Kugel, in der sich die Wolken spiegeln, ist ein poetisches Symbol des Universums. Sie wirkt so leicht, als könne sie ein Windstoß davontragen. Tatsächlich wiegt sie aber 6000 t, und dieses Gewicht ruht auf nur zwei Betonpfeilern von je 3 m² Auflagefläche – eine kühne Konstruktion! Die Außenhülle, von dem Ingenieur Chamayou entworfen, besteht aus 6433 rostfreien Stahldreiecken, die sich dank eines speziellen Befestigungssystems je nach Temperatur ausdehnen können. Die Halbkugelleinwand des **Kinosaals** hat eine Oberfläche von 1000 m².

Cité des Sciences et de l'Industrie – die Wissenschaftsmuseen sind auch für Kinder eine Schau

Das extrem breite Projektionsfeld (180°) vermittelt dem Zuschauer den Eindruck, mitten im Filmgeschehen zu sein. In der Regel sind aufwendige Dokumentationen zu sehen. Es ist ratsam, Karten vorab zu reservieren.

Der 35 ha große **Parc de la Villette** (www.villette.com), die größte Grünanlage, die in Paris seit Haussmanns Zeiten angelegt wurde, kombiniert Technik, Kunst und Spiel. Der Schweizer Architekt Bernard Tschumi holte sich seine Inspiration bei den Gärten des 18. Jh. An geradlinigen Alleen platzierte er in regelmäßigen Abständen lustige rote Emailhäuschen in der Art der früheren Lustpavillons (folies). Alle folgen dem gleichen konstruktivistischen Schema, doch sind sie diversen Bestimmungen angepasst: als Café, Aussichtspavillon, Kinderhaus, Ausstellungsraum usw. Ein Wellendach durchzieht den Park der ganzen Länge nach und stellt ein verbindendes Element dar. Das **Parkmobiliar** entwarf der Erfolgsdesigner Philippe Starck. Experimenteller Gartenarchitektur wurde viel Raum gegeben: Ein gewundener Pfad verbindet Spalier- und Wassergarten und einen Bambuswald, den eine grau-weiße Streifenkomposition begrenzt.

Für Kinder sind natürlich viele Vergnügungen vorgesehen, u. a. gibt es einen originellen Drachen zum Klettern mit einer langen Rutschbahnzunge.

Le Zénith (www.zenith-paris.com), ein Zeltdach im Osten des Gartens, bietet 6300 Zuschauern für Konzerte Platz. Die einzige Halle, die von den alten Schlachthöfen erhalten blieb, ist die **Grande Halle**, ein graziöses, doch immenses Gusseisen- und Glasgebilde von 1867, das ursprünglich als Viehverkaufshalle diente und das man zu einer Mehrzweckhalle umgestaltete. Davor steht noch die **Fontaine aux Lions de Nubie** (1821), eine exotische Viehtränke mit blauen Löwen.

Die **Cité de la Musique** (221, avenue Jean-Jaurès, Tel. 01 44 84 45 00, www.citedelamusique.fr, Di–Sa 12–18, So 10–18 Uhr) beim Südeingang bildet den architektonischen Abschluss des Parks. Christian de Portzamparc entwarf dieses Musikzentrum, das dem Pariser Konservatorium Räume zur Verfügung stellt (im Westgebäude) und einen großen Konzertsaal sowie das **Musée de la Musique** beherbergt (im Ostgebäude, Tel. 01 44 84 44 84, tgl. Konzerte Di–Sa 12–18 Uhr, So 10–18 Uhr). Dieses Museum besitzt eine der größten Instrumentensammlungen der Welt.

Die Ausstellungsarchitektur inszeniert das Wissen der Welt klar und spielerisch

Grüne Lungen –
Parks, Villen und Residenzen

Abseits der lebhaften Boulevards der Rive Droite erstreckt sich der schöne Landschaftsgarten **Parc Monceau**. Ihn umgeben Architekturen von Neorenaissance bis Neobarock, Residenzen von Bankiers, Industriellen und Günstlingen des Second Empire. Viele Villen haben direkten Zugang zum Park, es herrscht distinguierte Langeweile. Der Geist des Marcel Proust scheint immer noch gegenwärtig, denn Leben und Werk des großen Schriftstellers war eng mit dieser Gegend verbunden.

Die beiden Viertel des 16. Arrondissements, **Auteuil** und **Passy**, haben trotz aller Eleganz ihren dörflichen Ursprung nicht vergessen. Nach Passy ging man schon vor Jahrhunderten zur Trinkkur und Auteuil war Sommerfrische der besten Gesellschaft. In den vornehmen Straßen von Auteuil, am Rand des **Bois de Boulogne**, wohnt das wohlhabende Pariser Bürgertum. Hier ist ein Repertoire der architektonischen Avantgarde aus dem frühem 20. Jh. zu entdecken, von den Art-Nouveau-Schöpfungen *Hector Guimards* bis zu den puristischen Villen von *Le Corbusier* oder *Mallet-Stevens*. Die noblen Palais der **Avenue Foch** liegen hinter Baumreihen und Vorgärten versteckt. Nachts profitiert ein weniger erlesenes Publikum vom Halbdunkel der parkähnlichen Avenue.

Nicht nur der größte, sondern auch populärste Park von Paris ist der **Bois de Vincennes**. Eine Burganlage, romantische Seen, der Botanische Garten und der Zoo gehören zu seinen Attraktionen.

In Bercy, am **Parc de Bercy**, lockt die Welt der Stars bei Konzerten im *Palais Omnisports* und die Welt der Kinohelden in der *Cinémathèque Française*. Am Quai d'Austerlitz vis-à-vis sind **Bibliothèque Nationale de France François-Mitterrand** sowie das Modezentrum von **Les Docks en Seine** zu bestaunen.

107 Parc Monceau

Der großbürgerliche Landschaftsgarten aus dem 19. Jh. ist heute ein beliebtes Naherholungsziel.

Mai–Aug. tgl. 7–22, Sept. tgl. 7–21, Okt.–März tgl. 7–20, April 7–21 Uhr
8e Arr., Métro 2: Monceau

Seit der Zeit von Marcel Proust, der mit Vorliebe hier promenierte, hat sich kaum etwas verändert. Weiße Monumente und einige Ruinen geben dem Park eine melancholische Note. Der Chansonnier Yves Duteil hat ihm das gefühlvolle Lied ›Au parc Monceau‹ gewidmet, Brautpaare lassen sich gern an dem romantischen kleinen **See** vor der korinthischen Kolonnade fotografieren. Vergoldete Tore prunken an den Eingängen. Zum Teil stammt dieses Dekor aus der Zeit vor der Revolution, als Philippe d'Orléans sich in der Nähe des Dorfes Monceau von dem Maler und Dichter Carmontelle einen *Jardin d'Illusion* komponieren ließ, mit Grotten, Windmühlen, Tempelchen und Pagoden. Adolphe Alphand gestaltete 1862 den Park neu. Damals war dieses elegante Viertel gerade am Entstehen. Die **Rotunde** am Nordeingang ist eines der 54 unpopulären Zoll- und Wachhäuser, die 1785–89 von Claude-Nicolas Ledoux an der Stadtgrenze errichtet wurden. Nur vier blieben erhalten, Zeugnisse des klaren, vereinfachten Architekturstils am Vorabend der Revolution.

108 Musée Cernuschi

Ein wenig bekanntes Museum chinesischer Kunst, das besonders schöne Stücke aus der archaischen Zeit besitzt.

7, avenue Vélasquez, 8e Arr.
Tel. 01 53 96 21 50
www.cernuschi.paris.fr
Di–So 10–18 Uhr
Métro 2, 3: Monceau oder Villiers

Die meisten Exponate dieses Museums stammen von einer Fernost-Reise, die der Politiker, Finanzmann und Gelehrte **Henri Cernuschi** unternommen hatte. Im Jahr 1896 vermachte er die Sammlung zusammen mit seiner Villa der Stadt Paris.

Heute staunt der Betrachter über herrliche Gefäße aus der Jungsteinzeit (3.–2. Jahrtausend v. Chr.) und die archaischen Bronzen des 14.–12. Jh. v. Chr., welche die frühe chinesische Zeremonialkunst repräsentieren. Von erstaunlicher Vielfalt sind auch die kleinen Grabfiguren (3.– 8. Jh.) aus gebranntem Ton. Unter den Malereien sticht besonders die Seidenrolle der *Pferde mit ihren Stallmeistern* hervor. Man schreibt sie dem Hofkünstler Han Kan zu (8. Jh.). Die buddhistische Kunst drückt sich vor allem im Bereich der Skulptur aus. Der *Sitzende Bodhisattwa* von Yunkang (Ende 5. Jh.) ist eine der schönsten. Von der Vitalität der traditionellen Malerei im zeitgenössischen China zeugt die Sammlung Kuo Yu-shou.

109 Musée Nissim de Camondo

Französische Einrichtungskunst des 18. Jh., aufs Schönste präsentiert.

63, rue de Monceau, 8e Arr.,
Tel. 01 53 89 06 50
www.lesartsdecoratifs.fr
Mi–So 10–17.30 Uhr
Métro 2, 3: Monceau oder Villiers

Für seine erlesene Sammlung von Kunstgegenständen des 18. Jh. ließ der Bankier **Moïse de Camondo** 1911 ein Palais ›nach Maß‹ errichten. Als Vorbild diente der Petit Trianon von Versailles. Die Räume sind speziell für das Mobiliar geplant, die Kunstwerke für einen festen Platz gekauft. In Erinnerung an seinen im Ersten Weltkrieg gefallenen Sohn Nissim vermachte Moïse 1935 das Palais *Les Arts Décoratifs* dem Pariser Kunstgewerbemuseum.

Die mit den Wandvertäfelungen abgestimmten **Möbel** sind von den besten Kunsthandwerkern der Zeit geschaffen; die Namen der Ebenisten Weisweiler, Oeben und Saunier stehen für höchste Qualität. Im **Grand Salon** sind u. a. ein eleganter Tisch von Riesener und das zierliche Bureau aus Rosenholz von Martin Carlin zu bewundern. Einige der Möbel stammen aus Versailles, andere aus den Schlössern von Montreuil und Saint-Cloud. Die **Teppiche** wurden in der ›Savonnerie‹, dem führenden Knüpfereibetrieb im Paris des 17. Jh., die Wandtep-

Eine Oase der Stille und des Freizeitsports ist der vornehme, etwas verträumte Parc Monceau

109 Musée Nissim de Camondo

piche in Beauvais und Aubusson gefertigt. Unter den **Gemälden** befinden sich Werke von Oudry, Guardi, Madame Vigée-Lebrun und Hubert Robert. Sehr schön ist auch das mit Vögeln bemalte **Tafelgeschirr** aus der Manufaktur von Sèvres, ›Service du Buffon‹ genannt, und das **Silber** aus dem 18. Jh. im Esszimmer.

110 Musée Jacquemart-André

Eine erlesene private Kunstsammlung in elegantem Second-Empire-Palais.

158, boulevard Haussmann, 8e Arr.,
Tel. 01 45 62 11 59
www.musee-jacquemart-andre.com
tgl. 10–18 Uhr
Métro 9: Miromesnil oder Saint-Philippe-du-Roule

Glanzstücke des Museums sind Werke der italienischen Renaissance und französische Gemälde und Plastiken des 18. Jh. **Edouard André** und seine Frau, die Porträtistin **Nélie Jacquemart**, vermachten 1912 Vermögen, Sammlung und Villa dem Institut de France, das das Museum von Grund auf renovieren ließ. Zum prächtigen Innendekor gehören Wandvertäfelungen aus der Zeit von Ludwig XV., Gobelins, Tapisserien der Manufaktur von Beauvais und effektvolle Deckengemälde (um 1745) von Giambattista Tiepolo, die aus der Villa Contarini in Mira (Veneto) stammen und den Empfang Heinrichs III. in der Villa schildern. Im 1. Stock wurde Renaissancedekor mit äußerst vornehmem Deckenschmuck in blau-goldenem Camaïeu rekonstruiert.

Die **französische** Schule des 18. Jh. zeigt sich hier in ihren charmantesten Facetten. Unter den Plastiken sind besonders das fast barocke Porträt des Architekten Jacques-Ange Gabriel von Coysevox sowie die Büsten von Houdon und Lemoyne hervorzuheben. Das Museum besitzt auch zwei Hauptwerke von Fragonard, *Les Débuts du Modèle*, ein frivoles Thema delikat behandelt, und das lebhafte *Portrait d'un Vieillard*, daneben Zeichnungen von Watteau, Stillleben von Chardin und eine Reihe meisterhafter Porträts.

Die **niederländische** Malerei ist mit Rembrandt, van Dyck, Frans Hals und Ruysdael vertreten. Genannt seien nur *Die Jünger von Emmaus*, Rembrandts berühmtes Jugendwerk (um 1630).

Die Werke der **italienischen** Renaissance, von dem Sammlerpaar in Florenz erstanden, sind heute von unschätzbarem Wert: unter den Gemälden Mantegnas *Madonna mit drei Heiligen*, Uccellos *Der hl. Georg im Kampf mit dem Drachen*, Werke von Carpaccio, Crivelli, Pontormo; von Donatello das expressive Relief mit dem *Martyrium des hl. Sebastian* und von dem bedeutenden florentinischen Archi-

Der Parc de Bagatelle mit Schloss für den späteren Karl X. entstand in zwei Monaten

tekten Leon Battista Alberti ein *Porträt des Herzogs von Gonzaga*.

111 Bois de Boulogne

Großes Waldgebiet mit eleganten Parkanlagen, Seen, Rennbahnen, Restaurants und Wegen für Reiter, Radfahrer und Spaziergänger.

16e Arr., Métro 1, 2, 10 und
RER C: Les Sablons, Porte Maillot,
Porte Dauphine oder Porte d'Auteuil

Mit seinen 856 ha bildet der Bois de Boulogne eine der grünen Lungen der Stadt. Er war einst Jagddomäne der Könige, reich an kräftigen Steineichen und vielerlei Wild. 1531 ließ Franz I. dort ein großes Schloss im neuen italienischen Stil bauen, ›le Château de Madrid‹, das man nur noch von Stichen kennt. Schon immer war der Wald ein Ort galanter Abenteuer. Diane de Poitiers, die Favoritin Heinrichs II., logierte hier. Er diente auch den Extravaganzen des Comte d'Artois und wurde im 18. Jh. zum Treffpunkt der feinen Welt. Heute ist allgemein bekannt, dass bei Einbruch der Dunkelheit das Unterholz, trotz aller tugendhaften Bemühungen der Polizei, zum Jagdgebiet der Damen ›à la petite vertue‹ wird. Auch Herren und Schöne zweideutigen Geschlechts haben dort ihre Domäne. Schon Ludwig XIV. hatte den Wald allen zugänglich ge-

macht. Aber erst Napoleon III., der ›Erfinder‹ der großen öffentlichen Parks von Paris, ließ ihn von seinem Garteningenieur Adolphe Alphand in ein **Erholungsgebiet** verwandeln. Dies geschah im Stil der englischen Landschaftsgärten, an denen der Kaiser während seines Londoner Exils Geschmack gefunden hatte. Malerische Chalets in der Art von Schweizer Berghöfen entstanden auf besonderen Wunsch von Kaiserin Eugénie, die die Aufenthalte im Park sehr liebte.

Zur Palette der Attraktionen des Bois de Boulogne gehört im Norden der **Jardin d'Acclimatation** (Métro: Les Sablons), ein Spaß für Kinder, die hier Spielplätze, einen Zoo und ein Museum vorfinden. Im September 2014 wird hier die Fondation Louis Vuitton ihre Tore öffnen. Architekt des spektakulären Gebäudes ist Frank Gehry. Auf jeden Fall sollte man durch das prächtige Tor in den wunderschönen, gepflegten **Parc de Bagatelle** (April–Sept. tgl. 9.30–20, Okt., März tgl. 9.30–18.30, Nov.–Febr. tgl. 9.30–17 Uhr, *Schloss*: April–Okt. So 15 Uhr) eintreten, der, von Mauern umgeben, im Waldgebiet eine Enklave bildet. Bagatelle ist eine Folie, die sich der Comte d'Artois, der zukünftige Karl X., leistete – ›folie‹ bedeutet Lustschloss und Verrücktheit zugleich. Er wettete 1775 mit seiner Schwägerin Marie-Antoinette, dass er ein Schlösschen mit Garten in nur zwei Monaten bauen lassen könne – und gewann. Bélanger hat den Plan für dieses verschwenderische kleine Luxusbauwerk gezeichnet, das verständlicherweise den Unmut der darbenden Bevölkerung erregte. Die Gärten von Bagatelle sind zu jeder Jahreszeit eine Augenweide. Im zierlichen Rosengarten sind im Frühsommer an die 1000 Arten zu bewundern; vom *Kiosque de l'Impératrice* aus kann man ihn schön überblicken.

Weitere Anziehungspunkte des Bois de Boulogne sind die beiden Seen, der **Lac Supérieur** und der größere **Lac Inférieur**, auf dem Ruderboote fahren und auf dessen Insel das *Chalet des Îles* einst für Napoleon III. und Eugénie reserviert war (heute Restaurant). Mit einer Fähre kann man übersetzen. Im **Pré Catelan**, einem Park, benannt nach dem provenzalischen Troubadour Armand Catelan, der zur Zeit Philipps des Schönen hier ermordet wurde, steht einer der ältesten Bäume des Waldes, eine 200-jährige majestätische Rotbuche. Für die **Grande Cascade** schaffte man Felsen aus dem Wald von Fontainebleau heran. Vor dem Wasserfall erschoss die Gestapo im August 1944 insgesamt 35 junge französische Widerstandskämpfer.

Die weltberühmten Pferderennplätze von **Auteuil** und **Longchamp** gehören immer noch zum mondänen Pariser Leben. Anlässlich eines Grand Prix' führen die Damen ihre raffinierten Hutkreationen aus. Ganz im Süden des Waldes liegt **Roland-Garros**, wo die Tennisturniere ausgetragen werden.

112 Musée Marmottan Monet

Für Impressionismus-Freunde gehört das Museum am Rand des Bois de Boulogne zum unverzichtbaren Besuchsprogramm.

2, rue Louis-Boilly, 16e Arr.,
Tel. 01 44 96 50 33
www.marmottan.com
Di, Mi, Fr–So 10–18, Do 10–20 Uhr
Métro 9: La Muette

Das Musée Marmottan Monet besitzt so berühmte Werke wie Monets *Impression, Soleil Levant* (1872), das dem Impressionismus seinen Namen gab und das vor einigen Jahren Schlagzeilen machte, als es zusammen mit anderen Bildern gestohlen wurde. Sie alle sind inzwischen unversehrt zurückgekehrt. Auch Gemälde aus Monets Serie der *Cathédrales de Rouen* (1894), *Le Pont de l'Europe à la Gare Saint-Lazare* (1877) und *Le Parlement* (1905) sind Meisterwerke des **Impressionismus**, der Flüchtigkeit des Eindrucks verschrieben. Ein großer Teil der Bilder stammt aus Monets letzten Jahren in Giverny: die Studien zu den *Nymphéas* und die fast abstrakten *Ponts Japonais*. Daneben Bilder von Renoir, Pissarro, Sisley, Berthe Morisot und Caillebotte, die aus Monets Besitz stammen.

Jules und **Paul Marmottan** vermachten 1934 dem Institut de France ihre Villa und die kostbare Sammlung von Kunstgegenständen aus dem Empire, die im Erdgeschoss ausgestellt ist. Aber erst die Schenkungen von Donop de Monchy 1950 und von Monets Sohn Michel 1966 machten aus dem bis dahin wenig besuchten Museum einen Wallfahrtsort für Freunde des Impressionismus. 1980 kam eine bemerkenswerte Sammlung europäischer Illuminierkunst dazu. Die Villa (19. Jh.) liegt sehr reizvoll zwischen dem Bois de Boulogne und dem Jardin du Ranelagh, wo früher, wie im Londoner Ranelagh, getanzt wurde.

113 Fondation Le Corbusier

Die schön geschwungene, klare Maison La Roche ist eine Umsetzung von Le Corbusiers architektonischen Theorien der 1920er-Jahre. Sie und die angrenzende, streng rechtwinklige Maison Jeanneret beherbergen die Le-Corbusier-Stiftung.

8–10, square du Docteur-Blanche, 16e Arr.,
Tel. 01 42 88 75 72
www.fondationlecorbusier.asso.fr
Mo 13.30–18,
Di–Sa 10–18 Uhr
Métro 9: Jasmin, Michel-Ange-Auteuil

Die **Maison La Roche**, 1925 vollendet, stammt aus der Zeit, als Le Corbusier noch Charles-Edouard Jeanneret hieß. Das Haus, im rechten Winkel in eine versteckte Sackgasse von Auteuil eingefügt, gehört zu den ersten ›weißen Villen‹, die Le Corbusier zwischen 1922 und 1929 zusammen mit seinem Cousin Pierre Jeanneret entwarf. *Raoul La Roche*, ein junger Bankier und Mäzen, war der Bauherr. Er wünschte sich einen angemessenen Rahmen für seine Kunstsammlung, zu der kubistische Gemälde von Picasso, Braque, Léger, Gris und puristische Werke von Amédée Ozenfant und von Jeanneret-Le Corbusier selbst gehörten. Der Auftrag ist bezeichnend: Nur die soziale und kultu-

Musée Marmottan Monet – Berthe Morisots Porträt ihrer Tochter Julie Manet (1893)

Die Maison La Roche ist eine »malerisch bewegte Komposition«, wie Le Corbusier notierte

Le Corbusier in Paris

Seine großen städtebaulichen Projekte für Paris kamen zwar nicht zur Ausführung, doch konnte Le Corbusier außer der Maison La Roche und der benachbarten Maison Jeanneret einige weitere Gebäude realisieren: Ebenfalls im 16E Arr., 24, rue Nungesser-et-Coli, **Le Corbusiers Wohnhaus** (1933); die **Pavillons der Schweiz** (1930–32) und **Brasiliens** (1959) in der Cité Universitaire; die **Cité de Refuge** der Heilsarmee (1932/33), 12, rue Cantagrel, 13. Arr., die bereits an die späteren ›Wohnmaschinen‹ denken lässt. Und die berühmte **Villa Savoye** (1929) in Poissy, Chemin de Villiers (im Nordwesten von Paris).

relle Elite, meist reiche Kunstsammler, zeigten sich damals für Le Corbusiers experimentelle Architektur aufgeschlossen. An offizielle Aufträge war noch nicht zu denken.

Die Gemäldegalerie – mit Le Corbusiers erster geschwungener Fassade, auf frei stehenden Stützen ruhend – bildet mit dem kubischen Hauptgebäude eine Einheit, was sich vor allem in der Kommunikation der Innenräume zeigt. Um eine hohe Eingangshalle, auf die sich alle drei Etagen öffnen, artikuliert sich ein komplexes Zirkulationssystem: Treppen, eine sanft ansteigende Rampe und ein Verbindungssteg erlauben verschiedene Wegkombinationen, die immer neue Perspektiven und Raumempfindungen entdecken lassen. Große Fensterfronten und Fensterbänder lassen das Innen und Außen miteinander verschmelzen. In diesen hellen Räumen zeigt die Stiftung Le Corbusiers Gemälde und Zeichnungen. Nebenan, in der eher rigiden **Maison Jeanneret** (nur nach telefonischer Vereinbarung), die Le Corbusier für seinen Bruder Albert entworfen hat, befinden sich Bibliothek und Archiv.

114 Castel Béranger

Das berühmteste Pariser Art-Nouveau-Haus, Hector Guimards Aushängeschild und Manifest einer neuen Ästhetik.

14, rue La-Fontaine, 16e Arr., Métro 9: Jasmin

Faszinierend, was sich an den skurrilen Fassaden dieser drei, um einen engen Hof gruppierten Häuser aus den Jahren 1894–98 alles tut: Verschiedene Fensterformen, Erker, Giebel, Balkönchen, vorspringende Fassadenteile setzen sich über alle traditionellen Regeln der Symmetrie und Einheitlichkeit hinweg. Das skulptural umrahmte **Eisenblechtor** ist ein Musterbeispiel für die geschwungene, asymmetrische Ornamentik des Art Nouveau. **Hector Guimard** (1867–1942) entwarf auch die Innenausstattung im Detail, inklusive Türgriffe, Tapeten und sogar die Kücheneinrichtung: ein wirkliches Gesamtkunstwerk.

So erstaunlich es bei diesem qualitätvollen, reichen Dekor erscheint – das Castel Béranger ist als **Wohnungsbau** mit

114 Castel Béranger

niedrigen Mietpreisen konzipiert. Ein interessantes Experiment, das durch die Verwendung von bescheidenen Materialien wie Haustein und Ziegel und standardisierten Dekorationselementen möglich wurde. Guimard bewohnte selbst ein Apartment in diesem Haus, das sein erster bedeutender Bauauftrag war. Er gewann damit den städtischen Wettbewerb für die schönste *Fassade*. Seit 1992 steht das Castel Béranger unter Denkmalschutz. Es ist immer noch ein Mietshaus und kann im Inneren daher leider nicht besichtigt werden.

In der **Rue La-Fontaine** sind noch einige andere Häuser des Architekten erhalten (Nr. 17, 19, 21). Sie alle zeigen Guimards virtuose Kunst der bewegten Fassadengestaltung. Das Haus **Avenue Mozart Nr. 18** aus dem Jahr 1926 ist dagegen schon deutlich vom Art Déco beeinflusst. Das Pariser Straßenbild prägte Guimard aber vor allem durch die Gestaltung der **Métro-Zugänge**. Etliche der zwischen 1900 und 1913 entstandenen gusseisernen Eingänge, für deren weiche, organische Formen der Pariser Volksmund den Ausdruck *Style Nouille* (Nudelstil) fand, blieben erhalten; die beiden einzigen mit verglasten Überdachungen, die sich wie Insektenflügel spannen, finden sich an den Stationen **Porte Dauphine** (16E Arr.) und **Abbesses** (Montmartre, 18E Arr.).

115 Maison de Balzac

Balzac bewohnte das kleine romantische Haus von 1840 bis 1847. Persönliche Erinnerungsstücke, Schriftdokumente, Gemälde und Karikaturen bewahren die Atmosphäre, in der seine letzten Romane entstanden.

47, rue Raynouard, 16e Arr.
Tel. 01 55 74 41 80
www.paris.fr/musees
Di–So 10–18 Uhr
Métro 6: Passy, Métro 9: La Muette

Das bescheidene Haus, von **Honoré de Balzac** (1799–1850) liebevoll ›la Cabane de Passy‹ genannt, scheint ein wenig klein für eine so imposante Persönlichkeit. Es klammert sich an den steilen Abhang des

Hochufers von Passy. Man steigt eine eiserne Treppe hinab zum sonnigen Garten und zum Eingang des Museums. Die Besichtigung führt nochmals enge Stiegen treppab, mit Blick auf das moderne Passy und auf eine Gasse, die Rue Breton, die noch aussieht wie zu Balzacs Zeiten. Das Haus gehörte früher zu einem *Hôtel Particulier* und ist einer der letzten Überreste des damals ländlichen Vororts von Paris. Das übrige Passy mit seinen hohen Häuserfronten über dem Seine-Ufer nimmt sich heute wie eine Bastion des reichen Bürgertums aus.

Von seinen Gläubigern verfolgt, flüchtete sich Balzac hierher und mietete unter falschem Namen ein Fünf-Zimmer-Apartment im 1. Stock. Im Arbeitszimmer stehen noch seine Möbel. Gekleidet in eine Mönchskutte arbeitete er an dem einfachen Tisch wie ein Besessener, korrigierte die Tausende von Seiten der *Comédie Humaine*, brachte mehrere Romane zu Papier und schrieb unzählige Briefe an **Madame Hanska**, die Liebesepisteln, Roman und Tagebuch in einem sind. Einer der Räume ist dieser wichtigsten Frau im Leben Balzacs gewidmet. Er heiratete sie fünf Monate vor seinem Tod. Die berühmte Kaffeekanne erinnert an Balzacs unmäßigen Genuss dieses ›excitant moderne‹. Besucher können außerdem den originellen Spazierstock bewundern, für den die Karikaturisten eine Vorliebe hatten. Die **Bibliothek**, ein Zentrum der Balzac-Forschung, umfasst eine bemerkenswerte Sammlung von Erstausgaben, Manuskripten und Fotos.

116 Château de Vincennes

Der Wohnturm der Burg ist ein schönes Beispiel mittelalterlicher Festungsbaukunst des 14. Jh. Wie aus dem Bilderbuch wirkt auch die spätgotische Schlosskapelle.

Avenue de Paris, Vincennes
Tel. 01 48 08 31 20
www.chateau-vincennes.fr
21. Mai–22. Sept. tgl. 10–18,
23. Sept.–20. Mai tgl. 10–17 Uhr
Métro 1: Château de Vincennes,
RER A: Vincennes

Seit dem Mittelalter war das riesige Waldgebiet vor den Toren der Stadt Jagdrevier der Könige. Ludwig IX., der Heilige, soll unter einer Eiche, dem charakteristischen Baum des Bois de Vincennes, Recht gesprochen haben. Ein Jagdhaus bestand schon im 12. Jh. Während des Hundertjährigen Krieges wurde es zur Festung ausgebaut, in der sich der König sicherer fühlte als im Palais de la Cité oder im Hôtel Saint-Pol. Das Château de Vincennes nahm Form an mit dem Bau des **Donjon**, dem mächtigen Wohnturm, der 1369 unter Karl V. fertiggestellt und in eine türmestrotzende Festungsanlage einbezogen wurde. Sie gehörte damals zu den größten und modernsten Europas, eine befestigte Stadt für sich, die den gesamten Hofstaat aufnehmen konnte.

Der Donjon ist mit Zugbrücke, tiefem Graben, Wehrgang, Pechnasen und Zinnen ausgestattet. Er barg in seinen 3 m dicken Mauern die Gemächer des Königs und seines Gefolges. Die vielen bemerkenswerten **Sockelskulpturen** sind nur noch Reste der einst prächtigen Ausstattung. Alle Etagen sind gleich angelegt. Ihre Gewölbe ruhen auf einem schön gearbeiteten Mittelpfeiler, der die Raumachse bildet. Im 16. Jh., als Vincennes zum

Château de Vincennes – der Wohnturm ist Herzstück einer der größten Burgen Europas

Gefängnis wurde, nutzte man die kleinen Räume der vier Ecktürme als Zellen. Der zukünftige Heinrich IV., von Katharina von Medici eingesperrt, der zu ehrgeizige Finanzminister Fouquet, Diderot, Mirabeau und der Marquis de Sade befanden sich unter den ›distinguierten Häftlingen‹, für die Vincennes ausdrücklich reserviert war. Die **Hofkapelle**, ein zierliches Schmuckstück im Style Flamboyant, wurde 1379 nach dem Muster der Sainte-Chapelle begonnen, aber erst unter Heinrich II. von dem Renaissancearchitekten Philibert de l'Orme vollendet, der sich hier ganz der gotischen Ästhetik hingab. Nur in den Glasmalereien der Apsis klingt der Geist der Renaissance an.

Von den neun Türmen der mittelalterlichen Anlage steht nur noch der nördliche Mittelturm, **Tour du Village**, die anderen wurden unter Napoleon bis auf Mauerhöhe abgetragen. Der südliche Teil wurde zur Zeit von Maria de' Medici durch Le Vau umgebaut (ab 1654). Es entstanden die beiden **Pavillons** der königlichen Familie und die beiden sie verbindenden **Galerien**. Louis-Philippe ließ die Festung in die Verteidigungseinrichtungen von Paris einbeziehen. Im Zweiten Weltkrieg wurde das Schloss von der deutschen Armee besetzt, die kurz vor ihrem Abzug einen Teil der Anlage sprengte. In den Ruinen kam das **südliche Tor**, von Le Vau triumphbogenartig gestaltet und seit 130 Jahren in Vergessenheit geraten, wieder zum Vorschein.

Die 1738 in Vincennes gegründete **Porzellanmanufaktur** war für ihre von Meissen und China beeinflusste Produktion bekannt. 1752 entstand daraus die Königliche Manufaktur, die, 1756 nach Sèvres verlegt, mit dem typischen Style Rocaille weltberühmt wurde.

117 Bois de Vincennes

995 ha Waldfläche mit Sport- und Spielplätzen sowie Kulturstätten.
12e Arr., Métro 8: Porte Dorée

Zur Beliebtheit des Parks trägt auch der **Lac Daumesnil** bei, auf dem an sonnigen Tagen unzählige Ruderboote gondeln. Dieser künstliche See mit seinen zwei über Brücken erreichbaren Inseln wurde, wie der Lac des Minimes weiter östlich, von Alphand angelegt, dem Gartenarchitekten Napoleons III. An den See grenzt der von Hagenbeck 1934 eingerichtete **Parc Zoologique de Paris** (parczoologiquedeparis.fr, Mitte März–Mitte Okt. 10–18 Uhr, Mitte Okt.–Mitte März 10–17 Uhr), der nach Renovierung ab April 2014 wieder geöffnet hat.

Sehr schön ist auch der weiter östlich gelegene **Parc Floral** (Tel. 01 48 08 13 00, www.parcfloraldeparis.com, April–Sept. tgl. 9.30–20, Febr., März, Okt.–Dez. tgl. 9.30–18, Jan. tgl. 9.30–17 Uhr), ein großer botanischer Garten (Métro: Château de Vincennes). An seinem Rand befindet sich die **Cartoucherie de Vincennes**, eine ehemalige Pulverfabrik, in der seit 1970 Ariane Mnouchkine ihr alternatives **Théâtre du Soleil** (Tel. 01 43 74 24 08, www.theatre-du-soleil.fr) mit einem internationalen Ensemble unterhält.

119 Bibliothèque Nationale de France François-Mitterrand und Les Docks en Seine

Gewagte Architektur und ein Modezentrum in Les Docks en Seine an der Rive Gauche

fassende Bibliothek (Tel. 01 71 19 32 33, Mo, Mi–Fr 10–19 Uhr, So 13–18.30 Uhr), die dem Besucher offensteht. Zu den Hauptaufgaben der Cinémathèque Française gehören außerdem die Archivierung und Restaurierung historischer Filmrollen.

118 Cinémathèque Française

Die Institution der Cineasten residiert in einem sehenswerten Bau des Architekten Frank O. Gehry.

51, rue de Bercy, 12e Arr.,
Tel. 01 71 19 33 33
www.cinematheque.fr
Mo, Mi–Sa 12–19, So 10–20 Uhr, zu Ausstellungen Do bis 22 Uhr
Métro 6, 14: Bercy

Gegründet wurde die Cinémathèque Française 1936 von Henri Langlois, heute ist sie mit etwa 40 000 Filmen die größte derartige Sammlung der Welt. Ihren Sitz hat sie im ehemaligen ›American Center‹, einem zu Beginn der 1990er-Jahre vom amerikanischen Stararchitekten Frank O. Gehry errichteten Gebäude.

Die typische dekonstruktivistische Formensprache seiner Architektur griff *Dominique Brard* auch bei der Umgestaltung des Inneren auf, die nötig war, um den Bau den Bedürfnissen der Cinémathèque anzupassen. Die Vielzahl an unterschiedlichen, miteinander verknüpften Ebenen bietet neben drei Kinosälen genügend Platz für die ständige Ausstellung *Passion Ciném*a. Sie umfasst Dokumente und Apparate aus der Filmgeschichte, einige Tausend Objekte vom Kostüm bis zur Requisite, Fotografien sowie persönliche Erinnerungen von Filmschaffenden und Künstlern. Wechselausstellungen zur Filmgeschichte oder zu zeitgenössischen Produktionen runden das Angebot ab. Zudem gibt es eine um-

119 Bibliothèque Nationale de France François-Mitterrand und Les Docks en Seine

Moderne Architektur-Monumente am Seineufer der Rive Gauche.

13, quai François Mauriac und 26, quai d'Austerlitz, 13e Arr.,
Métro 14: Bibliothèque François Mitterrand und Métro 6: Quai de la Gare

Vier imposante L-förmige Türme, welche an aufgeschlagene Bücher erinnern sollen, sind die imposanten Fixpunkte des 1996 eröffneten Komplexes der *Bibliothèque Nationale François Mitterrand* (Tel. 01 53 79 59 59, www.bnf.fr) am linken Ufer der Seine. Die 79 m in die Höhe ragenden Türme aus Glas und Stahl markieren die vier Ecken eines 12 000 m² großen, um einen baumbestandenen Lichthof angeordneten Areals, das wie eine eigene kleine Stadt anmutet. Der Architekt Dominique Perrault schuf hier die größte Bibliothek Frankreichs, die neben Lesesälen auch Raum für Ausstellungen und Kulturevents besitzt.

Rund 400 m flussaufwärts erstreckt sich das 2007 von den Architekten Jakob + MacFarlane gestylte Kulturzentrum **Les Docks en Seine**. Wo zuvor Schiffskräne zwischen den Stahlbetongebäuden der 1907 entstandenen Magasins Généraux emporragten, schmiegt sich heute ein organischer Körper, umflossen von einem grünen Schlangenhautgebilde, ans Seineufer. Sein Innenleben basiert auf der größtenteils intakten Betonkonstruktion der alten Dockhallen, eine leichte Holzstruktur sowie Glas- und Metallelemente kamen hinzu. Den Raum nutzen Geschäfte, Cafés, Restaurants und Veranstaltungsräume sowie die Modesammlung der **Cité de la Mode et du Design** (34, quai d'Austerlitz, Tel. 01 76 77 25 30, www.paris-docks-en-seine.fr), die im Jahr 2012 ihre Pforten öffnete.

In der Umgebung – eine Stadt zieht ihre Kreise

Auch außerhalb von Paris bilden imposante Architekturmonumente Anziehungspunkte für Besucher – und das nicht erst seit der Errichtung der Meilensteine moderner Baukunst in **La Défense** nordwestlich des Bois de Boulogne. Zu den größten Attraktionen zählt zweifellos das majestätische Schloss **Versailles** mit seinem opulenten Park südwestlich der Stadt. Aber auch die Abteikirche **Saint-Denis**, Inbegriff der Gotik, mit ihren Königsgrabmälern und Skulpturen offenbart außerordentliche künstlerische Leistungen. Einen spannenden Glanzpunkt des modernen Städtebaus wiederum bilden im Osten durchaus sehenswerte Trabantenstädte wie Noisy-le-Grand. Dem fröhlichen Spiel – auch mit Baustilen – hingegeben ist schließlich das kunterbunte **Disneyland Paris** mit seiner Fantasie- und Vergnügungswelt.

120 Château de Versailles

Das viel bewunderte Schloss mit seinen wunderschönen Gärten hat über drei Jahrhunderte nichts von seinem Zauber verloren.

Tel. 01 30 83 78 00
www.chateauversailles.fr,
Online-Tickets zur Vermeidung von Wartezeiten: billetterie.chateau
versailles.fr/online
Schloss: April–Okt. Di–So 9–18.30, Nov.–März Di–So 9–17.30 Uhr, Gemächer von Marie-Antoinette und Le Grand Trianon: April–Okt. Di–So 12–18.30, Nov.–März Di–So 12–17.30 Uhr
Park: April–Okt. tgl. 7–20.30, Nov.–März tgl. 8–18 Uhr, Musik und Wasserspiele April–Okt. Sa, So 11–12, 15.30–17.30, 24. Mai–Juni auch Di 11–12, 14.30–16 Uhr, Jardins Musicaux: April–Mitte Mai, Juli–25. Okt. Di 10–18.30 Uhr, Grandes Eaux Nocturnes: 18. Juni–Aug. Sa 21–23.20 Uhr
RER C: Versailles–Rive-Gauche
SNCF: Gare Montparnasse oder Gare Saint-Lazare
Autobahn A 13 (Ausfahrt Versailles), Parkplatz: vor dem Schloss, Place d'Armes

Versailles-au-Val-de-Galie war ein verlorenes Dorf inmitten von Wäldern und Mooren, als **Ludwig XIII.** hier 1631 ein anmutiges kleines *Jagdschloss* bauen ließ (Architekt: Philibert Le Roy). Der junge **Ludwig XIV.** soll schon 1651 nach Versailles zur Jagd gekommen sein. Zehn Jahre später, als er nach Mazarins Tod endlich selbst Herr im Reich war, beschloss er – entrüstet über den unerhörten Prunk, mit dem sich sein Finanzminister Fouquet in *Vaux-le-Vicomte* umgab –, Versailles so glanzvoll auszustatten, dass Fouquets Schloss daneben verblassen sollte. Der Günstling Mazarins verschwand wegen Veruntreuung von Staatsgeldern im Gefängnis; die drei Künstler, die Vaux-le-Vicomte geschaffen hatten, **Le Vau, Le Brun** und **Le Nôtre**, wurden von Ludwig XIV. engagiert. Versailles war nun bevorzugter Aufenthaltsort des Königs und seiner Maîtresse, Mademoiselle de La Vallière. Mit dem militärischen und politischen Erfolg des Herrschers wuchs auch das Schloss: 1668 (Frieden von Aachen) baute Le Vau die *Grands Appartements* des Königs und der Königin. 1679 (Frieden von Nimwegen) begann **Hardouin-Mansart** mit dem Bau der *Spiegelgalerie*. 1682 beschloss der König, Regierung und Hofstaat von Paris nach Versailles zu verlegen. Hinzu kamen ein weiterer *Nord- und Südflügel*, ebenso die Orangerie und die Stallungen. Versailles war zur größten, prächtigsten Residenz, Frankreich zum mächtigsten Staat Europas geworden. Über 36 000 Arbeiter und 6000 Pferde arbeiteten zeitweise auf der Baustelle. 1690 beliefen sich die Kosten auf fast 88 Mio. Livres. Nach dem Frieden von Rijswijk 1697 verwirklichte Ludwig XIV. seinen letzten Traum: die *Schlosskapelle* – von Hardouin-Mansart begonnen und von dessen Schwager Robert de Cotte 1710 vollendet.

Nach dem Tod Ludwigs XIV. im Jahr 1715 zog der Hofstaat unter der Regentschaft von Philippe d'Orléans nach Paris. Sieben Jahre später regierte **Ludwig XV.** wieder in Versailles, ließ ab 1736 die *Petits Appartements* einrichten und 1769 die Oper, die zur Hochzeit seines Enkels, dem künftigen Ludwig XVI., eingeweiht wurde. **Marie-Antoinette**, die sich nie recht mit der Hofetikette abfinden konnte, machte das *Petit Trianon*, einen Pavillon im Schlosspark, zu ihrem Hauptwohnsitz und ließ unter dem Einfluss der Ideen von Rousseau ein *kleines Bauerndorf* anlegen, ›Le Hameau‹, wo sie sich kurz vor der Revolution mit ihren Kindern und Hofdamen der Illusion des glücklichen Landlebens hingab. Das aufgebrachte Volk erzwang 1789 die Rückkehr der Königsfamilie nach Paris. Ab 1792 wurden die Möbel versteigert und in alle Himmelsrichtungen zerstreut. Um den Palast wieder mit Leben zu erfüllen, richtete man unter dem Bürgerkönig **Louis-Philippe** das *Musée de l'Histoire de France* und die *Schlachtengalerie* ein. Könige residierten nun nicht mehr in Versailles, doch wurde am 18. Januar 1871 im Spiegelsaal ein Kaiser gekrönt: Wilhelm I., Kaiser des triumphierenden Deutschlands. Ein halbes Jahrhundert später, am 28. Juni 1919, wurde hier der **Friedensvertrag** des Ersten Weltkriegs unterzeichnet. Dank einer Stiftung von J. D. Rockefeller konnte das Schloss von Grund auf restauriert werden. Es gelang, einen Teil der während der Revolution versteigerten Möbel zurückzukaufen und die Räume zusätzlich mit qualitätvollen Möbeln aus anderen Königsschlössern auszustatten.

Zur riesigen **Place d'Armes** bietet das Schloss eine uneinheitliche Fassade, Resultat seiner langen Baugeschichte. Im Zentrum steht das **Reiterstandbild** von Ludwig XIV., das Louis-Philippe von Cartellier fertigen ließ. Der rechts vorspringende Flügel stammt von Gabriel, der linke wurde im 19. Jh. identisch ergänzt. Bescheiden wirkt die Dreiflügelanlage des alten Jagdschlosses, das die **Cour de Marbre** umgibt. Seine Fassaden erhielten ihren plastischen Schmuck unter Ludwig XIV. Hinter den drei Mittelfenstern im *1. Stock* verbirgt sich das ›Allerheiligste‹, das Schlafzimmer des Königs, Zentrum der gesamten Schlossanlage. Im Nordflü-

Meilenstein der Architektur – Schloss Versailles war Vorbild für viele Herrscherresidenzen

gel befand sich die berühmte **Escalier des Ambassadeurs**, die Gesandtentreppe, die zum Grand Appartement des Königs führte. 1752 wurde sie abgerissen, eine originalgetreue Kopie befindet sich jedoch noch heute auf Herrenchiemsee, dem Klein-Versailles des Architekturenthusiasten König Ludwig II. von Bayern.

An der **Gartenfassade** wird die strenge Rationalität des symmetrisch geordneten, hierarchischen Gesamtplans besonders deutlich: Die Sockelzone mit dem waagerechten Steinschnitt, das von Pilastern und Säulen gegliederte königliche Hauptgeschoss, darüber ein niedriges Attikageschoss mit flachem ›italienischem‹ Dach bestimmen die 669 m breite Front. Zentrum ist die Spiegelgalerie.

Zur Orientierung erhält man an den Eingängen Übersichtspläne, zudem sind Audioguides auch in deutscher Sprache verfügbar. Wenn man bei einer **Führung** teilnehmen will, sollte man dies beim Online-Ticketkauf berücksichtigen oder gleich bei der Ankunft an einem der Informationsstände Karten reservieren.

Der Besuch der Grands Appartements beginnt in der **Schlosskapelle**, einem lichten Raum, dem die hohe Kolonnade Majestät verleiht. Ludwig XIV. wohnte auf der Tribüne der zweistöckigen Palastkapelle täglich der Messe bei. François Couperin spielte die Orgel. Die meisterlichen Inkrustationen des Marmorbodens, die Deckengemälde und der goldene Altar setzen farbige Akzente in dem eleganten, weißen Raum. Charles de Lafosse, Antoine Coypel und Jean-Baptiste Jouvenet schufen die Gemälde.

Der **Salon d'Hercule**, 1710 begonnen, sollte eine Verbindung zwischen den Grands Appartements und der Kapelle herstellen. Der Raum wurde speziell für Veroneses *Repas chez Simon*, ein Geschenk der Stadt Venedig, entworfen. Über das gesamte Gewölbe spannt sich das riesige Deckengemälde von Lemoyne, *L'Apothéose d'Hercule*. Der Salon wurde erst 1736, lange nach dem Tod Ludwigs XIV., vollendet, in einem Stil, der bereits das Rokoko ankündigt.

Mit dem **Salon de l'Abondance** betritt man die eigentlichen Grands Appartements. Hier gab Ludwig XIV. dreimal wöchentlich einen Empfang für seinen Hofstaat. Bis zur Fertigstellung des Appartement du Roi waren dies auch die Wohnräume des Königs. Jeder angemessen gekleidete Besucher hatte zu den offiziellen Räumen Zutritt. Vom morgendlichen ›Lever‹ bis zum abendlichen ›Coucher‹ des Königs – immer in Anwesenheit des Hofes – war der Ablauf des täglichen Lebens durch ein strenges Protokoll geregelt. Zum Zeitvertreib wurde musiziert, Billard gespielt, Menuett getanzt und intrigiert.

Für den **Salon de Vénus** und den **Salon de Diane** dienten italienische Palazzi als Vorbild: Wandverkleidungen aus farbigem Marmor, illusionistische Malereien, reich geschmückte Decken mit mythologischen Szenen. Die schwungvolle Büste des jungen Königs im Venus-Salon ist ein Meisterwerk Berninis (1665). Der **Salon d'Apollon** war einst Thronsaal. Die Sonnengottsymbolik dieses Raums ist auch sonst überall in Versailles gegenwärtig.

In der Spiegelgalerie und ihren beiden Ecksalons, dem Salon de la Guerre und dem Salon de la Paix, ist die höchste Prachtentfaltung erreicht. Das Deckengemälde von Le Brun im **Salon de la Guerre** zeigt eine Allegorie des siegreichen Frankreich. In einem Flachrelief hielt Coysevox den Triumph Ludwigs XIV. über seine Feinde fest. Die 17 Fenster der **Spiegelgalerie** öffnen sich auf die herrliche, perspektivisch gestaltete Parkanlage, die von 17 großen Spiegeln ins Endlose vervielfacht wird.

In dem lichtdurchfluteten Raum fanden Hochzeitsbälle und Empfänge für ausländische Gesandte statt. Die Deckengemälde von Le Brun feiern – wie könnte es anders sein – die Großtaten Ludwigs XIV. Am anderen Ende der Spiegelgalerie, im **Salon de la Paix**, stellte François Lemoyne den 19-jährigen Ludwig XV. dar, wie er Europa den Frieden bringt.

Das Grand Appartement der Königin ist von seinen verschiedenen Bewohnerinnen immer wieder verändert worden. Das Schlafzimmer des königlichen Ehepaares konnte detailgetreu, wie es Marie-Antoinette hinterlassen hatte, rekonstruiert werden – gold- und seidenschimmernd. Im *Antichambre du Grand Couvert de la Reine* nahm der König in Anwesenheit des Adels sein Abendessen ein. Es folgen der **Salon des Nobles** und ein Vorzimmer mit dem berühmten Porträt, das Madame Vigée-Lebrun von Marie-Antoinette und ihren Kindern malte. Daran schließt sich der **Krönungssaal** an. Benannt ist er nach einem Gemälde von Jacques-Louis David, das die Kaiserkrönung Napoleons darstellt (*Le Sacre*, zweite Fassung, die erste hängt im Louvre).

Der Spiegelsaal – prächtigster der Versailler Repräsentationsräume Ludwigs XIV.

Die Gemächer des Königs, die Ludwig XIV. ab 1683 im 1. Stock der Cour de Marbre einrichten ließ, entsprachen ganz seinem Bedürfnis nach mehr Zurückgezogenheit. Im **Salon de l'Oil-de-bœuf** (nach der ovalen Lukarne benannt, die ihn erhellt) nimmt man erstaunt einen verspielten Kinderfries wahr – ein für königliche Gemächer ungewöhnlicher Schmuck. Ludwig XIV. wollte bei dieser Innenausstattung ausdrücklich »mehr Jugendlichkeit«. Im Zentrum des Cour de Marbre liegt das Schlafzimmer des Königs mit seinem opulenten Skulpturendekor. Hier starb Ludwig XIV. am 1. September 1715. Im **Cabinet du Conseil** wurden 100 Jahre lang alle wichtigen politischen Entscheidungen getroffen.

Unter dem Grand Appartement der Königin befinden sich die Gemächer des Dauphins, unter dem Grand Appartement des Königs die der Töchter.

Die Gemächer von **Ludwig XV.** entwarf der Hofarchitekt Jacques-Ange Gabriel (nur bei Führungen zu besichtigen). Die Boiserien stammen fast alle von Verberckt und sind Meisterwerke der Dekorationskunst. Viele der Räume sind heute wieder mit ihren kostbaren Originalmöbeln ausgestattet. Besonders schön ist die geräumige Bibliothek des Königs.

Die Gemächer von **Marie-Antoinette**, intim und vornehm, liegen hinter den Grands Appartements. Sie bezeugen den ausgezeichneten Geschmack der Königin. U. a. sind dort Badezimmer, Boudoir und das Cabinet Doré mit seinen *Wandvertäfelungen* im pompejanischen Stil zu sehen. Im angrenzenden Raum ließ Marie-Antoinette Boiserien aus der Zeit Ludwigs XV. anbringen. Ihr zarter Dekor zeigt ländliche Szenen.

Die **Oper** (Reservierungen für Konzerte: Tel. 01 30 83 78 89), die Gabriel zwischen 1769 und 1770 im Nordflügel errichtete, galt damals als die schönste Europas. Ganz aus Holz, besitzt der Saal eine *erstklassige Akustik*. Eine raffinierte Technik erlaubte es, den Raum in einen großen Ballsaal zu verwandeln.

> **TOP TIPP** Der **Park** von Versailles lässt sich wunderbar auf einem ausgedehnten Spaziergang erkunden. Zudem fahren alle 20 Min. nördlich der Schlossterrasse kleine Züge ab. Es gibt auch Pferdekutschen, einen Fahrrad- und Bootsverleih. Der Park ist das perfekte Modell französischer Gartenkunst: symmetrische Parterres, Skulpturengruppen, schnurgerade Alleen, geradlinig abgegrenzte Wasserflächen, die sich in der Weite der Landschaft verlieren. Diese majestätische Ordnung regiert schon den Park, den Philibert Le Roy vor dem Jagdschloss Ludwigs XIII. angelegt hatte. Le Nôtre gab der Gartenschöpfung dann ihre Weite und symbolische Bedeutung.

120 Château de Versailles

Sie wurde 1661 begonnen, noch bevor Le Vau das Schloss vergrößerte. Ludwig XIV. selbst hat eine Art Führer durch den Park verfasst: *La Manière de monter les Jardins de Versailles*. Folgen wir dem Rat des Königs und bewundern wir zunächst die Parterres, die sich vor der Schlossfassade der Strenge der Architektur beugen und deren Linien fortführen. Herrliche Bronzen, Flussgötter, Nymphen und Putti bevölkern die Wasserbecken. Von dieser Terrasse schweift der Blick ins Unendliche, über das silbrige Band des **Grand Canal** hinweg. Links vor dem Schloss liegt das Parterre du Midi mit seinen gepflegten Broderien und unterhalb die **Orangerie**. Rechter Hand begrenzt das Bassin de Neptun Garten und Blick.

Der Latona-Brunnen, eine zauberhafte Komposition an den Stufen zum Schloss, war für Ludwig XIV. ein Höhepunkt des Parkerlebnisses. Ein weiterer *Point de vue* ist das **Bassin d'Apollon** mit seiner grandiosen Skulpturengruppe von Jean Baptiste Tuby, eine Allegorie der absolutistischen Monarchie: Stürmische Rösser und Delphine tauchen aus dem Wasser, von Apoll-Ludwig XIV. fest an den Zügeln gehalten. Zu beiden Seiten der Hauptachse schließlich die **Boskette**, Rahmen höfischer Vergnügungen: le Bosquet des Rocailles, einst als Ballsaal genutzt und ganz mit Muscheln ausgekleidet, ferner eine sehr romantische Grotte, Bosquet des Bains d'Apollon genannt, und die elegante **Kolonnade** von Hardouin-Mansart mit einer berühmten Skulptur von Girardon im Zentrum.

Le Grand Trianon, dessen zwei Wohnflügel ein Peristyl aus rosa Marmor verbindet, ist ein Werk von seltener Grazie. Es wurde 1687 von Hardouin-Mansart für Ludwig XIV. und seine neue Favoritin, Madame de Maintenon, errichtet. Die meisten Räume besitzen noch ihre ursprünglichen Boiserien und sind mit Empire-Möbeln ausgestattet. **Le Petit Trianon** (geöffnet wie Le Grand Trianon) wurde 1763–67 von Gabriel gebaut. Madame du Barry und später Marie-Antoinette schätzten diesen nüchternen Pavillon, dessen Parkfassade ein klassizistisches Meisterwerk ist. Im englischen Garten nördlich des Petit Trianon stehen verstreut einige Tempelchen, wie sie die Zeitgenossen von Jean-Jacques Rousseau so sehr liebten. Vor dem **Hameau**, einem künstlich angelegten Dörfchen, das Hubert Robert entwarf, grasten einst Ziegen und Schafe.

121 La Défense

Das Pariser Manhattan: Über 30 Wolkenkratzer sind seit den 1960er-Jahren im Westen von Paris aus dem Boden geschossen. Den architektonischen Höhepunkt bildet die 1989 eingeweihte Grande Arche.
www.ladefense.fr
Métro 1, RER A: La Défense – Grande Arche

Mit dem Bau des monumentalen, offenen Kubus Grande Arche hat die jahrzehntelange Diskussion über die architektonische Gestaltung des Schlusspunktes der historischen **Achse** – vom Louvre über den Arc de Triomphe bis zur Défense – endlich ein Ende gefunden. Um zu vermeiden, dass das Zentrum von Paris von Büros vereinnahmt würde, fasste man 1958 den Beschluss zur Errichtung eines **Geschäftsviertels** außerhalb der Stadtgrenze nach amerikanischem Muster. Ein gigantisches Projekt, zu dem schon in den 1930er-Jahren Pläne von Le Corbusier, Mallet-Stevens und André Granet entwickelt worden waren. So wie es heute besteht, ist La Défense die Verwirklichung der von **Le Corbusier** geforderten Prinzipien: Die Büro- und Wohnräume gehen in die Vertikale, das Verkehrsnetz ist in den Untergrund verlegt, die Freiflächen mit Skulpturen, Brunnen und Gärten gehören den Fußgängern – sofern überhaupt welche da sind. In der Tat ist es befremdlich, wie leer die große Esplanade oft ist, besonders außerhalb der Geschäftszeiten und am Wochenende. Nur 20 000 Menschen leben hier, 100 000 kommen dagegen täglich oft quer durch die Stadt hierher zur Arbeit.

Während der Wirtschaftskrise in den 1970er-Jahren kam der Bau-Elan fast zum Erliegen. Damals offenbarten sich auch die Nachteile der Hochhäuser: enorme Unterhaltskosten und fehlende menschliche Atmosphäre. Die Kritik an den Wolkenkratzern wurde lauter. Die 1980er-Jahre aber brachten eine Renaissance. Ursprünglich waren 300 000 m² Bürofläche geplant, jetzt wurde das Fünffache angesetzt. Die Verlängerung der *Métrolinie 1* bis zur Grande Arche, der Ausbau der Zug- und Autobahnverbindungen machten das Viertel attraktiver. In den vergangenen Jahren entstanden neue Türme, die sich in ihren schlankeren, gebrochenen Formen und in ihrer Raumgestaltung von den Modellen der 1960er-Jahre unterscheiden.

Der Große Bogen

La Grande Arche, ein gigantischer weißer Torbau aus Carrara-Marmor, Glas und Beton, war eines der **Prestigeprojekte** des früheren Staatspräsidenten François Mitterrand. In der Toröffnung, die so breit ist wie die Champs-Élysées, hätte Notre-Dame mit ihren Türmen Platz. Hier spannt sich ein Zeltdach, die ›Wolke‹ – Schutz vor Regen und Wind und ein poetischer Kontrast zur Gigantik der sie umgebenden Architektur. Das Werk des zuvor wenig bekannten dänischen Architekten **Johann Otto von Spreckelsen** (1929–87) ist eine beeindruckende technische Hochleistung von schwindelerregenden Dimensionen. Ohne Fugen, aus einem Guss geschaffen, ruht der 30 000 t schwere Kubus (110 m hoch, 106 m breit) auf zwölf wuchtigen Pfeilern, die tief im Boden verankert sind. Vier Balken von 70 m Länge tragen die Brücke. Ein Gerüst aus einem eigens entwickelten hyperresistenten Stahlbeton bildet die Megastruktur, an der die einzelnen Etagen aufgehängt sind. Die wegen ihres Ausblicks so beliebte Dachterrasse (sie war über die Glasaufzüge zu erreichen) ist nicht mehr zugänglich – sie wurde in Büroräume umgewandelt.

Auch die Krise 2008 ging nicht spurlos an La Défense vorüber. Das Projekt der *Tour Signal*, die Jean Nouvel bauen sollte, fiel ihr zum Opfer. Mit der 323 m hoch aufragenden *Hermitage Plaza* von Norman Foster und der 300 m hohen *Tour Morphosis* (auch *Tour Phare*) von Thom Mayne sind wieder neue spektakuläre Projekte geplant. Ab 2016 sollen diese Wolkenkratzer alle anderen Türme überragen. Der von Robert A. M. Stern geplante *Tour Carpe Diem* (166 m), der *Tour Aire* (220 m) mit neun glitzernden Glasfassaden sowie der 171 m hohe *Tour D2* haben als neueste Kreationen die Silhouette des Viertels bereits verändert.

La Grande Arche, zur 200-Jahr-Feier der Französischen Revolution eingeweiht, ist als universelles Symbol gedacht, ähnlich wie 100 Jahre zuvor der Eiffelturm. Mit einer leichten Abweichung von der historischen Achse will sie den Unterschied zu den traditionellen Triumphbögen hervorheben. Unter diesem Bogen soll nicht marschiert werden, er soll ein ›Triumphbogen der Menschheit‹ und ein ›Fenster zur Welt‹ sein.

Links neben der Grande Arche erstreckt sich das Schalendach des **CNIT** (Centre National des Industries et des Techniques) – Ende der 1950er-Jahre eine technische Bravourleistung, mit der die Bebauung der Défense begann. Das Betongewölbe ruht auf nur drei Punkten; es ist das größte der Welt. Dahinter: der elegante 46 Etagen hohe **Areva**, 1974 entworfen. Gegenüber: **Les Élysées La Défense**, ein Einkaufszentrum, dessen eingebuchtete Fassaden eine natürliche Beleuchtung des Inneren erlauben. Auf

121 La Défense

der **Esplanade** zur Seine kann man die Türme, die der Défense mit verschiedenen Formen und Materialien eine abwechslungsreiche Silhouette geben, aus der Nähe betrachten. **Le Michelet** oder auch **Michelet Total** etwa sind typisch für die schlanken, spiegelnden Wolkenkratzer der 1980er-Jahre. Unter den immer neu in ihrem Umfeld emporwachsenden architektonischen Superlativen nehmen sie jedoch wie Veteranen aus.

An die 50 **Skulpturen** machen die Défense zu einem Freilichtmuseum, darunter Werke von Calder, Miró, César, Silva, Venet, Takis, Agam. Auf der Esplanade steht auch das Monument von Louis-Etienne Barrias, *La Défense de Paris* (1883), das dem Viertel seinen Namen gab und etwas anachronistisch wirkt: Es erinnert an die Verteidigung von Paris gegen die Preußen vor 120 Jahren.

122 Basilique Saint-Denis

Ein Bauwerk von überragender Bedeutung: Hier nahm die Gotik ihren Anfang, hier ließen sich Frankreichs Könige bestatten.

Rue de la Légion d'Honneur,
Saint-Denis
Tel. 01 48 09 83 54
www.saint-denis.monuments-nationaux.fr
April–Sept. Mo–Sa 10–18.15, So 12–18.15,
Okt.–März Mo–Sa 10–17, So
12–17.15 Uhr
Métro 13: Basilique de Saint-Denis

11 km nördlich von Paris gelegen, ist Saint-Denis eine der *Industriestädte* der Peripherie. Von den traurigen Orten der Banlieue unterscheidet sich das traditionell kommunistische Saint-Denis durch seine unkonventionelle Universität, die auch Nichtabiturienten offen steht und für geistige Bewegung sorgt.

Wenige Schritte vom modernistisch gestalteten Stadtzentrum steht die Abteikirche Saint-Denis, der Inbegriff einer großen Vergangenheit. Der Legende nach soll der Märtyrer **Dionysius**, der erste Bischof von Lutetia, der um 250 auf Montmartre enthauptet worden war, mit seinem Kopf unter dem Arm hierher gewandert sein, um begraben zu werden. Tatsächlich gab es schon seit dem 1. Jh. eine gallo-römische Siedlung, auf deren Friedhof Dionysius möglicherweise heimlich von der verfolgten christlichen Gemeinde beerdigt worden war. Im 5. Jh. errichtete man eine Kirche, die bald zum Wallfahrtsort wurde. König Dagobert I. ließ sich im 7. Jh. in der von ihm gegründeten großen Kirche der nun dort entstandenen Benediktinerabtei bestatten. Hugues Capet († 996) und fast alle seine Nachfolger taten es ihm gleich. Der Einfluss, den das Kloster im Königreich ausübte, war außerordentlich. Vor allem **Abt Suger** (1081–1151), eine der hervorragenden, universalen Persönlichkeiten des Mittelalters, prägte die Geschichte des Klosters. Er leitete als Regent die Geschicke Frankreichs, als 1147 Ludwig VII. den zweiten Kreuzzug unternahm. 1136 begann Suger den Bau der heutigen Kirche, deren revolutionäre Architektur und deren Skulpturenprogramm offensichtlich bis ins Detail von ihm beeinflusst wurden. Ein Jahrhundert später vollendete **Pierre de Montreuil** die Konstruktion und ersetzte das karolingische Lang-

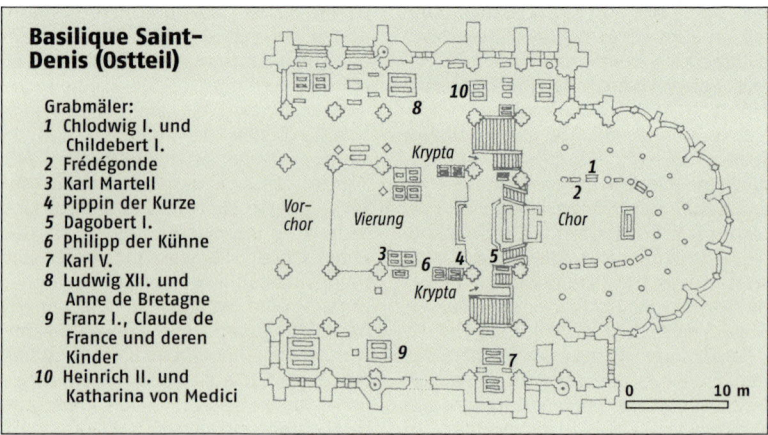

Basilique Saint-Denis (Ostteil)

Grabmäler:
1 Chlodwig I. und Childebert I.
2 Frédégonde
3 Karl Martell
4 Pippin der Kurze
5 Dagobert I.
6 Philipp der Kühne
7 Karl V.
8 Ludwig XII. und Anne de Bretagne
9 Franz I., Claude de France und deren Kinder
10 Heinrich II. und Katharina von Medici

Die Basilique Saint-Denis – ein lichtdurchflutetes Meisterwerk gotischer Sakralbaukunst

haus, das Sugers Westfassade und Chor verband. Während der Revolution wurde die Abteikirche als Symbol der Monarchie schwer in Mitleidenschaft gezogen. In den 1860er-Jahren unternahm **Viollet-le-Duc** ihre Restaurierung.

Die **Westfassade** ist leider stark verstümmelt. Obwohl sie noch romanisch-wehrhaft und ein wenig schwerfällig wirkt, weist sie ihr systematischer Aufbau, dem die Ziffer 3 zugrunde liegt, als Prototyp der gotischen Fassade aus. Das Figurenprogramm der Portale, das Altes und Neues Testament in Verbindung bringt, wurde an vielen anderen Kathedralen wieder aufgenommen, zum Beispiel schon wenig später bei dem berühmten Gotteshaus in Chartres.

Während die **Vorhalle** noch die ursprünglichen Gewölbe von Sugers Kirche zeigt, ist in dem herrlich strahlenden **Langhaus** und im **Querschiff** schon der Höhepunkt gotischer Raumdurchlichtung erreicht. Pierre de Montreuil hat hier sogar die Triforiumszone zum ersten Mal mit Fenstern durchbrochen.

In Sugers zierlichem **Chor** (1140–43) sieht die Kunstgeschichte den Ausgangspunkt für die Entfaltung des gotischen Stils: Hier wurden erstmals Spitzbogen, Kreuzrippengewölbe und Dienste konsequent so eingesetzt, dass die Last der Gewölbe nicht mehr von einer Wand, sondern von Säulen und Pfeilern getragen wird. Große Öffnungen für leuchtend bunte Fenster waren nun möglich. Den lichtdurchfluteten Raum verstand Suger als irdisches Abbild des *Himmlischen Jerusalem*, so wie es in den Schriften des Dionysios Pseudo-Areopagita stand, einem der ersten Mystiker der Ostkirche, den man seit dem frühen Mittelalter mit dem hl. Dionysius von Paris gleichsetzte.

Die Scheitelkapelle des Chors besitzt die am besten erhaltenen Fenster mit einer Darstellung der Wurzel Jesse. Rechts am Choreingang befindet sich eine geschnitzte romanische Muttergottes.

Die **Königsgräber** sind seit der Revolution leer, seit 1817 befinden sich die sterblichen Überreste der Herrscher in der Krypta aus dem 9. und 12. Jh. Von der einfachen gravierten Platte bis zum triumphbogenartigen Mausoleum der Renaissance bilden die Grabmäler eine beeindruckende Reihe.

Besonders schön sind die Grabplatten aus dem 12. und 13. Jh. für **Chlodwig I.** (Clovis I., † 511) und seinen Sohn **Childebert I.** [1] († 558) sowie die mit Einlegearbeiten geschmückte Platte für **Frédégonde** [2] († 597). Aus dem 13. Jh. stammen die idealisierten, einfachen Liegefiguren von **Karl Martell** [3] († 741) und **Pippin dem Kurzen** [4] (Pépin le Bref, † 768). Diese und einige andere wurden von Ludwig dem Heiligen für seine Vorgänger in Auftrag gegeben. Ebenfalls aus dem 13. Jh. ist das monumentale Grabmal von **Dagobert I.** [5] († 638), das Viollet-le-Duc stark restaurierte. Zu Beginn des 14. Jh. entstanden die ersten individualisierten Bildnisse: das von **Philipp dem Kühnen** [6] (Philippe le Hardi, † 1285) wurde zwischen 1298 und 1307 geschaffen, das für **Karl V.** [7] († 1380) schon zu dessen Lebzeiten gefertigt. Zu den prächtigsten Mausoleen der Renaissance zählt das Grabmal von **Ludwig XII.** († 1515) und **Anne de Bretagne** [8] († 1514): unten unerbittlich realistisch die nackten Leichname, über der Arkatur das Paar im Ornat. Ein Meisterwerk ist das Monument von Philibert de l'Orme für **Franz I.** († 1547), **Claude de France** [9] († 1524) und ihre Kinder. Das letzte große Grabmal ist das von Primaticcio für **Heinrich II.** († 1559) und **Katharina von Medici** [10] († 1589) entworfene. Später zog man es vor, den Herrschern Standbilder auf den Königsplätzen der Hauptstadt zu errichten.

123 Noisy-le-Grand

Zentrum der Trabantenstadt Marne-la-Vallée, 20 km östlich von Paris. Ein urbanistisches Experiment, das der Monotonie der üblichen ›grands ensembles‹ mit spektakulären Wohnanlagen wie die der Erfolgsarchitekten Ricardo Bofill und Manolo Nuñez zu entgehen sucht.

RER A 4: Noisy-le-Grand

Aus den baulichen Verfehlungen der 1950er-Jahre, den Wohnkasernen und Trabantenstädten hat man gelernt: Die **Villes Nouvelles**, die bereits seit den 1960er-Jahren konzipiert wurden und Paris von seiner Wohnungsnot befreien sollen, sind als autonome, menschenwürdige Zentren geplant, mit allen städtischen Einrichtungen, einem ausreichenden Angebot an Arbeitsplätzen und kultureller Unterhaltung. **Marne-la-Vallée** ist die jüngste dieser Satellitenstädte der Région Parisienne, eine großflächig angelegte, vielförmige Agglomeration, eineinhalbmal so groß wie Paris intra muros. Lebensader ist die regionale Schnell-Métro, die RER. Nach den zögerlichen Anfängen nahm die neue Stadt in den 1980er-Jahren endlich den erhofften Aufschwung, zu dem das Großprojekt des benachbarten Disneyland Paris [Nr. 124] sicher beigetragen hat. Marne-la-Vallée zählt heute etwa 265 000 Einwohner, darunter viele Schwarzafrikaner, Araber und andere Bewohner der einstigen Pariser Arbeiterviertel. *Noisy-le-Grand,* von Paris aus in einer halben Stunde zu erreichen, bildet das wichtigste Verdichtungszentrum von Marne-la-Vallée. Der RER setzt den Ankommenden bezeichnenderweise gleich im Bereich des riesigen Einkaufszentrums ab, am quirligen Puls der Stadt.

Man verlässt das Einkaufszentrum auf der Seite unattraktiver Parkdecks und steht unvermittelt vor einer überdimensionalen, pathetischen Triumphbogenarchitektur, hinter der sich ein riesiges Amphitheater auftut. **Palacio d'Abraxas** heißt das Bauwerk, benannt nach dem gnostischen Magier und – abrakadabra – in den Jahren 1978–83 von **Ricardo Bofill** in dieses Niemandsland gesetzt. Kannelierte Säulen, Kapitelle, Giebel, Balustraden, Portiken, Bossierungen – alles in enormen Proportionen: Das klassische Baurepertoire wird zitiert und genussvoll parodiert. Bofills Gebäude sind aus Beton, aus standardisierten Fertigbauteilen zusammengesetzt. Der Triumphbogen birgt Sozialwohnungen, das Amphitheater – mit seinen spiegelnden Fenstersäulen sichtbar nobler geraten – enthält Eigentumswohnungen, insgesamt an die 600 Apartments. Ricardo Bofill versucht, hier offensichtlich, dem sozialen Wohnungsbau Würde zu verleihen.

Auch der andere katalanische Architekt, **Manolo Nuñez**, will nichts von ärmlichen, funktionalistischen Wohnmaschinen wissen. Seine **Arènes de Picasso** (1980–85), eine gigantische Arena, von graziös geschwungenen Arkaden gesäumt und von zwei 14-stöckigen Wohntrommeln überragt, sieht aus, als wäre sie zu Ehren eines ägyptischen Ramses oder einer aztekischen Gottheit gebaut. Die von den Bewohnern respektlos ›Camembert‹ genannten Wohnscheiben findet man auf der anderen Seite des Einkaufszentrums, jenseits der Schnellstraße. Jeglicher Bezug zu historischen Formen ist hier vermieden, es ist ein abstraktes, ungewöhnliches Gebilde, dessen Bewohner wie winzige Statisten in einer überdimensionalen Kulisse agieren. Auch hier wurden die vielfältigen Möglichkeiten des Baustoffs Beton im kostensparenden Fertigbausystem angewendet.

124 Disneyland Paris

Künstliches Freizeitparadies, Non-stop-Vergnügen aller Fans von Mickymaus, Peter Pan und Buffalo Bill.

Marne-la-Vallée
www.disneylandparis.com
tgl. 10–18 Uhr, an Wochenenden und während der Ferienzeit länger
RER A 4: Marne-la-Vallée – Chessy
VEA-Bus-Verbindung direkt von den Flugplätzen Roissy und Orly

In den Rübenfeldern der Brie, 32 km von Paris entfernt, hat Mickymaus seit 1992 ihre Bleibe auf europäischem Boden: ein rund 1950 ha großes Areal, das nach den in Kalifornien, Florida und Japan erprobten Erfolgsrezepten gestaltet wurde. *Main Street USA, Adventureland, Fantasyland, Frontierland, Discoveryland* heißen die Provinzen dieses Zauberreiches mit dem graziösen **Dornröschenschloss** in der Mitte. Das Knusperschlösschen ist von den Miniaturen der *Très Riches Heures* des Herzogs von Berry inspiriert.

Immer wieder locken neue Attraktionen und der Besucher hat die Qual der Wahl. Er kann am **Big Thunder Mountain** starten zu einer wilden Zugfahrt durch die steinigen Gefilde des Westens, wo hinter jeder Kurve Kojoten und Klapperschlangen lauern, im Rückwärtsgang durch den berüchtigten Tempel des Todes von **Indiana Jones** rasen oder von einer Tribüne atemberaubende Verfolgungsjagden bei der **Moteurs... Action! Stunt Show Spectacular** miterleben. Auch ein Abenteuer-Spielplatz **Pirates' Beach** samt Käpt'n Hook, Scooter-, Ballon- und Karussellfahrten ist im Angebot. Paraden mit Mickey und all seinen Freunden sowie das traditionsreiche Dinner-Event **Buffalo Bill's Wild West Show** sind längst eine Institution. Der Walt Disney Studios Park direkt neben dem Disneyland Park bietet eine Mischung aus Informationen, Unterhaltung und Interaktion rund ums Kino.

In zahlreichen *Geschäften* ist vom Plüsch-Micky bis zum indianischen Federschmuck alles zu haben, was zum Disney-Universum gehört. In *Restaurants* mit Saloonatmosphäre gibt es Steaks und Hamburger. Das *Agrabah Café* wartet mit orientalischen Köstlichkeiten auf. Ein ganzes Heer von stilecht kostümiertem Personal gehört zu dieser perfekt funktionierenden Freizeitmaschinerie.

Mittlerweile sind sieben *Hotels* hier angesiedelt, ein ›High Noon‹-Remake, mexikanischer Pueblostil, viktorianische Palastarchitektur, Klein-Manhattan mit Central Park – ein ganzes Panorama amerikanischer Architektur. Der Besucher wandelt darin wie in einer riesigen Filmkulisse.

Fun in Disneyland – Märchenschloss, Mäusefamilie und quietschbunte Spielzeugbahn

Für Ihren Urlaub: Die Reisemagazine vom ADAC.

Alle zwei Monate neu.

www.adac.de/shop

Paris aktuell A bis Z

■ Vor Reiseantritt

ADAC Info Service
Tel. 0800 5 10 11 12 (gebührenfrei). Unter dieser Rufnummer oder bei den ADAC Geschäftsstellen können ADAC Mitglieder kostenloses Informations- und Kartenmaterial anfordern.

ADAC Mitfahrclub, mitfahrclub.adac.de. Fahrtangebote und Mitfahrgelegenheiten im Internet, als mobile Anwendung für alle Handys mit Browser und als App für iPhone und iPad.

ADAC im Internet
www.adac.de
www.adac.de/reisefuehrer

Paris im Internet
www.paris.fr
de.parisinfo.com
whereparisedtions.com

Gebührenfreies **Wi-Fi** steht in Paris an 260 öffentlichen Stellen zur Verfügung. Man achte auf das Paris Wi-Fi Logo. Infos: www.paris.fr

Paris Museum Pass, www.parismuseumpass.com. Der Pass für 2, 4 oder 6 Tage (42, 56, 69 €) umfasst den Eintritt zu über 60 Museen und Sehenswürdigkeiten. Verkauf online, bei Fnac [s. S. 169], in einigen Museen und Tourismusbüros.

Atout France,
Tel. 01 50 32 89 2
Französische Zentrale für Tourismus,
http://de.rendezvousenfrance.com

Deutschland
Postfach 10 01 28,
60001 Frankfurt am Main
info.de@rendezvousenfrance.com

Österreich
Tel. 01 50 3 28 92 (Ortstarif),
at.rendezvousenfrance.com
info.at@rendezvousenfrance.com

Schweiz
ch-de.rendezvousenfrance.com,
info.ch@rendezvousenfrance.com

■ Allgemeine Informationen

Reisedokumente

Reisende aus Deutschland, Österreich und der Schweiz benötigen einen gültigen Reisepass oder Personalausweis, für Kinder bis 12 Jahre genügt auch ein Kinderreisepass.

Kfz-Papiere

Führerschein und Zulassungsbescheinigung Teil 1 (Fahrzeugschein) sind immer mitzuführen. Die Mitnahme der Internationalen Grünen Versicherungskarte wird empfohlen, weil sie die Abwicklung der Formalitäten nach einem Unfall sehr erleichtert.

Krankenversicherung

Die Europäische Krankenversicherungskarte ist in die übliche Versicherungskarte integriert. Sie kann in der EU zur Bezahlung medizinischer Leistungen vorgelegt werden. Um finanzielle Risiken zu minimieren, empfiehlt sich der Abschluss einer zusätzlichen Auslandskranken- und Rückholversicherung.

Hund und Katze

Für Hunde und Katzen ist bei Reisen innerhalb der EU ein gültiger, vom Tierarzt ausgestellter EU-Heimtierausweis vorgeschrieben, ebenso die Kennzeichnung durch Mikrochip. Für Hunde sind Leine und Maulkorb mitzuführen.

Zollbestimmungen

Reisebedarf für den persönlichen Gebrauch unterliegt innerhalb der EU keinen Beschränkungen und darf abgabenfrei eingeführt werden. Richtmengen für privaten Verbrauch: 800 Zigaretten oder 1 kg Tabak (pro Person bzw. pro Fahrzeug), 10 l Spirituosen, 10 l Alkopops, max. 60 l Schaumwein, 110 l Bier, 10 kg Kaffee. Zu beachten: Diese Bestimmungen werden derzeit geprüft und eventuell künftig geändert. Infos: www.zoll.de.

Bei Einreise in die Schweiz bleiben zollfrei: 200 Zigaretten oder 50 Zigarren oder

Allgemeine Informationen – Service und Notruf

250 g Tabak, 2 l alkoholische Getränke bis 15 % und 1 l Spirituosen über 15 % (für Personen ab 17 Jahren), andere Waren bis zu einem Gesamtwert von 300 CHF (bei Einreise von der Schweiz in die EU 300 €, für Flugreisende 430 €). Die Schweiz beschränkt auch die Mitnahme von Lebensmitteln. Infos: www.ezv.admin.ch.

Geld
Kreditkarten werden in Banken, den meisten Hotels und Geschäften akzeptiert. An den zahlreichen Geldautomaten kann man Bargeld abheben.

Touristinfos
Bureau d'accueil Pyramides, 25, rue des Pyramides, 75001 Paris, www.parisinfo.com, RER A: Auber, Métro 7–14: Pyramides, Mai–Okt. tgl. 9–19, Nov.–April tgl. 10–19 Uhr

Kiosque Hôtel de Ville, 29, rue de Rivoli, 75004 Paris, Métro 1, 11: Hôtel de Ville, Mo–Sa 10–19 Uhr

Point d'accueil Gare de l'Est, Place du 11 Novembre 1918, 75010 Paris, Métro 4, 5: Gare de l'Est, Mo–Sa 8–19 Uhr

Service und Notruf
Notruf
Tel./Mobil: 112 (EU-weit: Polizei, Unfallrettung, Feuerwehr)

ADAC Info Service
Tel. 0800 5 10 11 12
(Mo–Sa 8–20 Uhr)

ADAC Pannenhilfe Deutschland
dt. Festnetz: 0 180 2 22 22 22
(6 ct/Anruf),
Mobil: 22 22 22 (Verbindungskosten je nach Netzbetreiber/Provider)

Hilfe an Notrufsäulen
Unbedingt den ADAC verlangen

ADAC Notruf aus dem Ausland
Festnetz: +49 89 22 22 22

ADAC Notrufstation Frankreich
Tel. 08 25 80 08 22,
Mobil: +33 825 80 08 22 (24 Std.)

ADAC Ambulanzdienst München
Festnetz: +49 89 76 76 76 (24 Std.)

ÖAMTC Schutzbrief Nothilfe
Tel. +43 1 251 20 00,
www.oeamtc.at

TCS Zentrale Hilfsstelle
Tel. +41 22 417 22 20,
www.tcs.ch

Point d'accueil Gare du Nord, 18, rue de Dunkerque, 75010 Paris, RER B, D, Métro 4, 5: Gare du Nord, tgl. 8–18 Uhr

Point d'accueil Gare de Lyon, 20, boulevard Diderot, 75012 Paris, Métro 1–14, RER A–D: Gare de Lyon, Mo–Sa 8–18 Uhr

Point d'accueil Anvers, 72, boulevard Rochechouart, 75018 Paris, Métro 2: Anvers, tgl. 10–18 Uhr

Point d'accueil Paris Expo, 1, place de la Porte de Versailles, 75015 Paris, Métro 12: Porte de Versailles, während der Messen und bei Ausstellungen tgl. 11–19 Uhr

Fundbüro
Préfecture de Police, Service des Objets Trouvés, 36, rue des Morillons, 75015 Paris, Tel. 08 21 00 25 25 (0,12 €/Min.), Métro 12: Convention, Mo–Do 8.30–17, Fr 8.30–16.30 Uhr

Ärztliche Versorgung
Ärztlicher Notdienst
SOS Médecins, Tel. 01 47 07 77 77

Zahnärztlicher Notdienst
SOS Dentaire, Tel. 01 43 37 51 00

Apotheken mit Nachtdienst
Pharmacie les Champs, 84, avenue des Champs-Élysées, 75008 Paris, Tel. 01 45 62 02 41, Métro 1: George V, tgl. rund um die Uhr

Pharmacie des Sciences et des Arts, 106, boulevard Montparnasse, 75014 Paris, Tel. 01 43 35 44 88, Métro 4: Vavin

Diplomatische Vertretungen
Deutsche Botschaft, 13–15, avenue Franklin D. Roosevelt, 75008 Paris, Tel. 01 53 83 45 00, www.paris.diplo.de, Métro 1, 9: Franklin D. Roosevelt

Österreichische Botschaft, 6, rue Fabert, 75007 Paris, Tel. 01 40 63 30 63, www.aussenministerium.at/paris, Métro 8, 13, RER C: Invalides

Schweizer Botschaft, 142, rue de Grenelle, 75007 Paris, Tel. 01 49 55 67 00, www.eda.admin.ch/paris, Métro 13: Varenne

Besondere Verkehrsbestimmungen
Tempolimits (in km/h): Für Pkw, Motorräder und Wohnmobile bis 3,5 t innerorts 50, außerhalb 80, auf Landstraßen 90 (bei Nässe 80), auf Autobahnen 130 (bei Nässe 110). Wer seinen Führerschein noch keine

drei Jahre besitzt, darf höchstens 80, auf Autobahnen 110 fahren. Mopeds dürfen nur 45 fahren. Auf dem Boulevard Périphérique von Paris ist die Geschwindigkeit auf 70 begrenzt.

Promillegrenze: 0,5

Im Falle einer Panne oder eines Unfalls außerhalb geschlossener Ortschaften muss eine reflektierende *Warnweste* bereits vor dem Verlassen des Fahrzeugs angelegt werden. Aus Sicherheitsgründen und zur Vermeidung von Bußgeldern sollte sie stets griffbereit sein, am besten im Handschuhfach. Für *Radfahrer* besteht die Tragepflicht nachts sowie auch tagsüber bei schlechter Sicht außerhalb von Ortschaften.

Abblendlicht ist bei Regen- und Schneefällen sowie in Tunnels und Galerien vorgeschrieben. Im Kreisverkehr haben dank entsprechender Beschilderung meist die Vorfahrt, die sich im Kreis befinden. Vorfahrtstraßen enden an den Ortsschildern. Die Straßenbahn hat Vorfahrt.

Gelbe oder rote Streifen am Fahrbahnrand bedeuten *Parkverbot*. Das Parken und Halten unter Brücken sowie das Parken in Tunnels oder Unterführungen ist nicht erlaubt. *Verkehrsverstöße* werden streng geahndet, vor allem Geschwindigkeitsüberschreitungen und Alkoholdelikte.

Im Stadtgebiet gelten Kurzparkzonen (*Zone Bleue*). Das Parken auf der Straße ist in der Regel Mo–Sa 9–19 Uhr gebührenpflichtig. Parktickets zieht man an Automaten, besonders teuer ist es im Zentrum. Es gibt zahllose Parkhäuser, die in der Regel 24 Std. geöffnet sind.

■ Adressen finden

Das Pariser Stadtgebiet ist in 20 Arrondissements aufgeteilt, deren jeweilige Nummer bei den meisten Adressen und in Karten verzeichnet sind (4e Arr. = 4. Arrondissement) und sich in den Postleitzahlen wiederfinden (75004). Als erste Orientierungshilfen sind diese Angaben äußerst nützlich.

■ Anreise

Auto

Die schnellste Verbindung nach Paris bietet die A4 von Saarbrücken oder Straßburg. Die französischen Autobahnen sind meist mautpflichtig (*Péage*), man kann die Gebühren bar oder mit Kreditkarte zahlen. In den ADAC Geschäftsstellen erhalten Mitglieder ein Gebührenmerkblatt mit aktuellen Preisen.

An allen Tankstellen wird neben Diesel (*Gazole*) Bleifrei Super (95 Oktan) mit einem Bioethanol-Anteil von max 10 % (Bezeichnung: Sp95-E10) als Ersatz für das herkömmliche Bleifrei Super mit 95 Oktan angeboten. Da die Zusammensetzung des Sp95-E10 jedoch noch nicht der EU-Norm entspricht, sollte dieser Kraftstoff derzeit nicht getankt werden. Als Alternative ist Bleifrei Super Plus mit 98 Oktan und während einer Übergangszeit auch Bleifrei mit 95 Oktan erhältlich. Infos: www.adac.de/E10.

Das Auto sollte man in Paris im Parkhaus unterbringen und für Besichtigungen öffentliche Verkehrsmittel benutzen.

Bahn

Züge aus Süddeutschland, Österreich und der Schweiz kommen an der Gare de l'Est oder Gare de Lyon an, die aus Norddeutschland an der Gare du Nord.

Deutsche Bahn, Tel. 0180 6 99 66 33 (20 ct/Anruf dt. Festnetz; max. 60 ct/Anruf dt. Mobilfunknetz), Tel. 0800 1 50 70 90 (automatische Fahrplanansage), www.bahn.de

Deutsche Bahn Autozug, www.dbautozug.de

City Night Line, www.citynightline.de

Voyages-sncf.com, de.voyages-sncf.com/de. Günstige Bahnangebote des TGV-Europe. Frühzeitige Buchung wird empfohlen.

Österreichische Bundesbahn, www.oebb.at, Tel. 05 17 17

Schweizerische Bundesbahnen, www.sbb.ch, Tel. 0900 300 300 (CHF 1,19/Min. Schweizer Festnetz)

Bus

Deutsche Touring, Am Römerhof 17, 60486 Frankfurt/Main, Tel. 069/790 35 01, www.eurolines.de

Flugzeug

Infos: www.aeroportsdeparis.fr

Vom **Aéroport Charles de Gaulle** (23 km nördlich von Paris) kann man mit RER, Linie B in 50 Min. die Stadtmitte (Châtelet) erreichen. Ein kostenloser Pendelbus bringt die Reisenden vom Terminal zur

Bahnstation, dort löst man eine Fahrkarte. Es gibt außerdem Taxis, den Roissybus zur Opéra und die Air-France-Busse zur Place Charles de Gaulle-Etoile und nach Montparnasse. Die Fahrzeit beträgt je nach Verkehrsdichte mindestens 45–60 Min.

Reisende, die am **Aéroport Orly** ankommen – der Flughafen liegt 14 km südlich von Paris –, können die RER, Linie B und C oder den Orlybus in die Stadt nehmen. Dieser Bus fährt etwa alle 15 Min. bis zur Métro-Station Denfert-Rochereau. Die Fahrt vom Flughafen in die Stadt dauert etwa 35 Min.

Bank, Post, Telefon

Bank

Öffnungszeiten: Mo–Fr oder Di–Sa 9–17 Uhr, manche Filialen sind über Mittag (etwa 12–14 Uhr) geschlossen.

Post

Öffnungszeiten: Mo–Fr 8–19, Sa 8–12 Uhr

Hauptpostamt, 52, rue du Louvre, 75001 Paris, Métro 1: Louvre, tgl. 24 Std.

Briefmarken (*Timbres*) sind neben den Verkaufsstellen der Postämter auch in Tabakläden (*Tabac*) und in Geschäften, die Ansichtskarten verkaufen, erhältlich.

Telefon

Internationale Vorwahlen
Frankreich 00 33
Deutschland 00 49
Österreich 00 43
Schweiz 00 41

Es folgt die jeweilige Vorwahl bzw. Teilnehmernummer ohne die Null.

In Frankreich sind die Telefonnummern zehnstellig und beginnen mit 0. Nur bei Gesprächen vom Ausland fällt nach der Landesvorwahl diese 0 weg.

Bei Mobiltelefonen schaltet der Netzbetreiber bzw. Provider automatisch auf ein französisches Netz um, sobald die Grenze nach Frankreich überschritten ist. Wer viel telefoniert, sollte sich vorab über günstige Europa-Tarife informieren.

Für die Benutzung der meisten öffentlichen Telefonzellen benötigt man Telefonkarten (*Télécartes*), es gibt sie bei der Post oder in Bars.

Einkaufen

Öffnungszeiten: Mo–Sa bzw. Di–Sa 10–19 Uhr, oft aber länger. Bäckereien machen schon frühmorgens auf. Einige kleine Lebensmittelläden sind auch So geöffnet.

In Bezug auf das Schaufensterbummeln und Einkaufen ist Paris ein Paradies. Dem zahlungskräftigen Besucher bietet die Stadt allen erdenklichen Luxus der Welt. Aber man kann schicke Sachen auch günstig erstehen: beim Schlussverkauf (*Soldes*) im Januar und Juli oder in den *Dégriffé*-Läden, die auslaufende Kollektionen großer Marken verkaufen (z. B. rue d'Alésia). *Souvenirs* und *Geschenke* findet man z. B. im Untergeschoss des Louvre (Eingang Carrousel du Louvre), in den Grands Magasins, aber auch in den Boutiquen des Marais (z. B. in der Rue Bourg-Tibourg). Handwerkliches gibt es am Viaduc des Arts (Avenue Daumesnil).

Kaufhäuser

Galeries Lafayette, 40, boulevard Haussmann, 75009 Paris, Tel. 01 42 82 34 56, www.galerieslafayette.com, Métro 7, 9: Chaussée-d'Antin. Alle großen Marken des Prêt-à-porter sind vertreten. Riesige Parfümabteilung. Allein die Glaskuppel ist schon sehenswert und von der Dachterrasse kann man die Aussicht genießen.

Le Bon Marché, 24, rue de Sèvres, 75007 Paris, Tel. 01 44 39 80 00, www.lebonmarche.com, Métro 10, 12: Sèvres-Babylone. Das einzige Grand Magasin der Rive Gauche ist das eleganteste der Stadt.

Printemps, 64, boulevard Haussmann, 75009 Paris, Tel. 01 42 82 50 00, www.printemps.com, Métro 3, 9: Havre-Caumartin. Legendäres Luxuskaufhaus.

Mode

Die Boutiquen und Concept Stores der berühmten Modedesigner findet man in der Rue du Faubourg-Saint-Honoré, Rue François 1er und Avenue Montaigne. Meist ist dem Haute-Couture-Haus auch eine Boutique mit Prêt-à-porter und Accessoires angeschlossen. An der Place des Victoires, bei Saint-Sulpice und im Marais ist die junge, freche Mode zu Hause. Das Marais ist zudem ein Dorado für extravaganten Modeschmuck. An der Place Vendôme und in der Rue de la Paix sind die großen Juweliere konzentriert.

Einkaufen

Haute Couture

Chanel, 31, rue Cambon, 75001 Paris, Tel. 01 44 50 66 00, www.chanel.com, Métro 1, 8, 12: Concorde. ›Mademoiselle‹ hat mehr geschaffen als Mode: einen Stil. In diesem Sinne führt Karl Lagerfeld das Haus weiter.

Dior, 30, avenue Montaigne, 75008 Paris, Tel. 01 40 73 73 73, www.dior.com, Métro 1, 9: Franklin-D.-Roosevelt. Kreationen von begeisterungswürdigem Schick seit 1947.

Givenchy, 28, rue du Faubourg Saint-Honoré, 75008 Paris, Tel. 01 42 68 31 00, www.givenchy.com, Métro 8, 12, 14: Madelaine. Schöpfer des eleganten Mädchenlooks für Audrey Hepburn.

Lanvin, 22, rue du Faubourg Saint-Honoré, 75008 Paris, Tel. 01 44 71 33 33, www.lanvin.com, Métro 8, 12, 14: Madeleine. Die Geschichte des großen Hauses begann mit den Kleidern, die Jeanne Lanvin für ihr Töchterchen entwarf.

Prêt-à-porter

Jean Paul Gaultier, 6, rue Vivienne, 75002 Paris, Tel. 01 42 86 05 05, www.jeanpaulgaultier.com, Métro 3: Bourse. Einst das ›Enfant Terrible‹ der Pariser Modebranche.

Kenzo, 3, place des Victoires, 75001 Paris, Tel. 01 40 39 72 03, www.kenzo.com, Métro 3: Bourse. Fließende Linien, unkonventionell, bunt. Der erste Japaner, der sich mit viel Erfolg auf das Pariser Modepflaster wagte.

Sonia Rykiel, 175, boulevard Saint-Germain, 75006 Paris, Tel. 01 49 54 60 60, www.soniarykiel.com, Métro 4: Saint-Germain-des-Prés. Die Königin der lässigen, schicken Strickmode.

Suite. 341, Sandro, Maje, Claudie Pierlot, 3ter, rue des Rosiers, 75004 Paris, Tel. 01 57 40 62 86, www.suite341.com, Métro 1: Saint-Paul. Drei begabte junge Créateurs de mode in einem Laden.

Yves Saint Laurent, 53, avenue Montaigne, 75008 Paris, Tel. 01 53 83 84 53, www.ysl.com, Métro 4: Saint-Sulpice. 21-jährig war ›YSL‹ Thronfolger von Dior, bis 2002 stand er an der Spitze seines eigenen Luxusimperiums, das hier seit 2013 eine nagelneue 900-Quadratmeter-Boutique aus Marmor, Beton und Spiegeln hat.

Lingerie

Princesse Tam-Tam, 19, rue Vieille du Temple, 75004 Paris, Tel. 01 48 04 32 88, www.princessetamtam.com, Métro 1: Saint-Paul. Jung, vernünftige Preise, zahlreiche Filialen.

Sabbia Rosa, 73, rue Saint-Pères, 75006 Paris, Tel. 01 45 48 88 37, Métro 10, 12: Sèvres-Babylone. Traumwäsche, doch sündhaft teuer.

Schmuck und Uhren

Bucherer, 12, boulevard des Capucines, 75009 Paris, Tel. 01 70 99 18 88, www.bucherer.com, Métro 7, 8, 9: Opéra. In gediegenem Ambiente residiert der Spezialist für Schmuck und Schweizer Uhren.

Cartier, 13, rue de la Paix, 75002 Paris, Tel. 01 58 18 23 00, www.cartier.fr, Métro 7, 8, 9: Opéra. Der Cartier Flagship Store präsentiert nicht nur Juwelen und Diamanten. Es gibt auch Leoparden, Elefanten, Adler zum Mitnehmen, als Anhänger.

Mellerio dits Meller, 9, rue de la Paix, 75002 Paris, Tel. 01 42 61 57 53, www.mellerio.fr, Métro 7, 8, 9: Opéra. Tradionsreiches Familienunternehmen der Seine-Metropole. Kostbare Juwelen von königlichem Gepräge, viele florale Motive an Ringen und Colliers.

Lederwaren

Hermès, 24, rue du Faubourg Saint-Honoré, 75008 Paris, Tel. 01 40 17 46 00, www.hermes.com, Métro 8, 12, 14: Madeleine. Der ›Sattler von Paris‹ (gegr. 1837) hat mit seinen Lederwaren, Seidentüchern und Parfums Welterfolg.

Lancel, 8, place de l'Opéra, 75009 Paris, Tel. 01 47 42 37 29, www.lancel.com, Métro 3, 7, 8: Opéra. Das berühmte ›L‹ steht für klassische Formen.

Louis Vuitton, 22, avenue Montaigne, 75008 Paris, Tel. 01 45 62 47 00, www.louisvuitton.com, Métro 1, 9: Franklin-D.-Roosevelt. 1854 gegründet, weltberühmt und tausendfach kopiert.

Parfüm

Guerlain, 68, avenue des Champs-Élysées, 75008 Paris, Tel. 01 45 62 52 57, Métro 1: George V, 29, rue de Sèvres, 75007 Paris, Tel. 01 42 22 46 60, www.guerlain.com, Métro 10, 12: Sèvres-Babylone. Exquisite Düfte in gediegenem Ambiente.

Paris Look, 16, boulevard Haussmann, 75009 Paris, Tel. 01 58 18 61 30, www.paris-look.com, Métro 8, 9: Richelieu Drouot.

Einkaufen

Große Marken und gute Preise sind die Aushängeschilder dieser Parfümerie.

Séphora, 70–72, avenue des Champs-Élysées, 75008 Paris, Tel. 01 53 93 22 50, www.sephora.fr, Métro 1, 9: Franklin D.-Roosevelt. Das Reich der Düfte, immens, vielfarbig, das Neueste vom Neuen.

Bücher

Libraire Fischbacher, 33, rue de Seine, 75006 Paris, Tel. 01 43 26 84 87, www.librairiefischbacher.fr, Métro 10: Mabillon. Eine Fundgrube mit Büchern zu allen Sparten der Kunst.

Fnac Montparnasse, 136, rue de Rennes, 75006 Paris, Tel. 08 25 02 00 20 (0,15 €/Min.), www.fnac.com, Métro 4: Saint-Placide. Riesige Auswahl an Bücher, CDs und DVDs, Sonderangebote.

Joseph Gibert, 26–34, boulevard Saint-Michel, 75006 Paris, Tel. 01 44 41 88 88, www.gibertjoseph.com, Métro 10: Cluny – La Sorbonne. Bücher, Musik, Filme und modernes Antiquariat.

La Hune, 18, rue de l'Abbaye, 75006 Paris, Tel. 01 45 48 35 85, Métro 4: Saint-Germain-des-Prés. Die Buchhandlung der Intellektuellen, jetzt an einem neuen Standort.

Marissal Bücher, 42, rue Rambuteau, 75003 Paris, Tel. 01 42 74 37 47, www.marissal.com, Métro 11: Rambuteau. Deutsche Literatur beim Centre Pompidou.

Antiquitäten

Antiquitätengeschäfte sind am Faubourg Saint-Honoré und im Carré Rive Gauche, Faubourg Saint-Germain, angesiedelt. Infos: www.carrerivegauche.com.

Antiquités Jean Lupu, 43, rue du Faubourg Saint-Honoré, 75008 Paris, Tel. 01 42 65 93 19, www.antiquitesjeanlupu.com, Métro 1, 8, 12: Concorde. Geboten sind Möbel, Porzellan und Kunst.

Le Louvre des Antiquaires, 2, place du Palais Royal, 75001 Paris, Tel. 01 42 97 27 27, www.louvre-antiquaires.com, Métro 1, 7: Palais Royal – Musée du Louvre. Im früheren Warenhaus Louvre präsentieren 250 Händler ihre Antiquitäten.

Librairie Pinault, 27–36, rue Bonaparte, 75006 Paris, Tel. 01 46 33 04 24, Métro 4: Saint-Germain-des-Prés. Seltene Bücher, Manuskripte und Autografen.

Voltaire Antiquités Vandermeersch, 21, quai Voltaire, 75007 Paris, Tel. 01 42 61 23 10, Métro 12: Rue du Bac. Spezialist für Porzellan und Fayencen.

Confiserien und Patisserien

Berthillon, 29–31, rue Saint-Louis-en-l'Île, 75004 Paris, Tel. 01 43 54 31 61, www.berthillon.fr, Métro 7: Pont-Marie. Köstliche Eiscreme.

Dalloyau, 2, place Edmond Rostand, 75006 Paris, Tel. 01 43 29 31 10, www.dalloyau.fr, Métro 4: Saint Michel, Odéon. Himmlische Pralinen und Petits Fours am charmanten Jardin du Luxembourg.

Ladurée, 16, rue Royale, 75008 Paris, Tel. 01 42 60 21 79, www.laduree.fr, Métro 1, 8, 12: Concorde, Madeleine. Die besten Macarons der Stadt und andere süße Versuchungen.

Lenôtre, 48, avenue Victor-Hugo, 75016 Paris, Tel. 01 45 02 21 21, www.lenotre.fr, Métro 2: Victor-Hugo. Der weltberühmte Pâtissier zaubert Torten, Petits Fours, Éclaires, Pralinen, Eiscreme und andere Köstlichkeiten.

Feinkost

Androuet, 134, rue Mouffetard, 75005 Paris, Tel. 01 45 87 85 05, www.androuet.com, Métro 7: Censier Daubenton. Die erste Adresse für Käse.

Fauchon, 24–26, place de la Madeleine, 75008 Paris, Tel. 01 70 39 38 02, www.fauchon.com, Métro 8, 12, 14: Madeleine. Das Feinste vom Feinen aus aller Welt, meisterhaft präsentiert.

Hédiard, 21, place de la Madeleine, 75008 Paris, Tel. 01 43 12 88 99, www.hediard.fr, Métro 8, 12, 14: Madeleine. Die herrlichsten Früchte, Weine und Champagner der Welt. Mit Restaurant.

Märkte

Lebensmittel

Marché d'Aligre, Rue d'Aligre und Place d'Aligre, 75012 Paris, Métro 8: Ledru-Rollin, Di–So 7.30–13.30 Uhr

Marché Bourse, Place de la Bourse, 75002 Paris, Métro 3: Bourse, Di, Fr 12.30–20.30 Uhr

Marché Saint-Honoré, Place du Marché Saint Honoré, 75001 Paris, Métro 7, 14: Pyramides, Mi 12.30–20.30, Sa 7–15 Uhr

Marché Saint-Eustache-Les Halles, rue Montmartre, zwischen Rue Rambuteau und Rue du Jour, 75001 Paris, Métro 4: Châtelet-Les Halles, Do, 12.30–20 Uhr, So 7–15 Uhr

Marché couvert des Enfants rouges, 39, rue de Bretagne, 75003 Paris, Métro 3:

Einkaufen – Essen und Trinken

Wahre Gaumenfreuden – zahlreiche Restaurants und Bistros laden zur Einkehr

Temple, Métro 8: Filles du Calvaire, Di–Sa 8.30–19.30 Uhr, So 8.30–14 Uhr

Marché couvert Saint-Germain, 4/8, rue Lobineau, 75006 Paris, Métro 10: Mabillon, Di–Sa 8–20, So 8–13.30 Uhr

Marché Monge, Place Monge, 75005 Paris, Métro 7: Place Monge, Mi, Fr 7–14.30, So 7–15 Uhr

Rue Mouffetard, 75005 Paris, Métro 7: Censier-Daubenton. Di–So [Nr. 83].

Blumen und Briefmarken

TOP TIPP **Marché aux Fleurs et aux Oiseaux**, Place Louis-Lépine, Quai de la Corse, 75004 Paris, Métro 4: Cité, Mo–Sa 8–19.30, So 8–19 Uhr. Nicht weit von Notre-Dame befindet sich der liebenswerte Blumen- und Vogelmarkt.

Marché aux Timbres, Avenue de Marigny, Avenue Gabriel, 75008 Paris, Métro 1, 13: Champs-Élysées-Clemenceau, Do, Sa/So 9–19 Uhr. Ein Paradies für Briefmarkensammler.

Trödel und Antiquitäten

Marché aux Puces de la Porte de Vanves, Avenue Georges Lafenestre, 75014 Paris, Métro 13: Porte de Vanves. Sa/So 7–13 Uhr. Möbel, Kunsthandwerk, Bücher und Kleider.

TOP TIPP **Marché aux Puces de Clignancourt**, Porte de Clignancourt, 93400 Saint-Ouen, www.marcheauxpuces-saintouen.com, Métro 4: Porte de Clignancourt. Sa 9–18, So 10–18, Mo 11–17 Uhr. Einer der größten Antiquitäten- und Flohmärkte der Welt in Clignancourt und im angrenzenden Ort Saint Ouen. Möbel, Kleider, Kunstgegenstände, Raritäten.

Marché aux Puces de la Porte de Montreuil, Avenue de la Porte de Montreuil, 75020 Paris, Métro 9: Porte de Montreuil, Sa–Mo 7–19.30 Uhr

Essen und Trinken

Das eher karge *Frühstück* hat in Frankreich Tradition, denn früher wollte man sich nicht den Appetit für das *Déjeuner*, das Mittagessen mit fünf Gängen, verderben. Heutzutage wird dieses aber nur noch an Sonn- und Feiertagen zelebriert.

Für Besucher gibt es einen guten Grund, das für den Abend geplante Schlemmen auf den Mittag zu verlegen, denn manche Spitzenlokale bieten ein *Déjeuner d'Affaires* an, ein Mittagsmenü, bei dem man Geld und Zeit spart.

Apropos *Preise*: Die sind in Paris beachtlich, wie man schon beim Blick auf die Getränkekarte in jedem kleinen Café feststellen kann. Überall in der Stadt finden sich jedoch Bistros und Restaurants, die preisgünstigere Menüs anbieten. Wer allerdings die kulinarische Kultur Frankreichs wirklich kennenlernen möchte, muss tiefer in die Tasche greifen.

Ihnen ist etwas unklar? Dann fragen Sie unbeschwert und folgen Sie den Empfehlungen des Restaurants.

Cafés und Brasserien

TOP TIPP **Brasserie Bofinger**, 5-7, rue de la Bastille, 75004 Paris, Tel. 01 42 72 87 82, www.bofingerparis.com, Métro 1, 5, 8: Bastille. Älteste Brasserie der Stadt und eine der schönsten, in der Nähe der Bastille-Oper. Frische Austern und Meeresfrüchte stehen immer auf der Karte. Zum selben Gastro-Imperium gehören Flo, Julien und La Coupole.

Brasserie Flo, 7, cour des Petites-Ecuries, 75010 Paris, Tel. 01 47 70 13 59, www.brasserieflo-paris.com, Métro 5: Château-d'Eau, Zugang über die Rue Saint-Denis. Aufwendig im Stil um 1900 rekonstruiert.

Brasserie Julien, 16, rue du Faubourg Saint-Denis, 75010 Paris, Tel. 01 47 70 12 06, www.julienparis.com, Métro 4, 8, 9: Strasbourg – Saint-Denis. Schönstes Dekor im Stil der Art Nouveau.

TOP TIPP **Brasserie Lipp**, 151, boulevard Saint-Germain, 75006 Paris, Tel. 01 45 48 53 91, www.groupe-bertrand.com/lipp, Métro 4: Saint-Germain-des-Prés. Als Institution geradezu weltberühmt, ohne dass man genau sagen könnte, warum. Am schönsten sitzt man im Erdgeschoss.

Café Beaubourg, 43, rue Saint-Merri, 75004 Paris, Tel. 01 48 87 63 96, www.beaumarly.com/cafe-beaubourg, Métro 1, 11: Hôtel-de-Ville. Ans Centre Pompidou angepasstes Zeitgeist-Café mit jugendlich gestyltem Publikum.

Cafe de Flore, 172, boulevard Saint-Germain, 75006 Paris, Tel. 01 45 48 55 26, www.cafedeflore.fr, Métro 4: Saint-Germain-des-Prés. Traditionelle Konkurrenz zum Café Les Deux Magots.

Café Les Deux Magots, 6, place Saint-Germain-des-Prés, 75006 Paris, Tel. 01 45 48 55 25, www.lesdeuxmagots.fr, Métro 4: Saint-Germain-des-Prés. Einst berühmtes Intellektuellen-Café.

Café Saint Regis, 6, rue Jean du Bellay, 75004 Paris, Tel. 01 43 54 59 41, www.cafe saintregisparis.com, Métro 7: Pont Marie. Nettes Lokal auf der Isle Saint Louis.

Kong, 1, rue du Pont Neuf, 75001 Paris, Tel. 01 40 39 09 00, www.kong.fr, Métro 7: Pont Neuf. Ultramodernes Ambiente mit Stühlen von Philippe Starck, dazu umwerfender Blick auf die Seine.

La Coupole, 102, boulevard Montparnasse, 75014 Paris, Tel. 01 43 20 14 20, www.lacoupoleparis.com, Métro 4: Vavin. Von außen wenig einladend, doch im Innern ein filmreifes Prachtexemplar im Stil der 1920er-Jahre.

Le Dôme, 108, boulevard Montparnasse, 75014 Paris, Tel. 01 43 35 25 81, Métro 4: Vavin. Wenige Schritte von La Coupole entfernt, nicht so schön wie diese, aber die Küche ist besser. Man isst hier Meeresfrüchte und sehr guten Fisch.

Le Pain Quotidien, 2, rue des Petits Carreaux, 75002 Paris, Tel. 01 42 21 14 50, www.lepainquotidien.com, Métro 3: Seniter. Hell, freundlich und es kommen nur Bio-Produkte auf die einfachen Holztische. Phänomenale Auswahl zum Brunch.

Le Zyriab, 1, rue des Fossés Saint-Bernard, 75005 Paris, Tel. 01 55 42 55 42, www.noura.com, Métro 7, 10: Jussieu, Mo geschl. Orientalische Spezialitäten und Panoramablick in der 9. Etage (mit Terrasse) des Institut du Monde Arabe.

Thé Français, 35, rue du Bourg-Tibourg, 75004 Paris, Tel. 01 42 72 28 11, Métro 1, 11: Hôtel de Ville. Eleganter Treffpunkt für Teeliebhaber.

Bistros

Aux Crus de Bourgogne, 3, rue Bachaumont, 75002 Paris, Tel. 01 42 33 48 24, Métro 3, 4: Les Halles oder Sentier, So geschl. Freundliche, gemütliche Atmosphäre. Traditionelle Spezialität ist Languste mit Mayonnaise.

Bistrot Vivienne, 4, rue des Petits Champs, 75002 Paris, Tel. 01 49 27 00 50, www.bistrotvivienne.com, Métro 1, 7: Palais Royal, Musée du Louvre. Charmantes Lokal am Eingang der Galerie Vivienne [Nr. 16] mit altmodisch-gemütlichem Interieur und Tische im Freien.

Le Brise Miche, 10, rue Brisemiche, 75004 Paris, Tel. 01 42 78 44 11, brisemiche.fr, Métro 1, 11: Hôtel de Ville. Klassiker und moderne Küche zu erschwinglichen Preisen mit Terrasse an der Place Igor Stravinsky.

Le Chat Bossu, 37, rue de Cotte, 75012 Paris, Tel. 01 43 40 82 63, Métro 8: Ledru-Rollin. Das kleine Bistro bietet gutes Essen in freundlicher Atmosphäre.

Lescure 1919, 7, rue de Mondovi, 75001 Paris, Tel. 01 83 76 17 50, www.lescure1919.fr, Métro 1, 8, 12: Concorde, Sa/So geschl. In beschaulich rustikalem Ambiente genießt man Spezialitäten wie Boeuf bourguignon oder Enten-Confit.

Moissonnier, 28, rue Fossés-Saint-Bernard, 75005 Paris, Tel. 01 43 29 87 65, Métro 10: Cardinal Lemoine, So und Aug. geschl. Familiäres Bistro, einfach eingerichtet, sehr gute Küche aus dem Lyonnais und Jura.

Restaurants

Für jeden Tag

Au Trou Gascon, 40, rue Taine, 75012 Paris, Tel. 01 43 44 34 26, www.autrou gascon.fr, Métro 6, 8: Daumesnil, So und Aug. geschl. Wunderbare Regionalküche des Südwestens, erdnah und aromatisch wie wenige. Etwas abgelegen.

Chez Pauline, 5, rue Villedo, 75001 Paris, Tel. 01 42 96 20 70, http://chez.pauline.free.fr, Métro 3, 7, 14: Pyramides oder

Essen und Trinken

Bourse, Sa mittags, So geschl.
Gehört seit vielen Jahren zu den Lokalen mit bestem Renommée. Auch die Preise sind ansehnlich, doch man isst vorzüglich und in angenehmer Gesellschaft.

La Table d'Anvers, 2, place d'Anvers, 75009 Paris, Tel. 01 48 78 35 21, www.latabledanvers.com, Métro 2: Anvers, Mo/Sa mittags und So geschl. Die experimentierfreudige Küche der Brüder Conticini lässt bei aufgeschlossenen Gästen Freude aufkommen.

TOP TIPP **Le Train Bleu**, Gare de Lyon, Place Louis Armand, 1. Stock, 75012 Paris, Tel. 01 43 43 09 06, www.le-train-bleu.com, Métro 1, 14: Gare de Lyon. Das prachtvollste Bahnhofsrestaurant der Welt, ein Museum des Fin-de-Siècle-Stils. Die Küche ist weniger eindrucksvoll, sie folgt den TGV-Zügen, die unten in der Halle gen Midi starten.

Pierre au Palais Royal, 10, rue Richelieu, 75001 Paris, Tel. 01 42 95 09 17, www.pierreaupalaisroyal.com, Métro 1, 7: Palais Royal – Musée du Louvre, Sa mittags, So geschl. Seit Jahrzehnten gleich bleibend zuverlässig und sympathisch. Traditionelle Küche in bester Form. Gute Weinauswahl zu maßvollen Preisen.

Gourmettempel

Apicius, 20, rue d'Artois, 75008 Paris, Tel. 01 43 80 19 66, www.restaurant-apicius.com, Métro 1: George-V, Sa/So und Aug. geschl. Speisekarte und Service folgen der Devise ›Mehr Sein als Schein‹. Hier kann man auch bürgerlich essen – aber auf welchem Niveau!

Carré des Feuillants, 14, rue de Castiglione, 75001 Paris, Tel. 01 42 86 82 82, www.carredesfeuillants.fr, Métro 1, 8, 12: Concorde oder Tuileries, Sa mittags, So und Aug. geschl. Exzellente Küche mit Gascogne-Einschlag. Probieren: Kaninchenragout mit Backpflaumen oder das Rebhuhn im Kohlblatt mit Haselnüssen und Stopfleberscheiben.

TOP TIPP **Guy Savoy**, 18, rue Troyon, 75017 Paris, Tel. 01 43 80 40 61, www.guysavoy.com, Métro 1, 2, 6: Étoile, Sa mittags, So/Mo geschl. Für entdeckungsfreudige Gourmets ein sehr interessantes Lokal, denn der charmante Savoy ist immer für Überraschungen gut, z.B. die Linsencrème mit Langustinen, die Austern *en nage glacée* oder der Sankt-Peters-Fisch in Koriandersaft.

L'Arpège, 84, rue Varenne, 75007 Paris, Tel. 01 47 05 09 06, www.alain-passard.com, Métro 13: Varenne, Sa/So geschl. Alain Passard experimentiert leidenschaftlich gern. Dabei gelingen ihm oft fantastische Gerichte. Wenn Sie auch mal was riskieren wollen, ist das die richtige Adresse (sehr teuer).

Michel Rostang, 20, rue Rennequin, 75017 Paris, Tel. 01 47 63 40 77, www.michelrostang.com, Métro 2: Ternes, Sa, Mo mittags, So geschl. Ein schönes Restaurant, eine virtuose Küche und ein stilvolles Ambiente machen den Besuch zu einem kulinarischen Hochgenuss. Probieren Sie unbedingt die Gerichte mit Geflügel (z.B. Ente oder Perlhuhn) aus der Region Bresse.

Luxusrestaurants

Grand Véfour, 17, rue de Beaujolais, 75001 Paris, Tel. 01 42 96 56 27, www.grand-vefour.com, Métro 1, 7: Pyramides oder Palais Royal – Musée du Louvre, Sa/So und Aug. geschl. Das Restaurant hat die längste und nobelste Tradition unter seinesgleichen in der Stadt.

TOP TIPP **Jules Verne**, Tour Eiffel, 2. Etage, 75007 Paris, Tel. 01 45 55 61 44, www.lejulesverne-paris.com. Métro 6: Bir Hakeim. Luxuriös ist hier auf jeden Fall die Lage hoch über der Stadt und der prachtvolle Ausblick. Alain Ducasse bereitet hier kreative Speisen zu.

Le Pré Catelan, Bois de Boulogne, Route de Suresnes, 75016 Paris, Tel. 01 44 14 41 14, www.precatelanparis.com, Métro 2: Porte Dauphine. So, Mo und Aug. geschl. Die herrliche Lage im Bois, der schöne Belle-Époque-Saal, die Orangerie, der Blumengarten zeichnen das Lokal und seine exzellente Küche zusätzlich aus. Spezialitäten: Bretonischer Hummer, Lammnüsschen mit schwarzen Trüffeln.

Maxim's, 3, rue Royale, 75008 Paris, Tel. 01 42 65 27 94, www.maxims-de-paris.com, Métro 1, 8, 12: Concorde, So/Mo geschl. Der große Name und das atemberaubend schwülstige Belle-Époque-Dekor sprechen für sich. Die Küche ist gut und natürlich traditionell.

Plaza Athénée, 25, avenue Montaigne, 75008 Paris, Tel. 01 53 67 66 02, www.plaza-athenee-paris.com, Métro 9: Alma Marceau, Sa/So geschl. Alain Ducasse, Sterne-Koch aus Monte Carlo, sorgt für Spezialitäten aus ganz Frankreich auf höchstem Niveau. Wegen

Essen und Trinken – Feiertage – Festivals und Events

Umbau 2014 vorübergehend geschlossen.

Senderens, 9, place de la Madeleine, 75008 Paris, Tel. 01 42 65 22 90, www.senderens.fr, Métro 8, 12, 14: Madeleine. Leicht unterkühlte Atmosphäre, gelegentlich etwas herablassender Service. Dafür bietet Alain Senderens auch ein ›preiswertes‹ Mittagsmenü, etwa poschierte Foie Gras im Wirsingblatt oder Apicius-Ente mit Honig.

Taillevent, 15, rue Lamennais, 75008 Paris, Tel. 01 44 95 15 01, www.taillevent.com, Métro 1: George-V, Sa/So und Aug. geschl. Einer der großen Klassiker der Pariser Gastronomie in einem prachtvollen Stadtpalais mit Originalausstattung. Einer der besten Weinkeller von Paris.

Tour d'Argent, 15, quai de la Tournelle, 75005 Paris, Tel. 01 43 54 23 31, www.tourdargent.com, Métro 10: Cardinal Lemoine, Métro 7: Pont-Marie, So/Mo und Aug. geschl. Berühmter Blick (wenn man die richtigen Plätze hat) über die Seine auf Notre-Dame, berühmtes Entengericht (Canard Pressé) mit Zertifikat. Die Qualität der Speisen schwankt. Phänomenaler Weinkeller.

■ Feiertage

1. Januar (Jour de l'An), Ostermontag (Lundi de Pâques), 1. Mai (Fête du Travail), 8. Mai (Fête de la Libération/Kriegsende 1945), Christi Himmelfahrt (Ascension), Pfingstmontag (Lundi de Pentecôte), 14. Juli (Fête Nationale/Nationalfeiertag: Erstürmung der Bastille 1789), 15. August (Assomption/Mariä Himmelfahrt), 1. November (Toussaint/Allerheiligen), 11. November (Armistice/Waffenstillstand 1918), 25. Dezember (Noël).

■ Festivals und Events

Januar
Prix d'Amérique: Pferderennen im Hippodrom von Vincennes am letzten Sonntag des Monats (www.prix-amerique.com).

März
Banlieues Bleues: fünf Wochen lang Jazz, Soul, Funk und Blues in Seine-Saint-Denise (www.banlieuesbleues.org).
Chorus: beste französische Musik von bekannten Künstlern und jungen Talenten (www.chorus92.fr).

Salon du Livre: Buchmesse, Porte de Versailles (www.salondulivreparis.com).

April
Foire du Trône: größter Jahrmarkt von Paris im Bois de Vincennes von April bis Mai (www.foiredutrone.com).
Marathon de Paris: Beim Lauf durch die Stadt ist Ausdauer gefragt (www.parismarathon.com).

Mai
Foire de Paris: Pariser Messe. Eigentlich mehrere Messen in einer: Tourismus, Kunst, Folklore, Sport, Freizeit u.a. im Parc des Expositions (www.foiredeparis.fr).
French Open: das berühmte Tennisturnier im Stadion Roland-Garros (www.rolandgarros.com).
Rencontres Chorégraphiques Internationales de Seine-Saint-Denis: zeitgenössischer Tanz von internationalen Ensembles aufregend in Szene gesetzt (www.rencontreschoregraphiques.com).
La Nuit des Musées: Zu nächtlicher Stunde öffnen die Pariser Museen ihre Türen, mit Musik- und Theaterperformances (www.nuitdesmusees.culture.fr).

Juni
Fête de la Musique: das sympathischste der Pariser Feste, der große Tag der Amateurmusiker. Überall in der Stadt wird bis spät in die Nacht Musik gemacht (www.fetedelamusique.culture.fr).
Festival de Saint-Denis: fünf Wochen Klassik vom Feinsten (www.festival-saint-denis.com).

Juli
14 Juillet: Die Veranstaltungen zum Nationalfeiertag beginnen schon am Vorabend: Musik und Tanz auf Straßen und Plätzen. Ball an der Place de la Bastille. Am 14. Juli: vormittags Militärparade auf den Champs-Élysées, um Mitternacht Feuerwerk am Trocadéro.
Festival Paris Cinéma: Pariser Kinotage. Mit einer einzigen Kinokarte hat man Zutritt zu allen Filmen. Großer Ansturm (www.pariscinema.org).
Arrivée du Tour de France: viel beklatschter Endspurt der Tour de France auf den Champs-Élysées (www.letour.fr).

Juli/August
Paris Quartier d'Été: Sommerfestival von Mitte Juli bis Mitte August mit Mu-

...sik, Theater, Tanz, Bällen und Freiluft-Kino (www.quartierdete.com).

August
Rock en Seine: Ende August heizen Top-Bands ihren Fans mit gekonnten Gitarrenriffs ordentlich ein (www.rockenseine.com).

September
Journées du Patrimoine: Tag der offenen Tür bei 300 Monumenten. Am 3. Wochenende im September ist oft die einzige Gelegenheit, viele Palais von innen zu sehen (www.journeesdupatrimoine.culture.fr).

Festival d'Automne: Herbstfestival von Mitte September bis Ende Dezember mit internationalem Theater-, Konzert- und Ballettprogramm (www.festival-automne.com).

Jazz à la Villette: Internationale Jazzkünstler begeistern im Parc de la Villette ihr fachkundiges Publikum (www.jazzalavillette.com).

Oktober
Nuit Blanche: Ausstellungen, Installationen und Performances sorgen für eine lange Nacht der zeitgenössischen Kunst (www.paris.fr).

Prix de l'Arc de Triomphe: weltberühmtes, mondänes Pferderennen im Hippodrom von Longchamp, Bois de Boulogne (www.prixarcdetriomphe.com).

FIAC: internationale Messe zeitgenössischer Kunst, Porte de Versailles, (www.fiac.com).

November
Le nouveau Beaujolais est arrivé: Weinfest in den Bars, Cafés und Bistros (3. Do im Nov.).

■ Kultur live

Das Kulturprogramm findet man beim Office de Tourisme de Paris (www.paris-info.com), ferner im Pariscope (spectacles.premiere.fr) und im Officiel des Spectacles (www.offi.fr).

Tickets

Infos: www.fnactickets.com

Fnac Champs-Élysées, 74, avenue des Champs-Élysées, 75008 Paris, Métro 1, 9: Champs-Élysées

Fnac Forum des Halles, 1–7, rue Pierre Lescot, 75001 Paris, Métro 4: Forum des Halles

Fnac Montparnasse, 136, rue de Rennes, 75006 Paris, Métro 4: Saint-Placide

Fnac St. Lazare, 109, rue St. Lazare, 75009 Paris, Métro 9, 12, 13, 14: St Lazare

Fnac Etoiles, 26–30, avenue des Ternes, 75017 Paris, Métro 2: Ternes

Kino

Paris ist eine Filmstadt. Die Vielzahl der Kinos und das vielseitige Programm sind beeindruckend. Der Programmwechsel ist jeden Mittwoch. An diesem Tag sind alle Vorstellungen ermäßigt. Französischkenntnisse sind nicht unbedingt nötig, da ausländische Filme meist in der Originalsprache (vo = version original) mit Untertiteln gezeigt werden.

Cinémathèque Française, 51, rue de Bercy, 75012 Paris, Tel. 01 71 19 33 33, www.cinematheque.fr, Métro 6, 14: Bercy [Nr. 118]

La Géode, 26, avenue Corentin-Cariou, 75019 Paris, Reservierung: Tel. 01 40 05 79 99, www.lageode.fr, Métro 7: Porte de la Villette [s. S. 136]

La Pagode, 57 bis, rue de Babylone, 75007 Paris, Tel. 01 45 55 48 48, www.etoile-cinemas.com Métro 13: Saint-François-Xavier. Eine echte japanische Pagode, Ende des 19. Jh. nach Paris transportiert für Lustbarkeiten nach dem Geschmack der Zeit. Seit 1931 Kino.

Le Grand Rex, 1, boulevard Poissonnière, 75002 Paris, Tel. 01 45 08 93 89, www.legrandrex.com, Métro 8, 9: Bonne-Nouvelle. Prächtiger Kinopalast aus den 1920er-Jahren, 2650 Plätze.

Saint-André-des-Arts, 30, rue Saint-André-des-Arts, 75006 Paris, Tel. 01 43 26 48 18, Métro 4: Saint-Michel. Stets sehr gutes Programm.

Studio des Ursulines, 10, rue des Ursulines, 75005 Paris, Tel. 01 56 81 15 20, www.studiodesursulines.com, RER B: Gare de Luxembourg. 1926 gegründet, noch immer ausgezeichnetes Programmkino.

Paris im Film

Dokumentationen, Reportagen und Spielfilme über die Geschichte von und das Leben in Paris zeigen:

Kultur live

Forum des Images, Forum des Halles, 2, rue de Cinéma, 75001 Paris, Tel. 01 44 76 63 00, www.forumdesimages.fr, Di–Fr 12.30–23.30, Sa/So 14–23.30 Uhr, Métro 4: Les Halles.

Pavillon de l'Arsenal, 21, boulevard Morland, 75004 Paris, Tel. 01 42 76 33 97, www.pavillon-arsenal.com, Di–Sa 10.30–18.30, So 11–19 Uhr, Métro 7: Sully Morland.

Konzerte

Besonders im September während des Festival d'Automne [s. S. 169] hat der Musikliebhaber die Qual der Wahl. Auch viele Kirchen veranstalten (meist kostenlose) Konzerte. Besonders die Orgelkonzerte von Saint-Sulpice und von Saint-Eustache sind berühmt.

Konzertsäle

La Cité de la Musique, 221, avenue Jean-Jaurès, 75019 Paris, www.cite-musique.fr, Tel. 01 44 84 44 84, Métro 5: Porte de Pantin

Salle Gaveau, 45, rue La Boétie, 75008 Paris, Tel. 01 49 53 05 07, www.sallegaveau.com, Métro 9, 13: Miromesnil

Salle Pleyel, 252, rue du Faubourg-Saint-Honoré, 75008 Paris, Tel. 01 42 56 13 13, www.sallepleyel.fr, Métro 2: Ternes

Théâtre des Champs-Élysées, 15, avenue Montaigne, 75008 Paris, Tel. 01 49 52 50 00, www.theatrechampselysees.fr, Métro 9: Alma-Marceau [Nr. 45]

Music Halls

Casino de Paris, 16, rue de Clichy, 75009 Paris, Tel. 08 92 69 89 26, www.casinodeparis.fr, Métro 12: Trinité. Eine Pariser Institution seit Ende des 19. Jh. Die Sängerin und Schauspielerin ›Mistinguett‹ und Maurice Chevalier feierten hier Triumphe.

La Cigale, 120, boulevard Rochechouart, 75018 Paris, Tel. 01 49 25 89 99, www.lacigale.fr, Métro 2: Anvers, Métro 12: Pigalle. Rock und Pop.

L'Olympia, 28, boulevard des Capucines, 75009 Paris, Tel. 08 92 68 33 68 (0,34€/min), www.olympiahall.com, Métro 7, 8: Opéra. Wer hier auftritt, wird bestimmt berühmt. Edith Piaf, Jacques Brel, Gilbert Bécaud haben einst hier gesungen.

Le Zénith, 211, avenue Jean-Jaurès, 75019 Paris, Tel. 01 44 52 54 56, www.zenith-paris.com, Métro 5: Porte de Pantin. Riesenhalle für Rockkonzerte im Parc de la Villette [Nr. 106].

Oper und Theater

Der **Vorverkauf** findet außer bei Fnac [s. S. 169] auch an den Theaterkassen statt, ferner telefonisch oder online, meist zwei Wochen im Voraus. Karten für Vorstellungen am selben Tag gibt es zum halben Preis bei den *Kiosque Théâtre*, www.kiosquetheatre.com:

La Madeleine, 15, place de la Madeleine, 75008 Paris, Métro 8, 12, 14: Madeleine

Les Ternes, Place des Ternes, 75017 Paris, Métro 2: Ternes

Montparnasse, Esplanade de la Tour Montparnasse, 75014 Paris, Métro 4, 6, 12, 13: Montparnasse

Bühnen

Athénée – Théâtre Louis Jouvet, Square de l'Opéra Louis-Jouvet, 7, rue Boudreau, 75009 Paris, Tel. 01 53 05 19 19, www.athenee-theatre.com, Métro 3: Havre Caumartin. In dem pompösen Dekor spielte einst Jouvet. Noch heute gibt es hervorragende Inszenierungen.

Comédie-Française Salle Richelieu, 1, place Colette, 75001 Paris, Tel. 08 25 10 16 80, www.comedie-francaise.fr, Métro 1, 7: Palais Royal – Musée du Louvre [Nr.11]

L'Odéon – Théâtre de l'Europe, 6, place de l'Odéon, 75006 Paris, Tel. 01 44 85 40 40, www.theatre-odeon.fr, Métro 4, 12: Odéon, RER B: Luxembourg [Nr. 65]

Opéra Comique, 1, place Boieldieu, 75002 Paris, Tel. 01 42 44 45 40, www.opera-comique.com, Métro 8, 9: Richelieu-Drouot [Nr.87]

Opéra National de Paris – Bastille, Place de la Bastille, 75012 Paris, Tel. 01 71 25 24 23, www.operadeparis.fr, Métro 1, 5, 8: Bastille [Nr.36]

Opéra National de Paris – Palais Garnier, 8, rue Scribe, 75009 Paris, Tel. 01 71 25 24 23, www.operadeparis.fr, Métro 3, 7, 8: Opéra [Nr.86]

Théâtre de la Huchette, 23, rue de la Huchette, 75005 Paris, Tel. 01 43 26 38 99, www.theatre-huchette.com, Métro 4, 10: Saint-Michel. Seit 1957 jeden Abend: Ionescos Kahle Sängerin.

Théâtre de la Ville, 2, place du Châtelet, 75004 Paris, Tel. 01 42 74 22 77, www.theatredelaville-paris.com, Métro: 1, 7, 11, 14: Châtelet [Nr.24]

Théâtre des Bouffes du Nord, 37 bis, boulevard de la Chapelle, 75010 Paris,

Tel. 01 46 07 34 50, www.bouffesdunord.com, Métro 2: La Chapelle. Experimentiertheater in Belle-Époque-Pracht. Peter Brook inszeniert hier oft.

Théâtre des Champs-Élysées, 15, avenue Montaigne, 75008 Paris, Tel. 01 49 52 50 00, www.theatrechampselysees.fr, Métro 9: Alma-Marceau [Nr.45]

Théâtre du Châtelet, 2, rue Edouard Colonne, 75001 Paris, Tel. 01 40 28 28 28, www.chatelet-theatre.com, Métro 1, 7, 11, 14: Place du Châtelet [Nr.24]

Théâtre du Palais Royal, 38, rue Montpensier, 75001 Paris, Tel. 01 42 97 59 76, www.theatrepalaisroyal.com, Métro 1, 7: Palais-Royal. Typisches amüsantes Pariser Boulevardtheater.

Théâtre du Soleil, Cartoucherie de Vincennes, Route du Champ de Manœuvres, 75012 Paris, Tel. 01 43 74 24 08, www.theatre-du-soleil.fr, Métro 1: Château-de-Vincennes, weiter mit dem Theaterbus. In der früheren Pulverfabrik inszeniert Ariane Mnouchkine ihre pathetischen Fresken [Nr.117].

Théâtre Marigny, Carré Marigny, 75008 Paris, Tel. 01 53 96 70 30, www.theatremarigny.fr, Métro 1, 13: Champs-Élysées – Clemenceau. Jean Paul Belmondo gab hier den Cyrano de Bergerac.

Théâtre Nanterre-Amandiers, 7, avenue Pablo-Picasso, 92022 Nanterre, Tel. 01 46 14 70 00, www.nanterre-amandiers.com, RER A: Nanterre-Préfecture, dann Theaterbus. Spannendes Banlieue-Theater.

Théâtre National de Chaillot, 1, place du Trocadéro, 75116 Paris, Tel. 01 53 65 30 00, www.theatre-chaillot.fr, Métro 6, 9: Trocadéro [Nr.48]

Cafés-Théâtres

Dies sind meist winzige Theater, in denen das Publikum mit geistreichen Sketchen und Komödien unterhalten wird. Viele berühmte Schauspieler haben sich auf diesen Bühnen ihre ersten Sporen verdient. Um alle Wortspiele und Andeutungen zu verstehen, sind gute Französischkenntnisse besonders wichtig.

Le Café de la Gare, 41, rue du Temple, 75004 Paris, Tel. 01 42 78 52 51, www.cdlg.org, Métro 1, 11: Hôtel-de-Ville. Erfolgreiches kleines Theater in einem alten Hof im Marais.

Le Théâtre d'Edgar, 58, boulevard Edgar-Quinet, 75014 Paris, Tel. 01 42 79 97 97, www.edgar.fr, Métro 6: Edgar-Quinet. Berühmtes Café-Théâtre.

Les Blancs Manteaux, 15, rue des Blancs-Manteaux, 75004 Paris, Tel. 01 48 87 15 84, www.blancsmanteaux.fr, Métro 1, 11: Hôtel-de-Ville. Zwei Säle, mehrere Vorstellungen pro Abend. Hier treten junge *Amuseurs* auf.

■ Museen und Galerien

Museen

Die Museen sind meist von 10–17 Uhr geöffnet. Schließtage sind häufig Mo oder Di. Viele haben einen Abend pro Woche länger geöffnet. Die Kassen schließen meist 45 Min. vor Ende. Für die Dauerausstellung der Städtischen Museen (www.paris.fr/musees) ist der Eintritt frei. Ansonsten genießen Kinder und Jugendliche bis 18 Jahren meist freien oder ermäßigten Eintritt – ebenso Schüler und Studenten (mit Ausweis). Für den Besuch mehrerer Museen lohnt der **Paris Museum Pass** [s. S. 159]. Bei den großen Museen (z.B. Louvre) empfiehlt es sich Karten im Voraus zu reservieren, um Warteschlangen zu vermeiden.

Galerien

Galerie Artcurial, 7, rond-point des Champs-Élysées, 75008 Paris, Tel. 01 42 99 20 20, www.artcurial.com, Métro 1, 9: Franklin D. Roosevelt. Interessante Ausstellungen des renommierten Auktionshauses im Hôtel Marcel Dassault.

Galerie B. C. Beaubourg, 23, rue du Renard, 75004 Paris, Tel. 01 42 77 08 22, www.bernardceysson.com, Métro 1, 11: Hôtel de Ville. Innovative Werke junger europäischer Künstler.

Galerie Denise René, 196, boulevard Saint-Germain, 75007 Paris, Tel. 01 42 22 77 57, www.deniserene.com, Métro 4: Saint-Germain-des-Prés. Geometrische Abstraktion, kinetische Kunst. Eine Filiale gibt es im Marais, 22, rue Charlot, 75003 Paris.

Galerie Jeanne Bucher, 53, rue de Seine, 75006 Paris, Tel. 01 44 41 69 65, www.jeanne-bucher.com, Métro 4: Saint-Germain-des-Prés. Eine traditionsreiche, angesehene Galerie. Dubuffet, Bissière, Veira de Silva, Nicolas de Staël.

Galerie Lelong, 13, rue de Téhéran, 75008 Paris, Tel. 01 45 63 13 19, www.galerie-lelong.com, Métro 9, 13: Miromesnil. Moderne und zeitgenössische Kunst von James Brown, Chillida, Kounellis, Miró, Tapies.

Galerie Louise Leiris, 47, rue de Monceau, 75008 Paris, Tel. 01 45 63 28 85, Métro 2: Monceau. Von Daniel-Henry Kahnweiler gegründete, berühmte Galerie.

Galerie Georges-Philippe & Nathalie Vallois, 36, rue de Seine, 75006 Paris, Tel. 01 46 34 61 07, www.galerie-vallois.com, Métro 4: Saint-Germain-des-Prés. Arbeiten von Richard Jackson, Paul McCathy, Jean Tinguely, Niki de Saint Phalle und Virginie Yassef.

Nachtleben

Das Programm für Livemusik und Revuen findet man bei Office de Tourisme de Paris (www.parisinfo.com), ferner bei Pariscope (spectacles.premiere.fr) und L'Officiel des Spectacles (www.offi.fr).

Das Nachtleben der Seinestadt hat einen exklusiven Touch. Viele Klubs bieten Disco, Livemusik, Themenabende und Restaurantbetrieb unter einem Dach. Dabei geht es sehr snobistisch zu, Eintritts- und Getränkepreise sind hoch. Bei den mondänen Etablissements wird nur eingelassen, wer dem Türsteher gefällt. Richtig interessant wird es in den Klubs meist erst nach Mitternacht.

In-Lokale zieren vor allem die Viertel um Forum des Halles und um die Bastille. Dort hat die Pariser Szene alte **Tanzlokale** wiederentdeckt. In der Rue de Lappe, in der sich die Bourgeoisie schon in den 1920er-Jahren beim Bal Musette unter das Volk der Vorstädte mischte, wird heute zu heißen Afro-Rhythmen getanzt. In den zahlreichen Bars und Cafés der Champs-Élysées und am Montparnasse ist die Atmosphäre ›bon chic, bon genre‹. Die Zeit der Caves, der Höhlen genannten Kellerschuppen von Saint-Germain-des-Prés, ist zwar längst vorbei, doch hat die Rive Gauche noch heute einige ausgezeichnete **Jazz Clubs** zu bieten. Pigalle ist bekanntlich eine Mause- und zuweilen auch eine Touristenfalle.

Bars und Nachtcafés

Harry's New York Bar, 5, rue Daunou, 75002 Paris, Tel. 01 42 61 71 14, www.harrysbar.fr, Métro 3, 7, 8: Opéra. So–Do 12–2, Fr 12–3 Uhr. Legendärer Treffpunkt der Amerikaner in Paris: Hemingway, Scott Fitzgerald, Gershwin verkehrten hier.

La Casbah, 18–20, rue de la Forge-Royale, 75011 Paris, Tel. 01 43 71 04 39, www.casbah.fr, Métro 8: Faidherbe Chaligny. Fr, Sa 20 Uhr bis Morgendämmerung. Orientalisch-schwüle Atmosphäre. Zu später Stunde trifft man Fotomodelle und Leute aus der Werbebranche.

La Palette, 43, rue de Seine, 75006 Paris, Tel. 01 43 26 68 15, Métro 4: Saint-Germain-des-Prés. Mo–Sa 9–2 Uhr. Hübsche Terrasse. Innen noch echt pariserisch mit Gemälden an vergilbten Wänden.

Le Fouquet's, 99, avenue des Champs-Élysées, 75008 Paris, Tel. 01 40 69 60 50, www.fouquets-barriere.com, Métro 1: George-V. Bis 2 Uhr früh. Gestylte Menschen aus Film und Presse.

Klubs und Diskotheken

TOP TIPP **La Machine**, 90, boulevard de Clichy, 75018 Paris, Tel. 01 53 41 88 89, www.lamachinedumoulinrouge.com, Métro 2, 13: Place-de-Clichy. Ab 23 Uhr. Ein mehrstöckiger Riesenschuppen. House und Dance Music sowie Livemusik von Rock bis Pop.

Le Nouveau Casino, 109, rue Oberkampf, 75011 Paris, Tel. 01 43 57 57 40, www.nouveaucasino.net, Métro 3: Parmentier. Ab 19 Uhr. Der Club im angesagten Viertel République bietet Disco und Livemusik.

Le Petit Journal Montparnasse, 13, rue du Commandant Mouchotte, 75014 Paris, Tel. 01 43 21 56 70, www.petitjournalmontparnasse.com, Métro 13: Gaîté. Tgl. 18–2 Uhr. Sympathischer Jazzclub mit qualitätvollem Programm.

Le Rex Club, 5, boulevard Poissonnière, 75002 Paris, Tel. 01 42 36 10 96, www.rexclub.com, Métro 8, 9: Bonne Nouvelle. Mi–Sa 23.30–6 Uhr. Techno, House, Acid-Jazz. Riesiger Szenetreff.

Les Bains Douches, 7, rue du Bourg L'abbé, 75003 Paris, Tel. 01 53 01 40 60, Métro 4: Etienne-Marcel. Der Kult-Club in einer früheren Badeanstalt wird restauriert, zeitweise sind in der Baustelle Kunstausstellungen zu sehen.

TOP TIPP **New Morning**, 7&9, rue des Petites-Ecuries, 75010 Paris, Tel. 01 45 23 51 41, www.newmorning.com, Métro 4: Château-d'Eau. Tgl. ab 20 Uhr. Das berühmteste Pariser Jazzlokal bringt internationale Größen ebenso auf die Bühne wie Nachwuchstalente.

Revuen und Cabarets

Frechen French Cancan mit fliegenden Beinen und schäumenden weißen Rüschen-Dessous, glitzernde Transvestitenshows und erotisch-prickelnde Revuen hoffen viele Besucher zu erleben. Oft halten diese Spektakel jedoch nicht, was sie versprechen. Vor allem ist von den Dîners-Spectacles abzuraten, die gegen 20/21 Uhr beginnen. Das Essen, das der Revue vorangeht, ist häufig den hohen Preis nicht wert. Wählen Sie lieber die zweite Vorstellung des Abends um 22/23 Uhr. Rechtzeitige Reservierung ist ratsam.

Bal du Moulin Rouge, 82, boulevard de Clichy, 75018 Paris, Tel. 01 53 09 82 82, www.moulinrouge.fr, Métro 2: Blanche. Nur noch ein schwacher Abglanz vom spritzigen, humorvollen ›Bal du Moulin Rouge‹, als die Goulue ihre Beine schwang und Toulouse-Lautrec seine Skizzen machte.

Chez Michou, 80, rue des Martyrs, 75018 Paris, Tel. 01 46 06 16 04, www.michou.com, Métro 2, 12: Pigalle. Unterhaltsame Transvestitenshow, auch beim Pariser Publikum beliebt.

 Crazy Horse, 12, avenue George V, 75008 Paris, Tel. 01 47 23 32 32, www.lecrazyhorseparis.com, Métro 9: Alma-Marceau. Kesser Strip mit tollen Lichteffekten, heiß zu empfehlen.

Folies Bergère, 32, rue Richter, 75009 Paris, Tel. 08 92 68 16 50, www.foliesbergere.com, Métro 7: Cadet. 1869 gegründetes Revuetheater mit wechselndem Programm. Josephine Baker tanzte hier in ihrem legendären Bananenröckchen.

Lapin Agile, 22, rue des Saules, 75018 Paris, Tel. 01 46 06 85 87, www.au-lapin-agile.com, Métro 12: Lamarck-Caulaincourt. Di–So ab 21 Uhr. Montmartrer Cabaret mit langer Tradition [Nr.97].

Lido de Paris, 116 bis, avenue des Champs-Élysées, 75008 Paris, Tel. 01 40 76 56 10, www.lido.fr, Métro 1: George V. Spektakuläre Shows mit grandioser Inszenierung und ungeheurer Perfektion.

Paradis Latin, 28, rue du Cardinal-Lemoine, 75005 Paris, Tel. 01 43 25 28 28, www.paradislatin.com, Métro 10: Jussieu. Di geschl. Ein Schönes altes Revuetheater. Die unterhaltsame und perfekte Show ist eine runde Sache.

Parks

Bois de Boulogne, 75016 Paris, Métro 1, 2, RER C: Porte Dauphine, Porte Maillot, Les Sablons, Porte d'Auteuil. Ein gelb-rot markierter Weg führt einmal um den Bois, ein gelb-blauer durchquert ihn.

Bois de Vincennes, 75012 Paris, Métro 1, 8: Château-de-Vincennes, Porte Dorée, RER A: Vincennes. Ein gelb-rot markierter Wanderweg führt um den Wald herum, ein gelb-blauer hindurch. **Parc Floral**, www.parcfloraldeparis.com, Métro 1: Château-de-Vincennes, April–Sept. tgl. 9.30–20, Febr., März, Okt.–Dez. tgl. 9.30–18, Jan. tgl. 9.30–17 Uhr. Im Sommer gibt es hier Jazz und Klassik-Konzerte. **Parc Zoologique de Paris**, Tel. 01 44 75 20 00, parczoologiquedeparis.fr, Métro 8: Porte Dorée, Mitte März–Mitte Okt. 10–18, Sa, So 9–19.30 Uhr, Mitte Okt.–Mitte März 10–17 Uhr [Nr.117]

Jardin des Plantes, Eingang Rue Linné oder Place Valhubert, 75005 Paris, Tel. 01 40 79 56 01, Métro 5, 7, 10, RER C: Gare d'Austerlitz oder Jussieu. Sommer tgl. 7.30–19.45, Winter tgl. 8–17.30 Uhr. Menagerie tgl. im Sommer 9–18, im Winter 9–17 Uhr, Grande Galerie d'Évolution Mi–Mo 10–18 Uhr [Nr.80]

Parc André-Citroën, Rue Balard, Rue Leblanc, 75015 Paris, Métro 8, 10: Balard, Javel André-Citroën. Sommer tgl. 9–19, Winter tgl. 9–18 Uhr. Gartenkunst von Alain Provost und Gilles Clément auf dem Gelände der Citroën-Fabrik.

Parc de Bagatelle, Métro 1: Pont de Neuilly. April–Sept. tgl. 9.30–20, Okt., März tgl. 9.30–18.30, Nov.–Febr. tgl. 9.30–17 Uhr, Schloss: April–Okt. So 15 Uhr [Nr.111]

Parc de Bercy, 128, quai de Bercy, 75012 Paris, Métro 6, 14: Bercy. Sommer tgl. 9–20.30, Winter tgl. 9–18 Uhr. Moderne Gartenschöpfung im Osten.

Parc de la Villette, 211, avenue Jean Jaurès, 75019 Paris, Tel. 01 40 03 75 75, www.villette.com, Métro 5, 7: Porte de Pantin, Porte de la Villette [Nr.106].

Parc des Buttes-Chaumont, 5, avenue Debidour, 75019 Paris, Métro 7bis: Pré-Saint-Gervais. Mai–Aug. tgl. 7–22, Sept. tgl. 7–21, Okt.–April tgl. 7–20 Uhr, Renovierung bis Ende 2014 [Nr.105]

Parc Monceau, 35, boulevard Courcelles, 75008 Paris, Métro 2: Monceau. Mai–Aug. tgl. 7–22, Sept. tgl. 7–21, Okt.–März tgl. 7–20, April tgl. 7–21 Uhr [Nr.107]

Parks – Sport – Stadtbesichtigung

Parc Montsouris, 2, rue Gazan, 75014 Paris, RER B: Cité-Universitaire, Mai–Aug. Mo–Fr 9.30–20.30, Sa, So 9–20.30, Sept., April Mo–Fr 9.30–19.30, Sa, So 9–19.30, Okt. Mo–Fr 9.30–18.30, Sa, So 9–18, Nov.– März Mo–Fr 9.30–17, Sa, So 9–17 Uhr. Hügeliger Landschaftsgarten mit See, Wasserfall und orientalischem Weltausstellungspavillon von 1867.

■ Sport

Inzwischen gibt es einige Fahrradwege in Paris. Das Office du Tourisme verteilt den Faltplan *Paris à vélo, le bon plan*, der auch im Internet heruntergeladen werden kann (www.paris.fr, unter der Rubrik Déplacements). Auch für Inlineskater gibt es viele Möglichkeiten, und Freunde des Jogging finden in allen Parks und Squares gute Strecken zum Laufen.

Schwimmbäder

Eher dünn gesät sind in Paris die Freibäder. Oft sind die Öffnungszeiten kompliziert, manche sind im Sommer zeitweilig geschlossen oder sind zu gewissen Zeiten für den Schulsport reserviert. Es empfiehlt sich deshalb, vorher anzurufen.
Aquaboulevard, 4, rue Louis-Armand, 75015 Paris, Tel. 01 40 60 10 00, www.aquaboulevard.fr, Métro 8: Balard. Tgl. 9–23 Uhr, Erlebnisbad mit Rutschen, Strand und Palmen sowie Sportcenter mit Tennis-, Squash- und Fitnessräumen.
Piscine Pontoise, 17, rue de Pontoise, 75005 Paris, Tel. 01 55 42 77 88, Métro 10: Maubert-Mutualité. Schönes altes Schwimmbad. Mit Squash- und Fitnessangebot.
Piscine d'Auteuil, im Hippodrome, 1, route des Lacs, 75016 Paris, Tel. 01 42 24 07 59, Métro 9: Ranelagh. Angenehmes Bad mit einer Sonnenterrasse im Freien.
Piscine de la Butte aux Cailles, 5, place Paul-Verlaine, 75013 Paris, Tel. 01 45 89 60 05, Métro 5, 6, 7: Place d'Italie. Beliebtes Hallenbad und Freibad.

Sportstadien

Palais Omnisport Paris Bercy (POPB), 8, boulevard de Bercy, 75012 Paris, www.bercy.fr, Métro 6, 14: Bercy. Superstadion, in dem auch bombastische Opernaufführungen, Varietéspektakel und Konzerte stattfinden.

Parc des Princes, 24, rue du Commandant-Guilbaud, 75016 Paris, Tel. 01 47 43 71 71, www.leparcdesprinces.fr, Métro 9: Porte de Saint-Cloud. Das große Fußballstadion von Roger Taillibert wurde 1972 eingeweiht. Gelegentlich Rock- und Popkonzerte.

■ Stadtbesichtigung

Spaziergänge

Thematische Spaziergänge, z. B. auf den Spuren von Woody Allens Film ›Midnight in Paris‹, gibt es als Broschüren zum Herunterladen aus dem Internet in den Rubriken *Paris Walks* und *Spaziergänge*.
www.paris.fr
www.parisinfo.com

Führungen

Infos über Stadtführungen gibt es bei Tourisme de Paris (www.parisinfo.com), Pariscope (spectacles.premiere.fr) und L'Officiel des Spectacles (www.offi.fr).
Contact Paris, 9, rue Fermat, 75014 Paris, Tel. 01 42 79 92 75, www.contactparis.fr, Métro 13: Gaîté
Paris avec vous, 19, rue du Départ, 75014 Paris, Tel. 01 43 20 11 31, www.parisavecvous.com, Métro 4, 6, 12, 13: Montparnasse-Bienvenue

Stadtrundfahrten

Cityrama, 2, rue des Pyramides, 75001 Paris, Tel. 01 44 55 61 00, www.pariscityrama.com, Métro 1: Louvre-Rivoli
Paris L'Open Tour, 13, rue Auber, 75009 Paris, Tel. 01 42 66 56 56, www.parislopentour.com, Métro 3, 7, 8: Opéra
Paris Vision, 214, rue de Rivoli und 2, rue des Pyramides, 75001 Paris, www.parisvision.com, Métro 1: Tuileries und Louvre-Rivoli

Bootsfahrten

Die Seine und die Kanäle von Paris, Canal Saint-Martin und Canal de l'Ourcq, kann man per Ausflugsboot oder Linienschiff erkunden. Wirklich eindrucksvoll sind die Seine-Fahrten aber nur bei genügend hohem Wasserstand, denn die Kaimauern sind ziemlich hoch und versperren manchmal die Sicht auf die Stadt.
Bateaux Parisiens, Port de la Bourdonnais, 75007 Paris, www.bateauxparisiens.com, Métro 6: Trocadéro

Bateaux-Mouches, Pont de l'Alma, 75008 Paris, Tel. 01 42 25 96 10, www.bateaux-mouches.fr, Métro 9: Alma-Marceau

Batobus, www.batobus.com, Tel. 08 25 05 01 01. Die Linienschiffe verkehren tgl. 10–19 Uhr. Es gibt acht Stationen, u. a. Hôtel de Ville, Louvre und Eiffelturm. Man kann die Fahrt beliebig oft unterbrechen.

Vedettes de Paris, Port de Suffren, 75007 Paris, Tel. 01 44 18 19 50, www.vedettesdeparis.fr, Métro 6, 9: Trocadéro

Vedettes du Pont-Neuf, Square du Vert-Galant, 75001 Paris, Tel. 01 46 33 98 38, www.vedettesdupontneuf.com, Métro 7: Pont Neuf

Canauxrama, Bassin de la Villette, 13, quai de la Loire, 75019 Paris, Tel. 01 42 39 15 00, www.canauxrama.com, Métro: 2, 5, 7bis: Jaurès. Fahrten auf dem Canal Saint-Martin vom Bassin de la Villette zur Bastille oder umgekehrt.

Paris Canal, Bassin de la Villette, 21, quai de la Loire, 75019 Paris, Tel. 01 42 40 96 97, www.pariscanal.com, Métro: 2, 5, 7bis: Jaurès. Fahrten auf dem Canal Saint-Martin vom Musée d'Orsay zum Parc de la Villette und zurück.

Linienbusse

Als kleine Stadtrundfahrten eignen sich folgende Busstrecken:

Linie 27: Von der Porte d'Ivry bis zum Gare Saint-Lazare. Es geht vorbei am Jardin du Luxembourg, über den Boulevard Saint-Michel, an der Seine entlang zum Louvre und dann zur Oper.

Linie 63: Vom Gare de Lyon zur Porte de la Muette. Durch das Quartier Latin geht es vorbei an Saint-Sulpice, über den Boulevard Saint-Germain, zum Hôtel National des Invalides und dem Palais de Chaillot bis nach Passy.

Linie 72: Vom Hôtel de Ville zum Parc de Saint-Claude. Am rechten Seineufer geht es durch das Marais und vorbei am Louvre zum Pont Mirabeau.

Linie 73: Vom Musée d'Orsay bis La Charenne-Colombes – Charlebourg. Es geht über Place de la Concorde und Champs-Élysées vorbei am Arc de Triomphe bis zur Grande Arche de La Défense.

Aussichtspunkte

Panoramen bieten die Plattform des *Arc de Triomphe* und der Südturm von *Notre-Dame*. Die schönsten Aussichten hat man vom *Tour Eiffel*, von *Sacré-Cœur* und vom *Tour Montparnasse* (33, avenue du Maine, 75015 Paris, Tel. 01 45 38 52 56, www.tourmontparnasse56.com, Métro 4, 6, 12, 13: Montparnasse-Bienvenue, April–Sept. tgl. 9.30–23.30, Okt.–März So–Do 9.30–22.30, Fr/Sa 9.30–23 Uhr).

■ Statistik

Bedeutung: Hauptstadt der französischen Republik, wirtschaftliches und kulturelles Zentrum des Landes.

Lage: 2° 20'14" östlicher Länge und 48° 50'11" nördlicher Breite. Höchster Punkt: 148 m (40, Rue du Télégraphe, 75020 Paris).

Klima: Durchschnittstemperatur: 4,2 °C (Januar), 19,6 °C (Juli), Sonneneinstrahlung: 1798 Std., Regentage: 171 pro Jahr.

Fläche des Stadtgebietes: 105,4 km^2. Waldflächen: Bois de Vincennes 9,95 km^2, Bois de Boulogne 8,46 km^2.

Administrative Aufteilung: 20 Arrondissements (Stadtteile), 80 Quartiers (Viertel).

Einwohner: 2,3 Mio.

Bildung und Wissenschaft: Paris besitzt acht Universitäten, u.a. die Sorbonne, mit nahezu 197 000 Studenten. Daneben locken zahlreiche Elite-Schulen, Grand Écoles, z.B. das Institut d'Études Politiques de Paris oder die L'École Normale Supérieure, den viel versprechenden Nachwuchs in die Hauptstadt.

Tourismus: 30 Mio. Besucher im Jahr.

■ Unterkunft

Pariser Hotels gehören zu den teuersten der Welt. Zimmer der Luxusklasse kosten um die 500 bis 1000 Euro pro Nacht. Doch schon bei den Vier-Sterne-Hotels kann man Zimmer zwischen 100 und 200 Euro pro Nacht finden. Unter 70 Euro muss man in der Regel Abstriche machen bezüglich Lage, Ausstattung und Ruhe. Übrigens: Pariser Hotelzimmer haben, ob von 1 Person oder 2 Personen belegt, nur einen Preis. Bei der Auswahl helfen Hotel-Webseiten wie www.hotelscombined.de

1. Arrondissement

*****Ritz, 15, place Vendôme, 75001 Paris, Tel. 01 43 16 30 30, www.ritzparis.com,

Métro 3, 7, 8: Opéra, Métro 8, 12, 14: Madeleine. Bezeichnet sich als das bekannteste Hotel der Welt. Kein anderes hat es jedenfalls zu einem eigenen Adjektiv, ›ritzy‹, gebracht. Hemingway-Bar, prächtiger Pool und die vornehmsten Juweliere von Paris gleich nebenan (zzt. wegen Restaurierung geschl.)

TOP TIPP ****Le Pradey**, 5, rue Saint Roche, 75001 Paris, Tel. 01 42 60 31 70, www.lepradey.com, Métro 1: Tuileries, Métro 1, 7: Palais Royal – Musée du Louvre. Das kleine Hotel unweit des Louvre bezaubert mit individuell gestalteten Designer-Zimmern, in den oberen Etagen mit Balkon, und schicken Bädern. Die Bar ist zugleich Kunstbibliothek.

Agora, 7, rue de la Cossonnerie, 75001 Paris, Tel. 01 42 33 46 02, www.hotel-paris-agora.com, RER A, B, D: Châtelet – Les Halles. Hübsches Hotel in der Fußgängerzone unweit des Centre Pompidou.

3. Arrondissement

****Hôtel du Petit Moulin**, 29/31, rue de Poitou, 75003 Paris, Tel. 01 42 74 10 10, www.hotelpetitmoulinparis.com, Métro 8: Saint-Sébastien-Froissard oder Filles du Calvaire. Bildschönes Boutique-Hotel im Marais. Christian Lacroix gab jedem Zimmer einen eigenen Stil und Pfiff.

TOP TIPP ****Le Pavillon de la Reine**, 28, place des Vosges, 75003 Paris, Tel. 01 40 29 19 19, www.pavillon-de-la-reine.com, Métro 1, 5, 8: Bastille. Efeuumranktes, äußerst elegantes Palasthotel am schönsten Platz der Stadt. Mit gediegenen Salons und Carita Spa.

4. Arrondissement

****Hotel du Jeu de Paume,** 54, rue Saint-Louis-en-l'Île, 75004 Paris, Tel. 01 43 26 14 18, www.jeudepaumehotel.com, Métro 7: Pont Marie. Das Stadtpalais aus dem 17. Jh. wurde schick und komfortabel modernisiert. Aufgrund der attraktiven Insellage ist es leider häufig ausgebucht.

5. Arrondissement

TOP TIPP ***Hôtel des Grandes Ecoles**, 75, rue Cardinal Lemoine, 75005 Paris, Tel. 01 43 26 79 23, www.hotel-grandes-ecoles.com, Métro 10: Cardinal Lemoine, Métro 7, 10: Jussieu oder Place Monge. Wohnen wie auf dem Lande mitten im Quartier Latin unweit des Panthéon.

***Hôtel Design de la Sorbonne**, 6, rue Victor Cousin, 75005 Paris, Tel. 01 43 54 58 08, www.hotelsorbonne.com. Ultraschickes Haus im Quartier Latin mit farbintensiver Innenausstattung.

6. Arrondissement

****Hôtel de l'Abbaye**, 10, rue Cassette, 75006 Paris, Tel. 01 45 44 38 11, www.hotelabbayeparis.com, Métro 4: St-Sulpice, 42 Zi., 4 Suiten. Ruhig, charmant und stilvoll. Die schönsten Zimmer blicken auf den herrlichen Garten.

****L'Hôtel**, 13, rue des Beaux-Arts, 75006 Paris, Tel. 01 44 41 99 00, www.l-hotel.com, Métro 4: St-Germain-des-Prés. In dem plüschig-pompös ausgestatteten Hotel wohnte schon Oscar Wilde. Man gefällt sich in gepflegter Arroganz. Das Restaurant erhielt einen Michelin Stern.

TOP TIPP ****Le Relais Christine**, 3, rue Christine, 75006 Paris, Tel. 01 40 51 60 80, www.relais-christine.com, Métro 4: Saint-Michel. Stimmungsvolles Hotel auf den Resten eines Klosters des 13. Jh. mit modernen Zimmern, schönem Garten und Innenhof.

****Hôtel des Saints-Pères**, 65, rue des Saints-Pères, 75006 Paris, Tel. 01 45 44 50 00, www.paris-hotel-saints-peres.com, Métro 4: Saint-Germain-des-Prés. Gediegenes Haus mit Gemälden und Fresken des 17. Jh. sowie idyllischem Patio.

TOP TIPP ****Récamier**, 3 bis, place Saint-Sulpice, 75006 Paris, Tel. 01 43 26 04 89, www.hotelrecamier.com, Métro 4: Saint-Sulpice, Mabillon. Designer-Hotel, schön versteckt im hintersten Winkel des Platzes. Auch die nach vorn gelegenen Zimmer sind ruhig.

***Hotel des Marronniers**, 21, rue Jacob, 75006 Paris, Tel. 01 43 25 30 60, www.hotel-marronniers.com, Métro 4: Saint-Germain-des-Prés. Ruhig und angenehm. In dem kleinen Garten stehen die namengebenden Kastanien.

7. Arrondissement

*****Montalembert**, 3, rue de Montalembert, 75007 Paris, Tel. 01 45 49 68 68, www.hotel-montalembert.com, Métro 12: Rue du Bac. Elegantes Designer-Hotel am Rand von Saint-Germain-des-Prés. Erholung bieten das Restaurant mit Terrasse und die Bibliothek mit Kamin.

****Le Walt**, 37, avenue de la Motte-Picquet, 75007 Paris, Tel. 01 45 51 55 83,

Unterkunft

Feierlich residieren – das Hotel Le Relais Christine bietet auch Suiten in violetten Tönen

lewaltparis.com, Métro 8: Ècole militaire. Das Hotel bietet pompöse Barockgemälde zu modernem Designermobiliar und Ausblicke auf den Eiffelturm.

TOP TIPP ***Verneuil**, 8, rue de Verneuil, 75007 Paris, Tel. 01 42 60 82 14, de.hotel-verneuil-saint-germain.com, Métro 4: Saint-Germain des Prés, Métro 12: Rue du Bac. Romantisch dekoriertes Boutique-Hotel in einem Gebäude des 17. Jh.

8. Arrondissement

*****Le Crillon**, 10, place de la Concorde, 75008 Paris, Tel. 01 44 71 15 00, www.crillon.com, Métro 1, 8, 12: Concorde. Das Crillon, ein prachtvolles Gebäude aus dem 18. Jh., gilt als das ›französischste‹ unter den Pariser Luxushotels. Einige der Zimmer bieten einen Ausblick auf die elegante Place de la Concorde (wegen Restaurierung bis 2015 geschl.).

*****Plaza Athénée**, 25, avenue Montaigne, 75008 Paris, Tel. 01 53 67 66 02, www.plaza-athenee-paris.fr, Métro 9: Alma-Marceau. In der Hauptstraße der Haute-Couture. Prunkvoll und feierlich ausgestattete Zimmer mit raffinierten Accessoires. Romantischer Innenhof, zwei Restaurants und Bar.

****Le A**, 4, rue d'Artois, 75008 Paris, Tel. 01 42 56 99 99, www.hotel-le-a.com, Métro 9: Saint-Philippe-du-Roule. Das A steht für Artistique, für klares Design und viel moderne Kunst.

12. Arrondissement

***Mercure Paris Bastille Saint Antoine**, 64, rue Crozatier, 75012 Paris, Tel. 01 43 44 22 50, www.mercure-paris-bastille-saint-antoine.com, Métro 8: Ledru Rollin. Hübsche Zimmer nahe der Place d'Aligre und eine Terrasse im 5. Stock.

17. Arrondissement

****Best Western Premier Regent's Garden**, 6, rue Pierre-Demours, 75017 Paris, Tel. 01 45 74 07 30, www.hotel-regents-paris.com, Métro 2: Ternes. Das Stadtpalais im Stil Napoleons III. in einem großbürgerlichen Viertel bietet große Zimmer mit hohen Stuckdecken und einen begrünten Innenhof.

18. Arrondissement

***Hotel 29 Lepic**, 29, rue Lepic, 75018 Paris, Tel. 01 56 55 50 04, www.29lepic.fr, Métro 2: Blanche. Farbenfrohe kleine Zimmer mitten im Leben und Treiben des Montmartre, manche mit romantischen Ausblicken.

***Timhôtel Montmartre**, 11, rue de Ravignan, 75018 Paris, Tel. 01 42 55 74 79, www.timhotel.com, Métro 12: Abbesses, 59 Zi. Wohnen an der Place Emile-

Verkehrsmittel

Verkehrsmittel

Unterkunft – Verkehrsmittel

Goudeau gleich neben dem legendären Bateau-Lavoir. Wer in den beiden oberen Etagen wohnt, genießt einen imposanten Panoramablick auf die Stadt.

Apartments, Privatzimmer, B & B

Eine große Auswahl an Privatzimmern, Apartments und Bed & Breakast findet man auf Webseiten wie:
www.airbnb.de
www.fewo-direkt.de
www.friendlyrentals.com

Jugendhotels

Auberge de Jeunesse, 8, boulevard Jules-Ferry, 75011 Paris, Tel. 01 43 57 55 60, www.fuaj.org, Métro 3, 5, 8, 9, 11: République. Jugendherberge.

FIAP – Foyer International d'Accueil de Paris Jean Monnet, 30, rue Cabanis, 75014 Paris, Tel. 01 43 13 17 05, www.fiap.asso.fr, Métro 6: Glacière. Freundliche Unterkünfte, auch für mehrere Personen.

Camping

Man kann den Paris-Besuch auch mit Urlaub auf einem der Campingplätze im Stadtgebiet verbinden. Eine Auswahl geprüfter Plätze bieten die **ADAC Campingführer** und **ADAC Stellplatzführer** (adac.de/campingfuehrer). Die Inhalte gibt es auch als App für iPhone, iPad und Android in Appstores von Apple und Google.

■ Verkehrsmittel

Auto

Wer mit dem Auto nach Paris kommt, sollte es in einer Parkgarage abstellen und die öffentlichen Verkehrsmittel nutzen. Viele Parkplätze sind gebührenpflichtig. Infos: www.parkingsdeparis.com

Parkhäuser

Claridge, Zufahrt 60, rue de Ponthieu, 75008 Paris

Champeaux, Zufahrt 32, rue Dussoubs, 75002 Paris

Hôtel de Ville, Zufahrt 3, rue de la Tâcherie, 75004 Paris

Marché Saint-Germain, Zufahrt Rue Clément, 75006 Paris

Pyramides, Zufahrt 14, rue des Pyramides und 29, rue des Pyramides, 75001 Paris

Rambuteau, unter dem Forum des Halles, Zufahrt Rue de la Coquillère oder Rue du Pont Neuf, 75001 Paris

Mietwagen

ADAC Mitglieder können über die Geschäftsstellen oder die ADAC Autovermietung (Tel. 089/76 76 20 99) buchen. Alle renommierten internationalen Mietwagenfirmen sind mit Filialen in Paris und an den Flughäfen vertreten.

Öffentliche Verkehrsmittel

RATP, Transports en Île-de-France, www.ratp.fr, Métro-Plan [s. S. 178]

Tickets

Im Stadtbereich sind die Tickets gültig für Métro, Bus, Tram und RER (Expresszüge). Tickets gibt es in den Métro-Stationen, an den Endstationen der Buslinien oder in Café-Tabacs. Günstiger als Einzelfahrscheine ist ein Carnet (10 Fahrscheine) oder Zeitkarten:

Mobilis: Die *Tageskarte* erlaubt für einen Tag beliebig viele Fahrten in den gewählten Zonen: Die Zonen 1 und 2 umfassen das Stadtgebiet, die Zonen 1–5 schließen die Vororte mit ein. Versailles und der Flughafen Orly etwa liegen in der Tarifzone 4, Disneyland Paris und der Flughafen Charles de Gaulle in Tarifzone 5.

Paris Visite: Diese *Mehrtageskarte* gilt an 1, 2, 3 oder 5 aufeinanderfolgenden Tagen je nach Wahl in den Zonen 1–3 oder 1–6 und bietet zudem Ermäßigungen in einigen Museen, Restaurants u. ä.

Fahrrad

Vélib, www.velib.paris.fr. Das Verleihsystem bietet eine günstige Möglichkeit, Paris individuell zu erkunden. Die Vélib-Stationen findet man auf der Webseite.

Taxi

Höhere Taxitarife gelten Mo–Sa 19.30–7 Uhr, So und bei Fahrten aus dem Stadtbereich hinaus. Aufpreise gelten für eine vierte Person, für Gepäckstücke und für Hunde. Trinkgelder sind üblich (ca. 10%).

Abeille Radio Taxis: Tel. 01 45 83 59 33

Aéro Taxi: Tel. 06 60 02 64 45. Für Fahrten zum Flughafen.

Alpha Taxi: Tel. 01 45 85 85 85

Sprachführer
Französisch für die Reise

Das Wichtigste in Kürze

Ja/Nein	Oui/Non
Bitte/Danke	S'il vous plaît/Merci
In Ordnung./Einverstanden.	Très bien./D'accord.
Entschuldigung!	Pardon!/Excuse(z)-moi!
Wie bitte?	Comment?/Vous dites?
Ich verstehe Sie nicht.	Je ne vous comprends pas.
Ich spreche nur wenig Französisch.	Je ne parle que peu le français.
Können Sie mir bitte helfen?	Pourriez-vous m'aider, s'il vous plaît?
Das gefällt mir (nicht).	Cela (ne) me plaît (pas).
Ich möchte ...	Je voudrais ...
Haben Sie ...?	Avez-vous ...?
Gibt es ...?	Y a-t-il ...?
Wie viel kostet das?	Cela coûte combien?
Kann ich mit Kreditkarte bezahlen?	Puis-je régler avec une carte de crédit?
Wie viel Uhr ist es?	Quelle heure est-il?
Guten Morgen!/Guten Tag!	Bonjour!
Guten Abend!	Bonsoir!
Gute Nacht!	Bonne nuit!
Hallo!/Tschüs!	Salut!
Mein Name ist ...	Je m'appelle ...
Wie ist Ihr Name, bitte?	Quel est votre nom, s'il vous plaît?
Wie geht es Ihnen?	Comment allez-vous?
Auf Wiedersehen!	Au revoir!
Bis bald!	À bientôt!
Bis morgen!	À demain!
gestern/heute/morgen	hier/aujourd'hui/demain
am Vormittag/am Nachmittag	le matin/l'après-midi
am Abend/in der Nacht	le soir/la nuit
um 1 Uhr/2 Uhr ...	à une heure/à deux heures ...
um Viertel vor/nach ...	à ... moins le quart/et quart
um ... Uhr 30	à ... heure(s) trente
Minute(n)/Stunde(n)	minute(s)/heure(s)
Tag(e)/Woche(n)	jour(s)/semaine(s)
Monat(e)/Jahr(e)	mois/an(s)/année(s)

Zahlen

0	zéro	19	dix-neuf
1	un	20	vingt
2	deux	21	vingt-et-un
3	trois	22	vingt-deux
4	quatre	30	trente
5	cinq	40	quarante
6	six	50	cinquante
7	sept	60	soixante
8	huit	70	soixante-dix
9	neuf	80	quatre-vingt
10	dix	90	quatre-vingt-dix
11	onze	100	cent
12	douze	200	deux cents
13	treize	1000	mille
14	quatorze	2000	deux mille
15	quinze	10 000	dix mille
16	seize	100 000	un million
17	dix-sept	½	un demi
18	dix-huit	¼	un quart

Wochentage

Montag	lundi
Dienstag	mardi
Mittwoch	mercredi
Donnerstag	jeudi
Freitag	vendredi
Samstag	samedi
Sonntag	dimanche

Monate

Januar	janvier
Februar	février
März	mars
April	avril
Mai	mai
Juni	juin
Juli	juillet
August	août
September	septembre
Oktober	octobre
November	novembre
Dezember	décembre

Maße

Kilometer	kilomètre
Meter	mètre
Zentimeter	centimètre
Kilogramm	kilogramme
Pfund	livre
Gramm	gramme
Liter	litre

Unterwegs

Nord/Süd/West/Ost	nord/sud/ouest/est
oben/unten	en haut/dessous
geöffnet/geschlossen	ouvert/fermé
geradeaus/links/ rechts/zurück	tout droit/gauche/ droite/en arrière
nah/weit	proche/loin
Wie weit ist das?	A quelle distance d'ici se trouve-t-il?
Wo sind die Toiletten?	Où sont les toilettes?
Wo ist die (der) nächste ...	Où se trouve ...
Bank/	la banque/
Post/	le bureau de poste/
Polizei/	le poste de police/
Geldautomat?	le distributeur automatique de billets? la/le plus proche?
Bushaltestelle	arrêt d'autobus
Wo ist ...	Où se trouve ...
der Bahnhof/	la gare/
die U-Bahn/	le métro/
der Flughafen?	l'aéroport?
Wo finde ich ...	Où se trouve ...
eine Bäckerei/	une boulangerie/
ein Kaufhaus/	un grand magasin/
ein Lebensmittelgeschäft/	une épicerie/
einen Markt?/	un marché?
eine Apotheke?	une pharmacie?
Ist das der Weg/ die Straße nach ...?	Est-ce que c'est le chemin/la route/ la rue pour ...?

Hinweise zur Aussprache

ai	wie ›ä‹, Bsp.: l**ai**t
au	wie ›o‹, Bsp.: **au**to, g**au**che
eu	wie ›ö‹, Bsp.: p**eu**, d**eu**x
ou	wie ›u‹, Bsp.: r**ou**ge
ue	wie ›ü‹, Bsp.: r**ue**, aven**ue**
c	vor ›e‹ und ›i‹ wie ›s‹, Bsp.: **c**e, **c**ide
c	vor ›a‹ und ›o‹ wie ›k‹, Bsp.: **c**abinet, **c**ompagnie
ch	wie ›sch‹ Bsp.: **ch**ips
h	am Wortanfang ist immer stumm, Bsp.: **h**ommage
g	vor ›e‹ und ›i‹ wie ›dsch‹, Bsp.: **g**entille, **g**ilet
gn	wie ›nj‹, Bsp.: co**gn**ac, a**gn**eau
p, s, t	sind am Wortende meist stumm, Bsp.: tro**p**, trè**s**, mo**t**
-tion	bei dieser Silbe ›t‹ wie ›s‹, Bsp.: na**tion**
q, qu	wie ›k‹, Bsp.: co**q**, **qu**i
v	wie ›w‹, Bsp.: **v**ie
z	wie ›s‹, Bsp.: **z**éro

Gibt es einen anderen Weg?	Y a-t-il un autre chemin?
Ich möchte mit dem Zug/	Je voudrais prendre le train/
Schiff/	le bateau/
Fähre/Flugzeug nach ... fahren.	le ferry-boat/l'avion pour ...
Ist der Preis für Hin- und Rückfahrt?	Est-ce que c'est le prix aller-retour?
Wie lange gilt das Ticket?	Pour combien de temps le ticket sera valide?
Wo ist das ... Tourismusbüro/ Reisebüro?	Où se trouve l'office de Tourisme/ l'agence de voyages?
Ich benötige eine Hotelunterkunft.	J'ai besoin d'un hôtel.
Wo kann ich mein Gepäck lassen?	Où puis-je laisser mes bagages?

Notfall

Ich möchte eine Anzeige erstatten.	Je voudrais déposer une plainte.
Man hat mir ...	On m'a volé ...
Geld/	de l'argent/
meine Tasche/	mon sac/
meine Papiere/	mes papiers/
die Schlüssel/	les clés/
meinen Fotoapparat/	mon appareil photo/
meinen Koffer/	ma valise/
mein Fahrrad gestohlen.	ma bicyclette.

Freizeit

Ich möchte ein ...	Je voudrais louer ...
Fahrrad/	une bicyclette/
Mountainbike/	un v.t.t./
Motorrad/	une moto/
Auto/	une voiture.
Gibt es ein	Y a-t-il ...
Freibad/	une piscine en plein air/
Hallenbad/	une piscine couverte
Fitnesscenter/ in der Nähe?	un centre sportif/ près d'ici?
Wann hat ... geöffnet?	Quelles sont les horaires d'ouverture ...?

Bank, Post, Telefon

Brauchen Sie meinen Ausweis?	Avez-vous besoin de ma carte d'identité?
Wo soll ich unterschreiben?	Où dois-je signer?

Wie lautet die Vorwahl für ...? / Quel est le préfixe pour ...?
Wo gibt es ... Briefmarken? / Où peut-on trouver ... des timbres?

🟨 Tankstelle

Wo ist die nächste Tankstelle/Erdgastankstelle? / Où est-ce que se trouve la station d'essence la station GNV la plus proche?

Ich möchte ... Liter ... / Je voudrais ... litres ...
  Super/ / de super/
  Diesel / de gasoil
  bleifrei/ / sans plomb/
  mit ... Oktan. / à ... octane/
  Erdgas / Gaz naturel.
Volltanken, bitte. / Faites le plein, s'il vous plaît.

Prüfen Sie bitte ... / Vérifiez s'il vous plaît, ...
  den Reifendruck/ / la pression de gonflage/
  den Ölstand/ / le niveau d'huile/
  den Wasserstand/ / le niveau d'eau/
  das Wasser für die Scheibenwischanlage/ / l'eau pour le système essuieglaces/
  die Batterie. / la batterie.

Würden Sie bitte ... / Pourriez-vous s'il vous plaît ...
  den Ölwechsel vornehmen/ / faire la vidange d'huile/
  den Radwechsel vornehmen/ / effectuer le changement de roue(s)/
  die Sicherung austauschen/ / échanger le fusible/
  die Zündkerzen erneuern/ / échanger les bougies/
  die Zündung nachstellen? / régler l'allumage?

🟨 Panne

Ich habe eine Panne. / Je suis en panne.
Der Motor startet nicht. / Le moteur ne démarre pas.
Ich habe die Schlüssel im Wagen gelassen. / J'ai laissé les clés dans la voiture.
Ich habe kein Benzin/Diesel mehr. / Je n'ai plus d'essence/de diesel.
Gibt es hier in der Nähe eine Werkstatt? / Est-ce qu'il y a un garage près d'ici?
Können Sie mir einen Abschleppwagen schicken? / Est-ce que vous pouvez m'envoyer une dépanneuse?
Können Sie den Wagen reparieren? / Pouvez-vous réparer la voiture?
Wann wird er fertig sein? / Quand sera-t-elle prête?

🟨 Mietwagen

Ich möchte ein Auto mieten. / Je voudrais louer une voiture.
Was kostet die Miete ... / Combien coûte la location ...
  pro Tag/ / par jour/
  pro Woche/ / par semaine/
  mit unbegrenzter km-Zahl/ / avec kilométrage illimité/
  mit Kaskoversicherung/ / avec assurance tous risques/
  mit Kaution? / avec la caution?
Wo kann ich den Wagen zurückgeben? / Où puis-je rendre le véhicule?

🟨 Unfall

Hilfe! / Au secours!
Achtung!/Vorsicht! / Attention!
Bitte rufen Sie schnell ... / S'il vous plaît, appelez vite ...
  einen Krankenwagen/ / une ambulance/
  die Polizei/ / la police/
  die Feuerwehr. / les sapeurs-pompiers.
Es ist (nicht) meine Schuld. / C'est (Ce n'est pas) de ma faute.
Geben Sie mir bitte Ihren Namen und Ihre Adresse. / Veuillez me donner votre nom et adresse, s'il vous plaît.
Ich brauche die Angaben zu Ihrer Autoversicherung. / J'aurais besoin des données de votre assurance automobile.

🟨 Krankheit

Können Sie mir einen guten Deutsch sprechenden Arzt/Zahnarzt empfehlen? / Pourriez-vous me conseiller un bon médecin/dentiste qui parle allemand?
Ich habe (starke) Schmerzen / J'ai (très) mal.
Herzbeschwerden / problèmes cardiaques
Wann hat er Sprechstunde? / Quelles sont ses heures de consultation?
Wo ist die nächste Apotheke? / Où est-ce que se trouve la pharmacie la plus proche?
Ich brauche ein Mittel gegen ... / J'aurais besoin d'un médicament contre ...
  Durchfall/Fieber/ / la diarrhée/la fièvre/
  Insektenstiche/ / les piqûres d'insecte/
  Verstopfung/ / la constipation/
  Zahnschmerzen. / le mal de dents.

Hotel

Ich habe bei Ihnen ein Zimmer reserviert.	J'ai réservé une chambre chez vous.
Haben Sie ein ... Einzel-/ Doppelzimmer ...	Auriez-vous ... une chambre à un lit/une chambre à deux lits...
mit Dusche/ mit Bad/WC?	avec douche/ avec salle de bains/WC?
für eine Nacht/ für eine Woche?	pour une nuit/ pour une semaine/
mit Blick aufs Meer?	avec vue sur la mer?
Was kostet das Zimmer ...	Combien coûte la chambre ...
mit Frühstück/	avec petit-déjeuner/
mit Halbpension/	avec demi-pension/
mit Vollpension?	avec pension complète?
Haben Sie ...	Avez-vous ...
ein Fax/	un fax/
Internetzugang/	accès à internet/
einen Hotelsafe?	un coffre-fort?
Wie lange gibt es Frühstück?	Jusqu'à quelle heure peut-on prendre le petit-déjeuner?
Ich möchte um ... Uhr geweckt werden.	Je voudrais qu'on me réveille à ... heure(s).
Ich reise heute Abend/ morgen früh ab.	Je pars ce soir/ demain matin.
Kann ich mit Kreditkarte bezahlen?	Puis-je régler avec une carte de crédit?

Restaurant

Wo gibt es ein gutes/günstiges Restaurant?	Pourriez-vous m'indiquer un bon restaurant/un restaurant pas trop cher?
Die Speisekarte/ Getränkekarte, bitte.	Je voudrais la carte/ la carte des boissons, s'il vous plaît.
Ich möchte nur eine Kleinigkeit essen.	Je voudrais manger qu'un petit quelque chose.
Ich möchte das Tagesgericht/Menü (zu ...)	Je voudrais le plat du jour/le menu (à ...).
Welches Gericht können Sie besonders empfehlen?	Quel plat pourriez-vous recommander particulièrement?
Haben Sie vegetarische Gerichte?	Avez-vous des plats végétariens?
Haben Sie alkoholfreie Getränke?	Avez-vous des boissons sans alcool?
Prosit!/Auf Ihr Wohl!	À votre santé!
Können Sie mir bitte ...	Pourriez-vous m'apporter ...
ein Messer/	un couteau/
eine Gabel/ einen Löffel bringen?	une fourchette/ une cuillère, s'il vous plaît?
Die Rechnung bitte!	L'addition, s'il vous plaît!

Essen und Trinken

Abendessen	dîner
Apfel	pomme
Artischocke	artichaut
Austern	huîtres
Bier	bière
Brot	pain
Brötchen	petit pain
Butter	beurre
Ei	oeuf
Eiscreme	glace
Erdbeeren	fraises
Essig	vinaigre
Fisch	poisson
Flasche	bouteille
Fleisch	viande
Fruchtsaft	jus de fruits
Gemüse	légumes
Glas	verre
Himbeeren	framboises
Hummer	homard
Joghurt	yaourt
Kaffee mit Milch	café au lait
Kalbfleisch	veau
Kartoffeln	pommes de terre
Käse	fromage
Krabben, Garnelen	crevettes
Kuchen	gâteau
Lammfleisch	agneau
Leber	foie
Leberpastete	pâté de foie
Meeresfrüchte	fruits de mer
Milch	lait
Mineralwasser (mit/ohne Kohlensäure)	l'eau minérale (gazeuse/ non gazeuse)
Obst	fruits
Öl	huile
Pfeffer	poivre
Pfirsiche	pêches
Reis	riz
Rindfleisch	bœuf
Salz	sel
Schinken	jambon
Schweinefleisch	porc
Spinat	épinards
Suppe	soupe
Tomaten	tomates
Wein	vin ...
Weißwein/	blanc/
Rotwein/	rouge/
Roséwein	rosé
Zwiebeln	oignons
Zucker	sucre

Register

A

Académie de la Grande-Chaumière 103, 105
Académie des Beaux-Arts 96
Académie des Inscriptions et des Belles Lettres 96
Académie des Sciences 96
Académie des Sciences Morales et Politiques 96
Académie Française 96
Alphand, Adolphe 135, 138, 141, 146
Anguier, Michel 33, 42, 102, 125
Anna von Österreich, franz. Königin 33, 64, 102
Apollinaire, Guillaume 27, 82, 129, 131
Arc de Triomphe 8, 68, 69, 72, 73–74, 152, 162, 175
Arc du Carrousel 69
Archives Nationales 58
Arènes de Lutèce 115–116
Arènes de Picasso 156
Atelier Constantin Brâncusi 54
Auteuil 138, 142

B

Baltard, Victor 47, 97, 113
Balzac, Honoré de 6, 11, 144, 145
Basilique Saint-Denis 9, 20, 21, 22, 44, 107, 148, 154–156
Bassin de l'Arsenal 66, 127
Bassin de la Villette 127
Bastille 12, 19, 56, 65, 66, 67, 126, 127
Bateau-Lavoir 119, 131
Baudelaire, Charles 27, 98, 101, 103, 112, 119
Beauvoir, Simone de 88, 103
Beckmann, Max 52
Belleville 119, 134–135
Bernard, Émile 129, 130
Bibliothèque Mazarine 96
Bibliothèque Nationale de France – François Mitterrand 11, 43–44, 147
Bibliothèque Public d'Information (BPI) 53
Bibliothèque Sainte-Geneviève 111–112
Bofill, Ricardo 9, 156
Bois de Boulogne 9, 135, 138, 141–142, 173, 175
Bois de Vincennes 135, 138, 145, 146, 173, 175
Bonnard, Émile , 78, 80
Bonnard, Pierre 93
Bourse du Commerce 48
Brâncusi, Constantin 54, 103
Braque, Georges 52, 77, 122, 131, 142
Buttes-Chaumont 135, 174

C

Cabane de Passy 11, 144
Canal de l'Ourcq 126, 135
Canal Saint-Martin 11, 126–127
Carné, Marcel 6, 119, 127, 134
Carpeaux, Jean-Baptiste 93, 104, 121
Cartoucherie de Vincennes 146
Castel Béranger 143–144
Catacombes 104–105
Centre de Création Industrielle (CCI) 53
Centre National des Industries et des Techniques (CNIT) 153
Centre Pompidou 10, 18, 19, 50–55, 135
Cézanne, Paul 59, 70, 93, 94
Chagall, Marc 82, 88, 104, 117, 122
Champaigne, Philippe de 34, 49
Champ-de-Mars 68, 82, 84–85
Champs-Élysées 6, 8, 68, 69, 70, 72–73, 74, 86, 153, 172
Chardin, Jean Siméon 28, 35, 60, 140
Château de Versailles 9, 31, 37, 40, 45, 125, 139, 148–152
Château de Vincennes 23, 138, 145–146
Chavannes, Puvis de 56, 109, 110
Chlodwig I. (Clovis), fränk. König 23, 96, 155
Chopin, Frédéric 43, 131, 133
Cimetière de Montmartre 130–131
Cimetière du Père-Lachaise 132–133
Cimetière Montparnasse 88, 103
Cinémathèque Française 138, 147
Cité de la Mode et du Design 147
Cité de la Musique 137, 170
Cité de l'Architecture et du Patromoine 80
Cité de Refuge 143
Cité des Sciences et de l'Industrie 75, 135
Claudel, Camille 27, 90
Cocteau, Jean 41, 82, 90
Colbert, Jean-Baptiste, Minister 44, 49, 81, 96, 117
Colette 41, 133
Collège de France 89, 110
Collège des Quatre-Nations 95
Comédie-Française 39–40, 45, 101
Conciergerie 18, 24
Corot, Camille 35, 75, 93
Cotte, Robert de 42, 44, 149
Courbet, Gustave 75, 93, 119
Coypel, Antoine und Noël 28, 117, 150
Coysevox, Antoine 28, 36, 42, 49, 61, 69, 71, 96, 140

Crypte Archéologique du Parvis Notre-Dame 22–23
Cultival 13

D

Dagobert I., franz. König 44, 58, 154, 156
d'Arc, Jeanne 22, 58, 109, 128
Daumier, Honoré 27, 93, 119
Degas, Edgar 93, 94, 131
Delacroix, Eugène 35, 38, 60, 65, 91, 98, 99, 101, 131
Delamair, Pierre Alexis 58
Delaunay, Robert 78, 82, 104, 106
Denis, Maurice 93
Département des Monnaies, Médailles et Antiques 44
Derain, André 52, 59, 70, 77
Disneyland Paris 9, 148, 156, 157
Docks en Seine 147
d'Orléans, Philippe de 40, 138, 149

E

École Militaire 85
École Nationale Supérieure des Beaux-Arts 94–95
École Supérieure de Guerre 85
Élysée-Palast 72
Espace des Collections Nouveaux Médias et Film 53

F

Faubourg Saint-Germain 8, 88, 99
Fondation Le Corbusier 142–143
Fontaine aux Lions de Nubie 137
Fontaine de Médicis 101
Fontaine des Innocents 50
Fontaine des Quatre-Saisons 94
Fontaine Stravinsky 53
Forum des Halles 18, 47–48
Foucault, Léon 126
Fouquet, Jean 34, 62, 66, 146
Franz I., franz. König 30, 34, 56, 87, 110, 141, 156

G

Gabriel, Jacques-Ange 28, 70, 71, 84, 85, 140, 149, 151, 152
Galerie Colbert 45
Galerie Véro-Dodat 45
Galerie Vivienne 45
Galliera Musée de la Mode 78
Garnier, Charles 72, 83, 103, 121, 122
Gauguin, Paul 94
Géode 135, 136, 169
Géricault, Theodore 35, 75, 133
Girardon 109, 125
Goujon, Jean 30, 32, 37, 50, 61
Grande Arche 8, 11, 152, 153

Grand Palais 72, 74–75, 76
Guimard, Hector 138, 143, 144

H

Hardouin-Mansart, Jules 42, 43, 45, 86, 96, 148, 149, 152
Haring, Keith 49
Haussmann, Georges Eugène 22, 26, 42, 93, 121, 135, 137
Heinrich II., franz. König 24, 30, 32, 34, 87, 141, 146, 156
Heinrich IV., franz. König 22, 24, 26, 43, 44, 63, 64, 146
Hôtel Biron 90
Hotel Crillon 71
Hôtel de Cluny 106, 107
Hôtel de Guénégaud 58
Hôtel de Lauzun 27
Hôtel de Rohan 59
Hôtel de Saint-Aignan 56–57
Hôtel des Invalides 66, 85–87
Hôtel de Soissons 48
Hôtel de Soubise 58–59
Hôtel de Ville 14, 28, 55–56, 64
Hôtel Lambert 27
Hôtel Lehon 72
Hôtel Le Peletier de Saint-Fargeau 61, 62
Hôtel Saint-Pol 23
Hôtel Salé 59
Hugo, Victor 22, 41, 64, 74, 110, 123, 124

I

Île de la Cité 8, 10, 18, 24, 55, 113
Île Saint-Louis 10, 18, 27
Ingres, Jean Auguste Dominique 35, 75, 97, 104, 131
Institut de Recherche et de Coordination Acoustique (IRCAM) 53
Institut du Monde Arabe (IMA) 11, 89, 113–114
Invalidendom 68, 76, 86

J

Jardin d'Acclimatation 15, 141
Jardin des Plantes 89, 114–115, 173
Jardin du Luxembourg 14, 100–101
Jardins de Trocadero 15
Jeu de Paume 70

K

Karl VII., franz. König 34
Karl V. Kaiser 30, 37, 145, 156
Karl X., franz. König 141

L

Lac Daumesnil 146
Lac des Minimes 146
Lac Inférieur 141
Lac Supérieur 141
La Défense 18, 9, 11, 68, 148, 152–154
Lagerfeld, Karl 13
Langlois, Henri 147
La Pagode 13

Lapin Agile 119, 129, 173
La Ruche 104
La Samaritaine 60
La Villette 75, 119, 135
Le Brun, Charles 21, 27, 28, 30, 34, 38, 49, 62, 109, 117, 148, 150
Le Corbusier 85, 138, 142, 143, 152
Ledoux, Claude-Nicolas 104, 138
Léger, Fernand 78, 88, 104, 142
Lemercier, Jacques 40, 42, 102, 109
Le Nôtre, André 42, 69, 72, 148, 151
Les Arts Décoratifs 38, 139
Lescot, Pierre 30, 32, 61
Les Etoiles du Rex 15
Les Halles 47, 49, 55
Le Vau, François 27, 62
Le Vau, Louis 27, 28, 30, 96, 146, 148, 152
Le Zénith 170
L'Odéon – Théâtre de l'Europe 101
Loo, Carle van 28, 46, 58
l'Orme, Philibert de 95, 113, 146, 156
Louis-Philippe, Bürgerkönig 71, 86, 131, 146, 149
Louvre 8, 9, 10, 12, 18, 23, 26, 28, 38, 40, 49, 59, 61, 63, 65, 69, 70, 71, 75, 78, 92, 95, 96, 113, 121, 150, 152
Ludwig IX. der Heilige, franz. König 24, 25, 30, 38, 56, 128, 145, 156
Ludwig XIII., franz. König 22, 26, 40, 43, 62, 64, 65, 80, 148, 151
Ludwig XIV. franz. König (Sonnenkönig) 22, 30, 31, 36, 37, 39, 40, 41, 43, 44, 45, 46, 58, 61, 62, 64, 69, 71, 72, 75, 76, 85, 86, 87, 91, 98, 102, 118, 120, 125, 132, 141, 148, 149, 150, 151, 152
Ludwig XV., franz. König 38, 46, 62, 71, 85, 87, 94, 110, 117, 140, 149, 150, 151
Ludwig XVI., franz. König 23, 24, 56, 66, 71, 84, 149

M

Madeleine 9, 118, 120
Maillol, Aristide 69, 94, 103
Maison de Balzac 144–145
Maison de l'UNESCO 85
Maison de Victor Hugo 64
Maison Européenne de la Photographie 63
Maison Jeanneret 143
Maison La Roche 142, 143
Manet, Edouard 93
Mansart, François 44, 58, 61, 102
Manufacture Nationale des Gobelins 117
Marais 10, 18, 19, 23, 56, 59, 60, 63, 64, 162, 163
Marché aux Fleurs et aux Oiseaux 18, 165
Marie-Antoinette, franz. Königin 24, 71, 149, 150, 151, 152
Marne-la-Vallée 156

Matisse, Henri 52, 59, 70, 77, 90, 132
Maupassant, Guy de 83, 103, 119
Mazarin, Kardinal Jules 44, 56, 95, 96, 148
Medici, Katharina von 30, 48, 69, 80, 87, 146, 156
Medici, Maria von 36, 100, 146
Millet, Jean-François 93
Mitterrand, François 29, 44, 67, 115, 153
Molière 39, 40, 41, 50, 130, 132
Mona Lisa 12
Monet, Claude 70, 75, 90, 93, 94, 142
Montmartre 9, 64, 118, 119, 123, 128, 129, 131, 134
Montparnasse 8, 88, 103, 105
Montreuil, Pierre de 20, 25, 97, 98, 154, 155
Moreau, Gustave 132
Mosquée 116
Moulin Rouge 118, 173
Mur des Fédérés 133
Mur pour la Paix 85–87
Musée Bourdelle 103–104
Musée Carnavalet 61–63
Musée Cernuschi 139
Musée Cognacq-Jay 60–61
Musée d'Art et d'Histoire du Judaïsme 57
Musée d'Art Moderne de la Ville de Paris 77–78
Musée de Cluny 20, 106–108
Musée de la Chasse et de la Nature 57–58
Musée de la Magie – Musée des Automates 15
Musée de la Marine 81
Musée de la Mode et du Textile 39
Musée de la Musique 137
Musée de la Poupée 14
Musée de l'Armée 87
Musée de la Vie Romantique 131
Musée de l'Histoire de France 58, 149
Musée de l'Homme 80, 81
Musée de l'Orangerie 70
Musée de Montmartre 130
Musée des Arts Décoratifs 38–39
Musée des Arts et Métiers 126
Musée des Beaux-Arts de la Ville de Paris 75
Musée des Plans-Reliefs 87
Musée d'Orsay 9, 35, 88, 92–94, 122, 130
Musée du Louvre 29–38
Musée du Panthéon Bouddhique 79
Musée du Quai Branly 81–82
Musée Édith-Piaf 133
Musée Grévin 118, 123
Musée Guimet 78–79
Musée Jacquemart-André 140–141
Musée Maillol 94
Musée Marmottan Monet 142
Musée national d'Art Moderne (MNAM) 51

Musée national Eugène Delacroix 11, 98
Musée national Gustave-Moreau 132
Musée national Picasso 59–60
Musée Nissim de Camondo 139–140
Musée Rodin 90–91
Musée Zadkine 11, 105
Muséum National d'Histoire Naturelle 115

N

Napoleon 66
Napoleon I. (Napoléon Bonaparte), Kaiser 22, 31, 41, 43, 55, 58, 68, 69, 73, 74, 80, 86, 87, 91, 96, 109, 120, 123, 124, 146, 150
Napoleon III. 31, 47, 62, 121, 135, 141, 146
Noisy-le-Grand 9, 148, 156
Notre-Dame 8, 10, 18, 20–22, 26, 27, 48, 97, 99, 106, 107, 108, 113, 153, 175
Notre-Dame-des-Victoires 46
Nouvel, Jean 81, 113
Nuñez, Manolo 9, 156

O

Opéra Comique 122–123, 170
Opéra National de Paris – Bastille 11, 19, 66–67, 122, 170
Opéra National de Paris – Garnier 120–123, 170
Orangerie *siehe* Musée de l'Orangerie

P

Palacio d'Abraxas 156
Palais Bourbon 71, 91
Palais Brongniart 124
Palais de Chaillot 8, 68, 79–81
Palais de Justice 23–24
Palais de la Monnaie 26
Palais de la Païva 72
Palais de l'Institut de France 95–96
Palais des Mirages 123
Palais de Tokyo 68, 77
Palais du Luxembourg 100–101
Palais Royal 10, 18, 40–41
Panthéon 10, 110–111, 112, 120
Parc André-Citroën 173
Parc de Bagatelle 141, 173
Parc de Belleville 134
Parc de Bercy 173
Parc de la Villette 135–137, 173
Parc des Buttes-Chaumont 14, 135
Parc Floral 146, 173
Parc Monceau 9, 138, 174
Paris Story 15
Passage du Grand-Cerf 45
Passage Jouffroy 123
Passy 81, 138, 144, 145
Pavillon de la Reine 64
Pavillon du Roi 64
Pei, Ieoh Ming 18, 31
Petit Luxembourg 101

Petit Palais 68, 72, 75
Philipp II. August, franz. König 29, 30, 47, 96, 97
Philipp III. der Kühne, franz. König 156
Philipp IV. der Schöne, franz. König 22, 141
Picasso, Pablo 52, 59, 60, 70, 77, 85, 88, 98, 117, 122, 129, 131, 142
Pinacothèque de Paris 120
Pissarro, Camille 94
Place Charles-de-Gaulle 73
Place Dauphine 26, 63
Place de Furstenberg 98
Place de Grève 56
Place de la Bastille 65–66, 73
Place de la Concorde 68, 69, 70–71, 121
Place de la Madeleine 120
Place de la République 9, 127
Place de l'Étoile 73
Place des Victoires 18, 43, 45–46, 71
Place des Vosges 26, 63–64
Place du Caire 124
Place du Châtelet 55
Place du Tertre 118, 129
Place du Trocadéro 81
Place Pigalle 119
Place Vendôme 18, 43, 71
Plessis, Armand Jean du 40
Poitiers, Diane de 34, 87, 95, 141
Pont Alexandre-III 76
Pont Neuf 26, 43, 60, 61, 63
Porte Saint-Denis 125
Porte Saint-Martin 125
Pré Catelan 141

Q

Quartier de l'Horloge 55
Quartier Latin 8, 88, 89, 106, 110

R

Renoir, Auguste 70, 94, 118, 130, 142
Richelieu, Kardinal 27, 40, 64, 96, 102, 109
Rilke, Rainer Maria 90, 101, 115
Robert, Hubert 60, 140, 152
Rodin, Auguste 69, 90, 91, 94, 103, 104
Rousseau, Jean-Jacques 110, 149, 152
Rude, François 37, 74
Rue Mouffetard 89, 117

S

Sacré-Cœur 10, 118, 127–128, 175
Sainte-Beuve, Charles Augustin 73, 103
Sainte-Chapelle 8, 18, 22, 24–26, 107, 146
Sainte-Geneviève 36, 110, 112, 120
Saint-Etienne-du-Mont 112–113
Saint-Eustache 10, 18, 48–50, 170
Saint-Germain-des-Prés 8, 88, 96–98, 99
Saint-Germain-l'Auxerrois 28
Saint-Gervais 64

Saint-Julien-le-Pauvre 105–106
Saint-Louis-des-Invalides 65, 86
Saint-Louis-en-l'Île 27
Saint-Martin-des-Champs 126
Saint-Merri 18, 54
Saint-Paul-Saint-Louis 64–65
Saint Phalle, Niki de 39, 54
Saint-Pierre de Montmartre 128–129
Saint-Roch 41–42
Saint-Séverin 106
Saint-Sulpice 42, 48, 98–99, 170
Salle des Gens d'Armes 24
Sand, George 98, 101, 108, 131
Sartre, Jean Paul 39, 88, 103
Scheffer, Ary 131
Schule von Barbizon 93
Sisley, Alfred 94
Sorbonne 65, 89, 96, 102, 109–110
Square du Vert-Galant 18, 26
Square Viviani 106

T

Théâtre de l'Atelier 129
Théâtre de la Ville 55, 171
Théâtre des Champs-Élysées 76, 171
Théâtre du Châtelet 55, 171
Théâtre du Rond-Point 72
Théâtre du Soleil 146, 171
Théâtre Marigny 72, 171
Théâtre National de Chaillot 80, 171
Théâtre National Populair 80
Théâtre Sarah-Bernhardt 55
Thermes et Hôtel de Cluny (Musée National du Moyen Âge) 20
Toulouse-Lautrec, Henri de 129, 131
Tour Eiffel 10, 68, 79, 80, 82–83, 153, 175
Tour Montparnasse 88, 175
Tour Saint-Jacques 18, 55
Tuilerien 14, 31, 69–70

U

Utrillo, Maurice 70, 82, 119, 129, 130

V

Val-de-Grâce 42, 65, 102, 109
Vallotton, Félix 93
van Gogh, Vincent 94
Versailles *siehe* Château de Versailles
Versailles-au-Val-de-Galie 148
Vigée-Lebrun, Élisabeth 60, 140, 150
Vincennes 138
Viollet-le-Duc, Eugène Emmanuel 20, 21, 22, 48, 102, 155, 156
Voltaire 41, 66, 94, 96, 110
Vouet, Simon 49, 65
Vuillard, Édouard 78, 80, 93

Z

Zadkine, Ossip 88, 104, 105
Zola, Émile 27, 47, 83, 110, 119, 130

Impressum

Herausgeber: TRAVEL HOUSE MEDIA GmbH, München
Programmleitung: Dr. Michael Kleinjohann
Redaktionsleitung: Jens van Rooij
Autor: Gabriele Christine Schenk
Autor Tipps Seite 12–15: Wolfgang Rössig
Redaktion: txt redaktion & agentur, Dortmund
Bildredaktion: txt redaktion & agentur
Satz: txt redaktion & agentur
Umschlaggestaltung: independent Medien-Design, München
Karten (Umschlag): Computerkartographie Carrle, München
Karten (Innenteil): Computerkartographie Carrle
Herstellung: Katrin Uplegger
Druck: Drukarnia Dimograf Sp z o.o. (Polen)

Ansprechpartner für den Anzeigenverkauf:
KV Kommunalverlag GmbH & Co. KG,
MediaCenter München, Tel. 0 89/92 80 96 44

ISBN 978-3-95689-024-6

Neu bearbeitete Auflage 2014
© 2014 TRAVEL HOUSE MEDIA GmbH, München
ADAC Reiseführer Markenlizenz der ADAC
Verlag GmbH & Co. KG, München

© des abgebildeten Werkes von Le Corbusier [S.143] bei FLC/VG Bild-Kunst, Bonn 2014
© des abgebildeten Werkes von Pablo Picasso [S. 59] bei Succession Picasso/VG Bild-Kunst, Bonn 2014
© des abgebildeten Werkes von Niki de Saint Phalle [S. 53] bei VG Bild-Kunst, Bonn 2014

Das Werk einschließlich aller seiner Teile ist urheberrechtlich geschützt. Jede Verwendung ohne Zustimmung von Travel House Media ist unzulässig und strafbar. Das gilt insbesondere für Vervielfältigungen, Übersetzungen, Mikroverfilmungen und die Verarbeitung in elektronischen Systemen. Die Daten und Fakten für dieses Werk wurden mit äußerster Sorgfalt recherchiert und geprüft. Wir weisen jedoch darauf hin, dass diese Angaben häufig Veränderungen unterworfen sind und inhaltliche Fehler oder Auslassungen nicht völlig auszuschließen sind. Für eventuelle Fehler oder Auslassungen können Travel House Media, der ADAC Verlag sowie deren Mitarbeiter und die Autoren keinerlei Verpflichtung und Haftung übernehmen.

Bildnachweis

Titel: Blick von Notre-Dame
Foto: **Shutterstock** (S. Borisov)

Rücktitel: links: **Shutterstock** (Brian Kinney);
rechts: **Shutterstock** (WDG Photo)

Titel Faltkarte: Sacré-Cœur mit Spielwiese
Foto: **laif** (REA/William Beaucardet)

akg images: 59 – **Bildagentur Huber:** 7.1 (Kaos02) – **Bildarchiv Monheim:** 97 (Florian Monheim) – **Bildagentur Online:** 4.2 (Wh.), 51, 109 (Tips/Guichaoa) – **Bridgeman Art:** 112 – **Fridmar Damm:** 122 – **Jérôme Darblay:** 133 – **Disneyland Paris:** 8.4 (Wh.), 157 – **Cité des Sciences et de l'Industrie:** 136, 137 (EPPDCSI/Virginia Castro) – **Corbis:** 3.3 (Wh.), 153 (John Harper) – **F1Online:** 71 (Tips images) – **Fotolia:** 49, 144 – **Getty Images:** 2.3, 28 (Bernard Jaubert), 33 (John Sones Singing Bowl Media), 35 (Buena Vista Images) – **Interfoto:** 13.2 (Danita Delimont) – **Hotel Le Pradey:** 10.1 (Pierre Soissons) – **Hotel Le Relais Christine:** 177 (Franck Pignet) – **Images.de:** 63 (José Giribas), 107 (Glenn Beanland/Lonely Planet Images), 116 (Chuck Pefley/IPN) – **Imago:** 13.1 (panoramiC), 46 (panoramiC) – **iStockphoto:** 3.4 (Wh.), 4.1, 4.3 (Wh.), 8.3, 9.1, 65, 119, 128, 165 – **laif:** 2.3 (Sveeva Vigeveno/Gamma), 3.1 (Wh.), 127 (William Beaucardet), 5.3 (Wh.), 5.4 (Wh.), 21, 126 (Pierre Adenis), 6.1 (Wh.), 7.2, 10.2, 12.2 (Martin/Le Figaro), 14.3 (Stephane Audras/REA), 42, 67 (Wh. von S. 2.3) (Sveeva Vigeveno/Gamma), 69 (Wh.), 87, 89, 120, 191.1 (Wh.), 191.4 (Wh.) (Bertrand Gardel/hemis.fr), 8.2 (Dagmar Schwelle), 11, 16 (Heiko Meyer), 19 (Gerald Haenel), 23 (Arnaud Chicurel/hemis.fr), 25 (Jean Marmeisse), 34, 74, 79, 84, 98, 114, 121, 123 (Silvain Sonnet/hemis.fr), 45 (Xavier Popy/Rea), 53 (Hahn), 54, 146 (Patrick Escudero/hemis.fr), 62 (Ludovic Maisant), 90 (Hartmut Krinitz), 113 (Jean-Daniel Sudres/hemis.fr), 140 (Laurent Grandguillo/Rea), 151 (Bertrand Rieger/hemis.fr), 155 (Fred. Thomas/eyedea) – **Knut Liese:** 30 – **Look:** 40, 80, 91, 99, 115 (Karl Johaentges), 57 (Photononstop), 92 (Christian Heeb), 111 (age) – **Mauritius images:** 5.3 (Wh.), 6.2 (Michaela Begsteiger/imagebroker), 10.4 (allover), 12.2 (Steve Vidler), 13.3 (Alamy), 14.1 (Peter Schickert/imagebroker), 14.2 (Alamy), 15.3 (Alamy), 27 (Alamy), 149 (photononstop) – **Paris Tourist Office:** 39, 61, 75, 102 (Marc Bertrand), 41, 134, 139 (Amélie Dupont), 76, 100, 9, 128 (David Lefranc), 81 (Lois Lammerhuber), 95 (Alain Potignon), 124 (Thomas Sanson), 125 (Marc Verhille) – **Prisma:** 9.2 (Directphoto), 52 (Fabrizio Rugg) – **Pierre Rouchaléou:** 44 – **Schapowalow:** 26 (Sime), 83, 191.3 (Wh.) (Luigi Vaccarella) – **Shutterstock:** 12.1 (Natalia Deriabina), 15.1 (gorillaimages), 15.2 (ninsiri), 105 (observe. co) – **Ullstein Bild:** 38 (histopics) – **Vario Images:** 8.1 (Wh.), 37 – **Visum:** 66, 191.2 (Serge Attal), 73 (Alfred Buellesbach) – **Hanna Wagner:** 77, 130

1 Tag in Paris

Paris hat viele Seiten, weltstädtische, fast dörfliche, monumentale, grell zeitgenössische und herrlich altmodische. Es liegt ganz bei Ihnen, sie zu entdecken – ein Tag kann Ihnen hier natürlich nur Streiflichter bieten.

Beginnen Sie Ihren Spaziergang z.B. auf der Île de la Cité mit **Notre-Dame**. Gehen Sie unbedingt bis zur Ostspitze der Insel, um die Größe und Schönheit der Kathedrale zu erfassen. Von Notre-Dame geht es über die **Seine** zu den **Bouquinisten** am Kai und durch die engen Gassen des **Quartier Latin** hinüber nach **Saint-Germain-des-Prés**. Auf einer der Café-Terrassen lassen Sie den Zauber der **Rive Gauche** auf sich wirken. Flanieren Sie die Galerien der **Rue de Seine** entlang zum **Pont des Arts** und über die Seine zum **Musée de Louvre**. Vielleicht wollen Sie dem Museum einen Kurzbesuch abstatten, in nur einer Abteilung Ihrer Wahl? (Eingang vom Carrousel du Louvre aus benutzen, dann muss man nicht Schlange stehen). Für einen Schaufensterbummel wäre die Gegend um die **Opéra National de Paris – Palais Garnier** das Richtige: Am Boulevard Haussmann befinden sich die großen Kaufhäuser und in der Umgebung Parfümerien, Mode- und Lederwarengeschäfte und Juweliere.

1 Wochenende in Paris

Freitag: Zum Einstimmen eignet sich sehr schön eine **Seine-Fahrt** mit einem Batobus oder den Bateaux-Mouches und anschließend ein beschaulicher Spaziergang an der **Rive Gauche**. Falls Sie sich den Paillettenglimmer einer **Revue** nicht entgehen lassen wollen, kämen Sie nach dem Abendessen gerade recht zu einer Spätvorstellung.

Samstag: Am Vormittag ist ein Museumsbesuch angebracht z. B. im **Louvre**, bei den Impressionisten im **Musée d'Orsay** oder im **Centre Pompidou** bei Kunst der Moderne und Gegenwart. Zu Mittag könnten Sie in der

Gegend des **Palais Royal** essen, wo es nette kleine Restaurants gibt. Danach geht es zum **Shopping** (die Geschäfte sind bis etwa 19 Uhr geöffnet) entlang des Boulevard Haussmann – oder vielleicht auf eine Fahrt mit dem Bus einmal über den Hügel von Montmartre, mit beliebiger Unterbrechung, etwa an der **Place du Tertre** oder an **Sacré-Cœur**. Und abends? Wie wäre es mit einem Bummel über die **Champs-Élysées**? Dort können Sie im berühmten **Fouquet's** essen. Auch ein Blick vom Eiffelturm **Tour Eiffel** (besonders schön eine Std. vor Sonnenuntergang), könnte der krönende Abschluss dieses Tages sein, vielleicht sogar mit einem Dîner im exquisiten Restaurant **Jules Verne** hoch über

dem nächtlichen Paris. Dafür sollten Sie jedoch unbedingt reservieren.

Sonntag: Beginnen Sie mit einem ausgedehnten Bummel über den **Marché aux Fleurs et aux Oiseaux** auf der Place Louis-Lépine unweit von **Notre-Dame**. Danach sollten Sie diese beeindruckende Kathedrale besichtigen, vielleicht auch noch die nahe **Conciergerie** und die **Sainte-Chapelle** mit ihren himmlischen Glasfenstern. Am Nachmittag tun Sie es vielleicht den Parisern gleich und erholen sich in einem der schönen Parks der Stadt, im **Jardin du Luxembourg**, **Parc Monceau** oder **Jardin des Plan-**

tes mit seinen interessanten Museen. Am Sonntagnachmittag fährt im Sommer der **Balabus** von der Gare de Lyon nach **La Défense**. Da er an vielen Monumenten und Sehenswürdigkeiten vorbeikommt, ist dies eine Stadtrundfahrt.